成人高等教育"思想政治理论课"教材

马克思主义基本原理概论
MAKESI ZHUYI JIBEN YUANLI GAILUN

施保国　主　编

中山大学出版社
·广州·

版权所有　翻印必究

图书在版编目（CIP）数据

马克思主义基本原理概论/施保国主编. —广州：中山大学出版社，2017.2
（成人高等教育"思想政治理论课"教材）
ISBN 978-7-306-06001-3

Ⅰ. ①马… Ⅱ. ①施… Ⅲ. ①马克思主义理论—成人高等教育—教材 Ⅳ. ①A81

中国版本图书馆 CIP 数据核字（2017）第 025653 号

出版人：徐　劲
策划编辑：曾育林
责任编辑：曾育林
封面设计：曾　斌
责任校对：陈　芳
责任技编：何雅涛
出版发行：中山大学出版社
电　　话：编辑部 020-84111996，84113349，84111997，84110779
　　　　　　发行部 020-84111998，84111981，84111160
地　　址：广州市新港西路 135 号
邮　　编：510275　　传　真：020-84036565
网　　址：http://www.zsup.com.cn　E-mail: zdcbs@mail.sysu.edu.cn
印 刷 者：佛山市浩文彩色印刷有限公司
规　　格：787mm×1092mm　1/16　10 印张　272 千字
版次印次：2017 年 2 月第 1 版　2020 年 7 月第 6 次印刷
定　　价：26.00 元

如发现本书因印装质量影响阅读，请与出版社发行部联系调换

成人高等教育"思想政治理论课"教材
编委会

主　任：罗嘉文

副主任：陈申宏　刘加洪　张文峰　施保国

委　员：李学明　彭宇坚　曾繁花　李　榄　程永锋

前　言

习近平总书记在《在庆祝中国共产党成立95周年大会上的讲话》中指出："坚持不忘初心、继续前进，就要坚持马克思主义的指导地位。"为了配合高等学校思想政治理论课的教学改革，帮助成人大学生更好地掌握马克思主义的基本原理，根据中央和广东省教育厅的有关精神，我们通过组织长期从事思想政治理论课教学和研究的中青年骨干教师，依据马克思主义理论研究和建设工程重点教材（2015年修订版），合作编写了这本《马克思主义基本原理概论》。本书主要针对成人思想政治理论课学习中可能遇到的问题，着重对各部分教学重点、难点进行分析，并编写了配套练习题，以帮助成人大学生及自学者更好地理解、掌握和巩固马克思主义的基本原理。

《马克思主义基本原理概论》着重讲授马克思主义的世界观和方法论，帮助成人大学生从整体上把握马克思主义，正确认识人类社会发展的基本规律。其内容包括马克思主义哲学、政治经济学和科学社会主义三个组成部分。其目的是对成人大学生进行系统的马克思主义理论教育，帮助成人大学生完整地把握马克思主义哲学、马克思主义政治经济学以及科学社会主义的基本理论，掌握马克思主义的世界观和方法论，树立马克思主义的人生观和价值观，学会用马克思主义的世界观和方法论观察和分析问题，培养和提高大学生运用马克思主义理论分析和解决实际问题的能力。在实践中学会运用马克思主义的基本原理认识和分析各种社会实际问题，正确认识人类社会的本质、社会发展动力和社会发展基本规律，正确认识资本主义和社会主义在其发展过程中出现的各种新情况、新问题，认识社会主义代替资本主义的历史必然性，从而坚定对社会主义和共产主义的信念，为成人大学生确立建设有中国特色社会主义的理想信念，自觉地坚持党的基本理论、基本路线和基本纲领打下扎实的理论基础。

目 录

绪论 马克思主义是关于人类解放的科学体系 ·································· 1
  第一节 什么是马克思主义 ·· 2
  第二节 马克思主义的渊源和发展 ·· 3
    一、马克思主义产生的时代根源 ·· 3
    二、马克思主义产生的思想渊源 ·· 4
    三、马克思主义的创新发展 ·· 5
  第三节 马克思主义的鲜明特征 ·· 6
    一、"辩证唯物主义与历史唯物主义"的世界观和方法论 ············· 6
    二、"实现最广大人民的根本利益"的政治立场 ·························· 6
    三、"与时俱进"的理论品质 ··· 7
    四、"共产主义"的最高社会理想 ·· 7
  第四节 学习和践行马克思主义 ·· 7
    一、认真学习马克思主义 ·· 7
    二、践行马克思主义 ·· 8

第一章 世界的物质性及其发展规律 ·· 12
  第一节 世界的物质性 ·· 12
    一、物质的含义 ·· 12
    二、物质的根本属性与存在方式 ·· 14
    三、物质世界与实践 ·· 14
  第二节 物质世界的普遍联系与永恒发展 ···································· 15
    一、事物联系的基本环节 ·· 15
    二、辩证发展的三大规律 ·· 16
    三、辩证思维方法 ··· 17

第二章 认识的本质和规律 ·· 22
  第一节 认识与实践 ·· 23
    一、实践是认识的基础 ··· 23
    二、认识的结构与本质 ··· 28
  第二节 认识的辩证发展过程 ·· 32
    一、从感性认识到理性认识 ··· 32
    二、从理性认识到实践 ··· 35
    三、认识过程的多维发展 ·· 36
  第三节 认识的真理性与价值性 ··· 38
    一、真理的客观性与价值性 ··· 38
    二、真理的绝对性与相对性 ··· 39

三、实践是检验真理的唯一标准 ……………………………………… 40
　　四、真理与谬误 ………………………………………………………… 42
　　五、真理与价值 ………………………………………………………… 42
第四节　认识世界与改造世界 …………………………………………… 45
　　一、认识世界与改造世界的辩证统一 ………………………………… 45
　　二、一切从实际出发、实事求是 ……………………………………… 45

第三章　人类社会及其发展规律 ……………………………………… 51
第一节　唯物主义历史观的基本观点 …………………………………… 51
　　一、社会存在决定社会意识 …………………………………………… 51
　　二、人民群众创造历史 ………………………………………………… 53
　　三、个人在社会历史中的作用 ………………………………………… 54
第二节　社会基本矛盾是社会发展的根本动力 ………………………… 54
　　一、矛盾是推动事物发展的动力 ……………………………………… 54
　　二、生产力和生产关系的矛盾、经济基础和上层建筑的矛盾 ……… 55
第三节　社会发展的动力系统 …………………………………………… 56
　　一、阶级斗争在社会发展中的作用 …………………………………… 56
　　二、革命在社会发展中的作用 ………………………………………… 57
　　三、改革在社会发展中的作用 ………………………………………… 58
　　四、科技技术在社会发展中的作用 …………………………………… 58

第四章　资本主义的本质及其规律 …………………………………… 64
第一节　资本主义的产生 ………………………………………………… 65
　　一、资本主义生产关系的产生 ………………………………………… 65
　　二、资本的原始积累 …………………………………………………… 65
　　三、资本主义生产方式的确立 ………………………………………… 66
第二节　商品经济和价值规律 …………………………………………… 66
　　一、商品经济产生的历史条件 ………………………………………… 66
　　二、商品的二因素和生产商品的劳动二重性 ………………………… 67
　　三、商品价值量的决定 ………………………………………………… 67
　　四、价值形式的发展和货币的产生 …………………………………… 68
　　五、价值规律及其作用 ………………………………………………… 68
　　六、以私有制为基础的商品经济的基本矛盾 ………………………… 69
　　七、马克思劳动价值论的意义 ………………………………………… 70
第三节　资本主义经济制度的本质 ……………………………………… 71
　　一、劳动力成为商品与货币转化为资本 ……………………………… 71
　　二、资本主义所有制 …………………………………………………… 72
　　三、剩余价值是资本主义生产方式的绝对规律 ……………………… 72
　　四、资本主义的基本矛盾与经济危机 ………………………………… 79
第四节　资本主义的政治制度与意识形态 ……………………………… 79
　　一、资本主义的国家、政治制度及其本质 …………………………… 79

二、资本主义的意识形态及其本质 …………………………………………… 81

第五章 资本主义的发展及其趋势 ……………………………………… 85
第一节 垄断资本主义的形成和发展 ……………………………………… 86
一、资本主义从自由竞争到垄断 …………………………………………… 86
二、垄断资本主义的发展 …………………………………………………… 88
三、经济全球化及其后果 …………………………………………………… 92
第二节 当代资本主义的新变化及其实质 ………………………………… 93
一、当代资本主义的新变化 ………………………………………………… 93
二、当代资本主义新变化的原因和实质 …………………………………… 95
第三节 资本主义的历史地位和发展趋势 ………………………………… 96
一、资本主义的历史地位 …………………………………………………… 96
二、资本主义为社会主义所代替的历史必然性 …………………………… 97

第六章 社会主义社会及其发展 ………………………………………… 101
第一节 社会主义制度的建立 ……………………………………………… 101
一、社会主义从空想到科学 ………………………………………………… 101
二、苏维埃俄国对社会主义的实践 ………………………………………… 103
三、社会主义从一国到多国的发展 ………………………………………… 105
四、无产阶级专政和社会主义民主 ………………………………………… 107
第二节 社会主义在实践中发展和完善 …………………………………… 109
一、在实践中深化对社会主义基本特征的认识 …………………………… 109
二、经济文化相对落后的国家建设社会主义的艰巨性和长期性 ………… 110
三、社会主义发展道路的多样性 …………………………………………… 111
四、社会主义在实践探索中曲折前进 ……………………………………… 112
第三节 马克思主义政党在社会主义事业中的地位和作用 ……………… 113
一、马克思主义政党是新型的革命政党 …………………………………… 113
二、马克思主义政党是社会主义革命和建设的领导核心 ………………… 116

第七章 实现共产主义是人类最崇高的社会理想 …………………… 124
第一节 马克思主义对共产主义社会的展望 ……………………………… 124
一、社会生产力高度发展和物质财富极大丰富 …………………………… 125
二、实行社会公有制和按需分配 …………………………………………… 125
三、经济的计划调节 ………………………………………………………… 126
四、阶级的消灭和国家自行消亡 …………………………………………… 126
五、精神境界极大提高 ……………………………………………………… 126
六、人的自由而全面发展 …………………………………………………… 127
第二节 共产主义是社会历史发展的必然 ………………………………… 128
一、共产主义是历史发展规律的必然要求 ………………………………… 128
二、实现共产主义是人类最伟大的事业 …………………………………… 130
三、实现共产主义是一个不断实践的长期过程 …………………………… 131

第三节　在建设中国特色社会主义的进程中为实现共产主义而奋斗……………… 132
　　　　一、社会主义是走向共产主义的必由之路……………………………………… 132
　　　　二、树立共产主义远大理想，积极投身中国特色社会主义事业………………… 133

《马克思主义基本原理概论》模拟测试题一……………………………………………… 139
《马克思主义基本原理概论》模拟测试题二……………………………………………… 140
《马克思主义基本原理概论》模拟测试题三……………………………………………… 141
《马克思主义基本原理概论》模拟测试题四……………………………………………… 142
《马克思主义基本原理概论》模拟测试题参考答案……………………………………… 144

后记………………………………………………………………………………………… 148

绪论　马克思主义是关于人类解放的科学体系

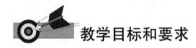 **教学目标和要求**

从总体上理解马克思主义的内涵，掌握马克思主义的科学体系、鲜明特征，以及如何学习和践行马克思主义。

 **教学要点**

马克思主义的内涵、马克思主义的科学体系、鲜明特征。

坚持不忘初心、继续前进，就要坚持马克思主义的指导地位，坚持把马克思主义基本原理同当代中国实际和时代特点紧密结合起来，推进理论创新、实践创新，不断把马克思主义中国化推向前进。

（习近平：《在庆祝中国共产党成立95周年大会上的讲话》，《人民日报》2016年7月2日）

当前，党员、干部在理想信念上遇到的纷扰是多重的。西方敌对势力一直妄图将我国纳入他们的价值体系，国内一些人与之遥相呼应，各种思想观念交锋碰撞异常激烈。面对纷纷扰扰的社会，一些党员和干部疑惑了、动摇了，甚至蜕变了。……对这些错误认识和歪理邪说，必须理直气壮地批评和教育。

（习近平：《作风建设要立破并举、扶正祛邪》，中共中央文献研究室编：习近平总书记重要讲话文章选编，党建读物出版社、中央文献出版社2016年版，第133页）

习近平总书记在建党95周年庆祝活动中发表了题为"不忘初心，继续前进"的重要讲话。在阐述"不忘初心"的八个方面内涵时，首要的一个方面就是坚持马克思主义指导地位。他说："坚持不忘初心、继续前进，就要坚持马克思主义的指导地位。"95年来，中国共产党带领中国人民坚持以马克思主义为指导，成立了中华人民共和国中央人民政府，建立了社会主义制度，将中国特色社会主义理论推向前进，取得经济社会的飞跃式发展，在经济、政治、文化、社会、生态诸多方面都取得了举世瞩目的巨大成就。信仰马克思主义已越来越成为人们的广泛共识。当人类即将迈进21世纪的时候，英国广播公司（BBC）在全球范围内举行过一次"千年思想家"网上评选。结果，马克思位列榜首。在西方少数人秉承冷战思维，宣扬马克思主义"过时论"、社会主义"终结论"的时代背景下，这个评选结果的确发人深思。

马克思主义从产生到现在已经160年了，那么马克思主义包含哪些内容呢？我们学习马克思主义，首先要知道什么是马克思主义。我们说，任何一种科学理论都是时代的产物，那么马克思主义是在怎样的一种历史情况下产生的？马克思主义的渊源和发展如何？马克思主义具有哪些鲜明的特征呢？今天如何在习近平总书记系列重要讲话精神指引下，学习和践行马克思主义呢？

第一节　什么是马克思主义

马克思主义是现代无产阶级的思想体系。马克思主义有广义与狭义之分。作为中国共产党和社会主义指导思想的马克思主义是从广义上理解的马克思主义，它既包括由马克思和恩格斯创立的马克思主义基本理论、基本观点、基本方法，也包括列宁主义和中国化的马克思主义。中国化的马克思主义指的是中国共产党人将马克思主义与中国具体实际相结合，不断推进马克思主义中国化的理论成果，包括毛泽东思想和中国特色社会主义理论体系。中国特色社会主义理论体系主要包括邓小平理论、"三个代表"重要思想、科学发展观以及以习近平为核心的党中央治国理政新理念、新思想、新战略等。

（1）从它的创造与发展来说，马克思主义是由马克思、恩格斯创立的，而由其后各个时代、各个民族的马克思主义者不断丰富和发展的观点和学说体系。马克思主义作为一种具有开放性和创新性的理论体系，是一个一脉相承而又与时俱进的历史进程。

（2）从它的阶级属性与立场来说，马克思主义是无产阶级争取自身解放和整个人类解放的科学理论，是关于无产阶级斗争的性质、目的和解放条件的学说。作为科学的世界观和方法论，马克思主义至今仍是指导全世界无产阶级和进步人士努力奋斗的强大思想武器。

（3）从它的研究对象与主要内容来说，马克思主义是无产阶级的科学世界观和方法论，是关于自然、社会和思维发展的普遍规律的学说，是关于资本主义发展和转变为社会主义以及社会主义和共产主义发展的普遍规律的学说，是科学性和革命性的结合、理论和实践的统一。其主要内容包括马克思主义哲学、政治经济学和科学社会主义等。

（4）从它的现实性与适应性来说，马克思主义在实践中产生和发展，具有较强的现实性与适应性。马克思主义关于解决资本主义社会的矛盾、全球化问题、国际市场、经济周期等许多具有前瞻性的论述，不断地为现实社会所证实，并继续影响着当代许多社会科学家，对当今现实的社会革命与社会改革仍然具有巨大的指导意义和深远的历史影响。由于具有很强的时代适应性和与时俱进的理论品质，马克思主义具有广阔的发展前景。

作为成人高等教育思想政治理论课程体系的主干课程，"马克思主义基本原理概论"主要介绍马克思主义基本原理，其内容包括马克思主义哲学、政治经济学和科学社会主义三个有机组成部分。通过对大学生进行系统的马克思主义基本原理的教育，帮助大学生完整地把握马克思主义哲学、马克思主义政治经济学以及科学社会主义的基本理论，掌握马克思主义的世界观和方法论，树立马克思主义的世界观、人生观、价值观以及方法论。学会运用马克思主义的世界观和方法论观察和分析问题，培养和提高运用马克思主义理论分析和解决实际问题的能力。在实践中能够以马克思主义的基本原理为视域考察和分析各种社会实际问题，正确认识人类社会的本质、社会发展动力和社会发展基本规律，正确认识资本主义和社会主义在其发展过程中出现的各种新情况、新问题，认识社会主义代替资本主义的历史必然性，从而坚定对社会主义和共产主义的信念，为大学生确立建设中国特色社会主义的理想信念，自觉地坚持党的基本理论、基本路线和基本纲领打下扎实的理论基础。

第二节 马克思主义的渊源和发展

任何科学理论都是在一定的时代和思想的土壤中产生和发展的。同样，马克思主义的产生和发展也有其深刻的时代根源和思想渊源。通过对其时代根源和思想渊源的分析和了解，有利于加强我们对马克思主义理论的科学性认识，从而对于马克思主义的发展充满信心，有利于以马克思主义为指导的中国特色社会主义道路自信、理论自信、制度自信和文化自信建设。正如习近平总书记所说的"不忘本来，才能开辟未来"，① 从马克思主义产生的渊源之"本来"中增加对其规律性认识，从而拓展"未来"发展的新空间，将中国梦伟大复兴事业推向前进。

一、马克思主义产生的时代根源

首先，资本主义经济发展的时代背景。早在14世纪末15世纪初，资本主义的生产关系在西欧封建社会内部已开始孕育成长。美洲新大陆的发现，为新兴资产阶级开拓了新的活动场所。从18世纪60年代开始，一场以资本主义机器大工业代替以手工技术为基础的工场手工业的革命兴起把资本主义推进到一个新的阶段。

生产力的巨大发展，显示了新生的资本主义制度的活力。但是，在生产力巨大发展的同时，资本主义制度下生产社会化同生产关系的矛盾也开始发展、激化，周期性地爆发的生产过剩危机就是这种矛盾的突出表现。英国自工业革命开始后，曾经在40年间的1778年、1793年、1797年、1810年、1815年、1819年多次发生过局部性的经济危机，1825年则爆发了第一次全国性生产过剩危机。此后于1836年和1847年又相继爆发了波及欧洲各主要资本主义国家的经济危机。经济危机周期性地爆发，表明资本主义制度所固有的生产社会化同生产资料资本家私人占有之间的矛盾已经成为这种制度难以克服的痼疾。正如马克思、恩格斯指出的："资产阶级的生产关系和交换关系，资产阶级的所有制关系，这个曾经仿佛用法术创造了如此庞大的生产资料和交换手段的现代资产阶级社会，现在像一个魔法师一样不能再支配自己用法术呼唤出来的魔鬼了。"② 资本主义制度促进了生产力的巨大发展，同时又产生了自身无法克服的矛盾，这促使人们全面思考经济在社会生活中的作用和社会历史发展的规律等问题。周期性的经济危机暴露出资本主义制度的内在矛盾，引起了人们对资本主义制度合理性的怀疑，同时又引发并加剧了资本主义制度下两个最基本阶级——工人阶级与资本家阶级之间的阶级矛盾。因此，资本主义固有矛盾的发展，预示着未来社会革命的性质和历史发展的方向，这为马克思主义的产生提供了经济社会的条件和基础。

其次，无产阶级反对资产阶级的斗争日趋激化的时代条件。随着机器大工业对工场手工业和封建生产关系的取代，社会日益分裂为两大阶级。工业革命在创造了一个大工业资本家阶级的同时，也创造出了一个与大工业相联系的人数众多的无产阶级。资本家为了追求最大限度的利润，采取延长劳动时间、增加劳动强度、降低工人工资、廉价雇佣女工和童工等手段，拼命压榨工人血汗。资本主义的残酷压榨引发了工人们的反抗。工人们开始采取捣毁机器、烧毁工厂等形式进行反抗和斗争。到了19世纪30年代，西欧资本主义的历史发展有了

---

① 中共中央宣传部编：《习近平总书记系列重要讲话读本》，学习出版社、人民出版社2014年版，第100页。
② 中共中央马克思恩格斯列宁斯大林著作编译局编译：《马克思恩格斯选集》第1卷，人民出版社2012年版，第405—406页。

重大转折。一是1825年以来的周期性经济危机,使资本主义固有矛盾充分暴露,带来了阶级关系的新变化。二是在1830年法国七月革命和1832年英国议会改革中,资产阶级同封建势力的斗争取得了决定性的胜利。这又使无产阶级与资产阶级的矛盾更加突出。19世纪30—40年代,英国、法国、德国接连爆发了工人阶级反对资本主义制度的斗争。1831年法国里昂发生了第一次工人起义,1834年举行第二次起义;1838年英国发生了第一次全国性的工人运动——宪章运动;1844年德国发生西里西亚纺织工人起义。英国、法国、德国的三大起义,表现了无产阶级高度的政治觉悟与英勇精神,显示了工人阶级在政治斗争上的威力,标志着作为历史发展主要动力的无产阶级已经独立地登上了历史舞台。但是,由于没有革命理论的指导,工人的几次起义均以失败而告终。它说明无产阶级的阶级斗争实践在早期不可避免地带有一定的自发性,特别是还没有形成与其历史任务相适应的理论。这就迫切需要总结和升华无产阶级在长期斗争实践中积累的丰富经验,形成科学的世界观,用以指导无产阶级的解放斗争。这就成为马克思主义产生的阶级基础和实践基础。

尤为重要的是,马克思、恩格斯的生平事业和无产阶级革命斗争一直具有紧密的联系,这是他们创立马克思主义的重要条件。马克思在中学时代,就立志选择"最能为人类福利而劳动的职业"①,极力为"政治上和社会上备受压迫的贫苦群众的利益"进行辩护,对"劳动生产了宫殿,但是给工人生产了棚舍"的现状做了有力的鞭挞,对"把我们文明社会的这些'野蛮人'变成人类解放的实践因素"② 充满了信心。恩格斯出身于莱茵省的一个工厂主家庭,他17岁时,由于父亲的坚持而辍学习商,这使恩格斯有更多的机会接触穷苦的工人群众,在他19岁时发表的《伍珀河谷的来信》一文中,就愤怒地揭露了工厂主对工人群众的残酷剥削。马克思、恩格斯毕生的使命都和发展、壮大无产阶级革命事业密切地联系在一起。从19世纪40年代后半期马克思、恩格斯共同创建"共产主义者同盟"开始,一直到90年代前半期恩格斯晚年领导第二国际的活动,关注欧美无产阶级革命斗争和政党的发展为止,在这半个世纪的历程中,马克思、恩格斯始终处在国际共产主义运动斗争的前沿,这是他们创立马克思主义的重要条件。

二、马克思主义产生的思想渊源

马克思主义是在吸收几千年来人类思想和文化发展中的一切优秀成果,尤其是在批判继承、吸收德国古典哲学、英国古典政治经济学以及法国、英国的空想社会主义合理成分的基础上,在深刻分析资本主义社会的发展趋势和科学总结工人阶级的实践基础上创立和发展起来的。

德国古典哲学最有代表性的人物是乔·威·弗·黑格尔(1770—1831)和路·费尔巴哈(1804—1872)。黑格尔在他的哲学体系中,第一次试图把整个自然界、历史和精神的世界描述为是运动和发展的,并努力揭示这种运动和发展的内在联系。这种辩证法思想是黑格尔哲学体系的"合理内核"。但是,他的辩证法是不彻底的,其辩证法思想的魅力被他的唯心主义体系所窒息,失去了应有的光彩。费尔巴哈把自然界和人当作哲学的出发点,大胆地批判了黑格尔的哲学体系,提出了世界是物质的、自然界是不依赖人的意志而独立存在的等唯物主义的基本观点,恢复了唯物主义应有的权威。但是,费尔巴哈的唯物主义在对历史和

---

① 中共中央马克思恩格斯列宁斯大林著作编译局编译:《马克思恩格斯选集》第1卷,人民出版社1995年版,第43页。

② 《马克思主义基本原理概论》编写组编:《马克思主义基本原理概论》,高等教育出版社2009年版,第8页。

时代问题的回答上又退缩到唯心主义立场上。"扬弃"即批判地继承和吸收,是马克思主义哲学的基本方法。作为马克思主义理论基础的马克思主义哲学是在充分吸收了黑格尔辩证法思想这一"合理内核"和费尔巴哈唯物主义这一因素的基础上产生的,同时对于黑格尔和费尔巴哈思想中的不合理部分进行批判。

资产阶级古典政治经济学的代表人物是亚当·斯密(1723—1790)和大卫·李嘉图(1772—1823)。他们研究了资产阶级生产关系的内部联系,对资本主义社会发展的规律进行了探讨,认为经济生活同自然界一样,都是受"自然规律"支配的,亚当·斯密形象地把这种规律称为"看不见的手"。他们提出价值是由劳动创造的,从而为劳动价值论奠定了基础;在地租、利润和利息等具体形式上研究了剩余价值,并对资本主义社会的阶级关系进行了初步探讨。但是,他们把资本看作一种永恒的自然关系,又极力掩饰工业革命过程中就已初露端倪的资本主义生产力和生产关系之间的尖锐冲突,断然否定资本主义存在普遍的生产过剩的经济危机的可能性,表现出资产阶级古典政治经济学的阶级局限性和历史片面性。作为马克思主义主体内容的马克思主义政治经济学理论就是在批判地继承和吸收资产阶级古典政治经济学基础上产生并发展的。

法国和英国的空想社会主义者对资本主义制度做了深刻的批判,对未来取代资本主义社会的"和谐"社会做了许许多多天才的构想。空想社会主义的最杰出的代表就是法国的昂利·圣西门(1760—1825)、沙尔·傅立叶(1772—1837)和英国的罗伯特·欧文(1771—1858)。这三位伟大的思想家具有同资本主义旧制度决裂的理论勇气,有为新世界的到来而努力奋斗的善良愿望。但是,他们不能从世界历史发展的高度预见到资本主义制度必然被一种新的社会制度所取代的物质力量。作为马克思主义方向和目标的科学社会主义思想是在批判地继承和吸收空想社会主义理论基础上产生的。

19世纪40—60年代,马克思、恩格斯批判地继承了前人的成果,对德国古典哲学、英国政治经济学和英法空想社会主义做了"创造性转化"和"创新性发展",实现了人类思想史上的伟大革命。他们创立的无产阶级世界观马克思主义,对人类先进思想已经提出的种种问题做了分析批判,对资本主义时代发展提出的理论课题做了科学的论述。马克思主义哲学为认识历史和时代问题提供了一种崭新的世界观和方法论原则,特别是在历史观上实现了伟大的革命,发现了唯物主义的历史观;马克思主义政治经济学通过对资本主义生产方式的内在矛盾、运行机制和发展规律的深刻分析,揭示了资本主义的秘密和它被社会主义必然代替的历史命运;科学社会主义又在唯物史观和剩余价值论两大发现的基础上,揭示了资本主义时代无产阶级革命和解放的根本性质和历史使命。马克思主义的这些组成部分,对人类社会发展的规律和对资本主义发展的历史趋势做了完全科学的论述。

三、马克思主义的创新发展

马克思主义的创新发展首先是由列宁在领导俄国革命中实现的。列宁领导的俄国人民革命和建设实现了对马克思主义的创新发展。19世纪70年代到20世纪初,是西方科学技术取得重要成果的时期,同时,科技的发展也导致了垄断的加剧和矛盾的激化,并最终导致第一次世界大战的发生。在第一次世界大战中,沙皇俄国成为帝国主义链条上最薄弱的环节,这就为世界无产阶级革命准备了有利的条件。列宁以一个真正马克思主义者的态度,深刻分析了现实社会条件的变化,认为资本主义发展到帝国主义阶段,经济政治发展的不平衡已成为资本主义发展的绝对规律。由此,他科学地剖析了帝国主义的经济基础、深刻矛盾和危机,提出了社会主义革命可能在一国或数国首先取得胜利的论断,并不失时机地领导俄国人民一举取得了十月革命的胜利,使科学社会主义从理论变为现实。后来,在苏联社会主义制度的影响下,东欧一些国家也成功地创建了社会主义制度,并取得了一定的成就,推动了国际共产主义运动的发展。

中国共产党带领中国人民对马克思主义的创新发展。十月革命的一声炮响,给中国送来了马克思列宁主义。"十月革命帮助了全世界的也帮助了中国的先进分子,用无产阶级的宇宙观作为观察国家命运的工具,重新考虑自己的问题。"① 诞生于半殖民地半封建社会的中国共产党,从成立之日起就把马克思主义确立为自己的指导思想,并在长期奋斗中坚持把马克思主义基本原理同中国具体实际相结合,发展了马克思主义,产生了毛泽东思想、邓小平理论、"三个代表"重要思想和科学发展观等理论成果。中国共产党在指导思想上的与时俱进,都产生于党和人民事业发展的实践进程中,也都是为党和人民事业发展的现实需要服务的。在毛泽东思想的指引下,中国人民取得了新民主主义革命的伟大胜利,成立了新中国,并进行了社会主义革命和建设的伟大探索。在邓小平理论的指引下,中国人民取得了改革开放和现代化建设的伟大成就。在"三个代表"重要思想、科学发展观以及习近平治国理政新思想新理念新战略的正确指引下,全面建成小康社会以及实现中国梦将指日可待。

第三节 马克思主义的鲜明特征

一、"辩证唯物主义与历史唯物主义"的世界观和方法论

辩证唯物主义与历史唯物主义是马克思主义最根本的世界观和方法论。首先,辩证唯物主义与历史唯物主义是无产阶级的科学世界观和方法论。辩证唯物主义与历史唯物主义之所以成为无产阶级的科学世界观和方法论,是因为它是完备深刻而无片面性的学说。其次,辩证唯物主义与历史唯物主义也是马克思主义理论科学体系的哲学基础。彻底而完备的唯物主义哲学特别是历史唯物主义的建立,为马克思主义整个理论体系提供了根本的理论基础。

二、"实现最广大人民的根本利益"的政治立场

所谓立场,是人们观察、分析和处理问题时所处的地位和由此而持的态度。人类进入阶级社会,立场就具有阶级属性,带有政治色彩。政治立场,就是人们观察、分析和处理问题时所处的政治地位和由此而持的政治态度。为绝大多数人谋利益,致力于实现最广大人民的根本利益,是马克思主义最鲜明的政治立场。这一政治立场是建立在历史唯物主义基础上的。历史唯物主义第一次科学地阐明了人民群众在社会历史发展中的作用问题,认为人民群众是历史的主人、历史的创造者,人民群众的利益、意志、愿望和要求,从根本上体现了社会发展的方向。

---

① 毛泽东:《毛泽东选集》第4卷,人民出版社1991年版,第1471页。

三、"与时俱进"的理论品质

与时俱进是马克思主义最重要的理论品质。坚持一切从实际出发,理论联系实际,实事求是,在实践中检验真理和发展真理,把握时代性、规律性、创造性,是马克思主义最重要的理论品质。首先,这种品质是马克思主义理论本质的反映;其次,这种品质是人类认识发展规律的具体体现;最后,这种品质是理论创新的内在要求。

四、"共产主义"的最高社会理想

实现物质财富极大丰富、人民精神境界极大提高、每个人自由而全面发展的共产主义社会,是马克思主义最崇高的社会理想。共产主义社会是人类有史以来最美好、最进步的社会。共产主义理想不是乌托邦,不是凭空猜测,而是建立在马克思、恩格斯对人类社会历史发展规律特别是资本主义社会发展规律的科学分析的基础之上,反映了历史发展的必然趋势。马克思主义崇高社会理想的确立,为无产阶级明确了前进方向,激励着全世界无产阶级团结起来,推翻资本主义制度,建立无产阶级专政,实现生产资料公有制,建设社会主义社会,并在此基础上,逐步过渡到共产主义社会。实现共产主义是人类历史上最伟大的事业,但又是十分艰巨的事业。实现共产主义一方面要树立崇高的共产主义理想,坚定共产主义信念,为共产主义的远大理想而奋斗;另一方面更要把实现共产主义的远大理想与各个不同阶段代表人民利益的奋斗目标结合起来,投身于现实的社会主义建设之中。

第四节 学习和践行马克思主义

在21世纪,大学生担负着实现中华民族伟大复兴的光荣使命,一定要认真学习并努力掌握马克思主义基本原理,自觉把马克思主义作为自己的行动指南。

一、认真学习马克思主义

首先,马克思主义是我们认识世界的根本方法。列宁曾说马克思主义是人类"伟大的认识工具"①,毛泽东也说马克思主义是我们的"望远镜和显微镜"②。马克思主义为我们认识复杂多变的世界提供了正确的立场以及科学的思维方法和分析方法,能够帮助人们运用辩证分析、阶级分析、历史分析等方法透过现象抓住本质。因此,大学生应在思想上自觉地坚持以马克思主义为指导,确立马克思主义的坚定信念,以马克思主义作为我们认识世界的根本方法,为把我国建设成为富强民主文明和谐的社会主义国家以及复兴中国梦而奋斗,这是以马克思主义作为行动指南的具体体现。

其次,马克思主义是我们改造世界的伟大工具。中国共产党以马克思主义为指导,积极

---

① 中共中央马克思恩格斯列宁斯大林著作编译局编译:《列宁选集》第2卷,人民出版社1995年版,第311页。
② 《马克思主义基本原理概论》编写组:《马克思主义基本原理概论》,高等教育出版社2015年版,第17页。

从事改造世界的创举,带领中国人民推翻了三座大山,建立了新中国、创建了社会主义制度、推动中国特色社会主义事业顺利前进,这些举世瞩目的伟大成就充分证明了马克思主义是我们改造世界的伟大工具。大学生应当不断提高运用马克思主义立场、观点和方法分析、解决问题的能力,更好地发挥马克思主义的"导向"和"引导"功能,在改造世界的过程中发挥积极作用。

最后,马克思主义为我们提供了人生的有益启迪。马克思主义确认了人的主体地位和能动作用,认为人能够发挥主观能动性认识世界,并根据客观规律来改造世界;强调积极向上的人生态度。大学生在投身中国特色社会主义实践中必能从中获得许多智慧启迪,终身受益。

二、践行马克思主义

"理论与实践的统一,是马克思主义的一个最基本的原则。"① 马克思主义创立和发展的实践表明,坚持学习理论和指导实践相结合,在学习运用中坚持和发展马克思主义,是我们学习掌握马克思主义基本原理的基本要求。作为新一代大学生,一定要发扬这种优良传统和学风,努力做到学以致用、以用促学、学用相长。

第一,以马克思主义的立场、观点、方法分析和解决问题。学习马克思主义基本原理,要在认真钻研马克思主义经典著作、从理论体系上来把握马克思主义基本原理的基础上,要把经典作家的论断放到当时的历史环境中来认识,更好地深入把握原理产生的时代背景和发展规律;同时,要紧密结合今天的实践来加深领会,达到以马克思主义的立场、观点、方法来发现问题并解决问题的目的。

第二,坚持理论联系实际,以实践为检验真理的标准。所谓理论联系实际,就是以马克思主义基本原理为指导,联系国际国内的大局实际,联系社会实际,去观察和研究问题。坚持理论联系实际,以实践为检验真理的标准,要求做到:一方面,要防止和反对教条主义;另一方面,要反对形式主义和实用主义。教条主义是本本主义,照本宣科,简单地、机械地套用"本本"和字句,是学习马克思主义的大敌;形式主义只做表面文章,搞花架子,这只能使对马克思主义的理解停留在一知半解的水平;实用主义则容易断章取义,往往给马克思主义附加一些不正确的东西,从而肢解了马克思主义。

第三,以实际行动丰富和发展马克思主义。马克思主义是博大精深的科学体系,是无产阶级及其政党认识和改造世界的强大思想武器,所以必须坚持马克思主义不动摇。这是就马克思主义的基本原理、基本观点和方法而言的。然而,随着时代的发展和历史条件的变化,马克思主义创始人针对特定历史条件的一些具体论述可能不再适用,而新的实践又会提出新的问题,需要我们去认识,去解决,这就要求我们在坚持马克思主义基本原理的基础上以实际行动去丰富和发展马克思主义,自觉为实现中华民族伟大复兴的中国梦奉献青春、智慧和力量。

---

① 中共中央文献研究室编:《毛泽东文集》第7卷,人民出版社1999年版,第90页。

思考与练习

一、单项选择题

1. 作为中国共产党和社会主义事业指导思想的马克思主义是指（　　）。
   A. 不仅指马克思、恩格斯创立的基本理论、基本观点和学说的体系，也包括继承者对它的发展
   B. 无产阶级争取自身解放和整个人类解放的学说体系
   C. 关于无产阶级斗争的性质、目的和解放条件的学说
   D. 列宁创立的基本理论、基本观点和基本方法构成的科学体系

2. 马克思主义从广义上说是（　　）。
   A. 不仅指马克思、恩格斯创立的基本理论、基本观点和学说的体系，也包括继承者对它的发展
   B. 无产阶级争取自身解放和整个人类解放的学说体系
   C. 关于无产阶级斗争的性质、目的和解放条件的学说
   D. 马克思和恩格斯创立的基本理论、基本观点和基本方法构成的科学体系

3. 人类进入 21 世纪，英国广播公司（BBC）在全球范围内进行"千年思想家"网评，名列榜首的是（　　）。
   A. 爱因斯坦　　　B. 马克思　　　C. 达尔文　　　D. 牛顿

4. 马克思主义产生于（　　）。
   A. 18 世纪 90 年代　　　B. 19 世纪 40 年代
   C. 19 世纪 70 年代　　　D. 19 世纪 90 年代

5. 马克思主义的根本理论特征是（　　）。
   A. 革命性与稳定性的统一　　　B. 批判性与变动性的统一
   C. 科学性与革命性的统一　　　D. 逻辑性与历史性的统一

6. 马克思主义最高的社会理想是（　　）。
   A. 建立自由平等的社会　　　B. 建立公平分配的社会
   C. 建立合乎人性的社会　　　D. 建立共产主义社会

二、问答题

1. 什么是马克思主义？
2. 马克思主义的鲜明特征指的是什么？
3. 如何学习和践行马克思主义？

三、材料分析题

【材料1】坚持不忘初心、继续前进，就要坚持马克思主义的指导地位，坚持把马克思主义基本原理同当代中国实际和时代特点紧密结合起来，推进理论创新、实践创新，不断把马克思主义中国化推向前进。……马克思主义及其在中国的发展，为党和人民事业发展提供了既一脉相承又与时俱进的科学理论指导，为增进全党全国各族人民团结统一提供了坚实思想基础。（习近平：《在庆祝中国共产党成立95周年大会上的讲话》，《人民日报》2016年7月2日）

【材料2】马克思、恩格斯在1872年为《共产党宣言》所写的序言中指出："不管最近25年来的情况发生了多大的变化，这个《宣言》中所阐述的一般原理整个说来直到现在还

是完全正确的……由于最近25年来大工业有了巨大发展而工人阶级的政党组织也跟着发展起来，由于首先有了二月革命的实际经验而后来尤其是有了无产阶级第一次掌握政权达两月之久的巴黎公社的实际经验，所以这个纲领现在有些地方已经过时了。特别是公社已经证明：'工人阶级不能简单地掌握现成的国家机器，并运用它来达到自己的目的。'"（中共中央马克思恩格斯列宁斯大林著作编译局编译：《马克思恩格斯选集》第1卷，人民出版社1995年版，第248页）

【材料3】恩格斯在1895年时指出："但是，历史表明我们也曾经错了，暴露出我们当时（1848年革命时期，编者按）的看法只是一个幻想。历史走得更远：它不仅打破了我们当时的错误看法，并且还完全改变了无产阶级借以进行斗争的条件。1848年的斗争方法，今天在一切方面都已经过时了，这一点值得在这里比较仔细地加以探讨。"（《马克思恩格斯选集》第4卷，人民出版社1995年版，第510页）

【材料4】恩格斯指出："我们还差不多处在人类历史的开端，而将来纠正我们的错误的后代，大概比我们有可能经常以十分轻蔑的态度纠正其认识错误的前代要多得多。"（《马克思恩格斯选集》第3卷，人民出版社1995年版，第426页）

结合上述材料，谈谈我们对待马克思主义应有的科学态度，怎样才能把坚持和发展马克思主义统一起来。

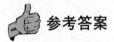

参考答案

一、单项选择题

1. A 2. A 3. B 4. B 5. C 6. D

二、问答题

1. 答案要点：马克思主义，它既包括由马克思和恩格斯创立的马克思主义基本理论、基本观点、基本方法，也包括列宁主义和中国化的马克思主义。中国化的马克思主义指的是中国共产党人将马克思主义与中国具体实际相结合，不断推进马克思主义中国化的理论成果，包括毛泽东思想和中国特色社会主义理论体系。①从它的创造者、继承者的认识来说，马克思主义是由马克思、恩格斯创立的，而由其后各个时代、各个民族的马克思主义者不断丰富和发展的观点和学说体系，包括毛泽东思想、邓小平理论、"三个代表"重要思想、科学发展观，习近平治国理政思想也是对马克思主义的最新发展；②从它的阶级属性来说，马克思主义是无产阶级争取自身解放和整个人类解放的科学理论；③从它的研究对象和主要内容来说，马克思主义是关于自然、社会和思维发展的普遍规律的学说；④从它的适应性来说，马克思主义在实践中产生和发展，具有较强的时代适应性；⑤从它的主要特征来说，马克思主义是科学性和革命性的结合，理论和实践的统一。

2. 答案要点：①"辩证唯物主义与历史唯物主义"的世界观和方法论；②"实现最广大人民的根本利益"的政治立场；③"与时俱进"的理论品质；④"共产主义"的最高社会理想。

3. 答案要点：①认真学习马克思主义。首先，马克思主义是我们认识世界的根本方法。其次，马克思主义是我们改造世界的伟大工具。最后，马克思主义为我们提供了人生的有益启迪。②践行马克思主义。第一，以马克思主义的立场、观点、方法分析和解决问题。第二，坚持理论联系实际，以实践为检验真理的标准。第三，以实际行动丰富和发展马克思主义。

三、材料分析题

答案要点：

坚持一切从实际出发，理论联系实际，实事求是，在实践中检验真理和发展真理，是马克思主义最重要的理论品质。这种既"不忘初心"又与时俱进的理论品质，是马克思主义始终保持蓬勃生命力的关键所在。

首先，这种品质是马克思主义理论本质的反映。马克思主义理论的本质属性，在于它的彻底的科学性、坚定的革命性和自觉的实践性，而彻底的科学性与目标的坚定性是最根本的。彻底的科学性与目标的坚定性是与理论的与时俱进紧密联系在一起的。在一定意义上说，理论上的"不忘初心"及目标的坚定性与时俱进正是科学性的必然要求。

其次，这种品质是人类认识发展规律的具体体现。坚持一切从实际出发，实事求是，在实践中检验和发展真理，这是人类认识发展规律的基本要求。从这个意义上讲，与时俱进就要把握规律性。马克思主义经典作家从不认为他们的理论是一成不变的，而总是要求根据实践的发展和时代的变化丰富发展他们的学说。马克思主义理论诞生后，马克思、恩格斯一直都是着眼实际，着眼历史条件的变化，以实事求是的科学态度对待自己创立的理论。

最后，这种品质是理论创新的内在要求。创新就要不断解放思想、实事求是、与时俱进。实践没有止境，认识和创新也没有止境。我们要突破前人，后人也必然会突破我们。马克思主义的发展，也是一个不断总结实践的新经验，借鉴当代人类文明的有益成果，在理论上不断扩展新视野，做出新概括的过程。

参考文献

［1］中共中央马克思恩格斯列宁斯大林著作编译局. 马克思恩格斯选集：第1卷［M］. 北京：人民出版社，2012.

［2］毛泽东. 毛泽东选集：第4卷［M］. 北京：人民出版社，1991.

［3］中共中央文献研究室. 毛泽东文集：第7卷［M］. 北京：人民出版社，1999.

［4］《马克思主义基本原理概论》编写组. 马克思主义基本原理概论［M］. 北京：高等教育出版社，2015.

［5］习近平. 在庆祝中国共产党成立95周年大会上的讲话［N］. 人民日报，2016－07－02（2）.

［6］中共中央宣传部. 习近平总书记系列重要讲话读本［M］. 北京：学习出版社、人民出版社，2014.

［7］《马克思主义基本原理概论》编写组. 马克思主义基本原理概论［M］. 北京：高等教育出版社，2009.

［8］中共中央文献研究室. 习近平总书记重要讲话文章选编［M］. 北京：党建读物出版社、中央文献出版社，2016.

第一章 世界的物质性及其发展规律

 教学目标和要求

让大学生认识世界的物质性与世界联系和发展的总特征，掌握物质、意识及其关系，坚持一切从实际出发的原则。掌握和理解唯物辩证法的基本规律，在实践中自觉地运用唯物辩证的科学方法。

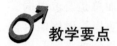 **教学要点**

世界的物质统一性；主观能动性与客观规律性的辩证关系；唯物辩证法的根本方法。

"意识形态工作是党的一项极端重要的工作"，"能否做好意识形态工作，事关党的前途命运，事关国家长治久安，事关民族凝聚力和向心力"。
（习近平：《在全国宣传思想工作会议上的讲话》，中共中央宣传部：《习近平总书记系列重要讲话读本》，学习出版社、人民出版社 2014 年版，第 105 页）

"自主创新不是闭门造车，不是单打独斗，不是排斥学习先进，不是把自己封闭于世界之外。我们要更加积极地开展国际科技交流合作，用好国际国内两种科技资源。"
（习近平：《加快从要素驱动、投资规模驱动发展为主向以创新驱动发展为主的转变》，国务院新闻办公室、中央文献研究室、中国外文局编：《习近平谈治国理政》，外文出版社 2014 年版，第 122-123 页）

大千世界，纷繁复杂；既生机勃勃，又充满问题和挑战。自从有人类以来，人们对世界的探索就没有停止过。世界的本质是什么？人与世界的关系是怎样的？如何认识世界的物质统一性？如何理解社会生活在本质上是实践的？人的精神活动与物质世界究竟是什么关系？为什么习近平总书记说"意识形态工作是党的一项极端重要的工作"？这些都是学习马克思主义必须需要搞清楚的问题。

第一节 世界的物质性

一、物质的含义

哲学是理论化、系统化的世界观，提供了对世界及人与世界关系的全面而深入的思考。马克思主义哲学意义上的物质概念可避免中国古代哲学家主张的"五行""元气"说及近代西方形而上学唯物主义以"原子"等解释世界的片面性和机械局限性，对哲学意义上的物质概念的理解是认识和把握世界本质和规律的前提。马克思批判了旧唯物主义对物质世界的直观、消极认知，强调了从能动的实践出发去把握客观世界的意义，为唯物主义指明了方向。恩格斯总结了19世纪哲学和自然科学的发展成果，对物质概念做了初步概括："物质无非是各种物的总和，而这个概念就是从这一总和中抽象出来的。"① 20世纪初，列宁对物质概念做了全面的概括："物质是标志客观实在的哲学范畴，这种客观实在是人通过感觉感知的，它不依赖于我们的感觉而存在，为我们的感觉所复写、摄影、反映。"② 物质范畴是对物质世界多样性所做的最高的哲学概括。物质的唯一特性是客观实在性，它存在于人的意识之外，可以为人的意识所反映。列宁对物质的定义的基本思想和理论意义主要表现在四个方面：

（1）列宁通过物质和意识的关系下定义，指出物质是不依赖人的意识而存在的客观实在性，坚持物质第一性、意识第二性的唯物主义原则，与唯心主义和二元论划清了界限。

（2）揭示了物质世界的可知性。物质的客观实在性是通过人的感觉感知的，能为人们的意识所复写、摄影、反映，坚持了唯物主义可知论，与不可知论划清了界限。

（3）指出了物质的客观实在性是一切物质形态的共性、共同本质。把哲学物质范畴同自然科学的物质概念区别开来，从而克服了形而上学唯物主义物质观的局限性，在物质概念上坚持了辩证思维，为科学发展和一切实际工作提供了科学的世界观和方法论。

（4）体现了唯物主义自然观和历史观的统一，为彻底的唯物主义奠定了理论基础。马克思主义的物质观揭示了自然和社会的物质性，在此基础上建立起的说明自然过程和历史过程的唯物主义原则，实现了唯物主义自然观和历史观的统一。

与物质概念相对应的是意识。意识是客观存在的主观映象，是自然界长期发展的产物，是社会历史发展的产物。就意识的本质而言，意识是特殊的物质——人脑的机能，从意识的对象和内容看，意识是物质世界的主观映象，是客观内容和主观形式的统一。马克思主义辩证唯物主义认为，意识是物质世界在人脑中的主观映象，意识是主体和客体、主观和客观的统一。

（1）从意识的主观形式和客观内容看，意识的感性形式和理性形式都是主观世界特有的，但无论是感性认识所反映的事物的外部现象，还是理性认识所反映的事物的内在本质，都是客观存在。

（2）从意识的主体差别性和客观根源来看，同一对象，不同的主体会有不同的反映，表现了意识的主体差别性、主观性，但产生这些差异的原因是客观的，可以用生理原因或社会原因得到解释。

（3）从意识的主观特征和客观基础看，意识反映具有超前性、近似性，甚至是虚假的、荒诞的观念，但从根本上看，它们都有客观"原型"，都是对客观对象的反映，即使是错误、歪曲、颠倒的反映也是如此。

如何理解社会生活本质上是实践的？因为人类最基本的社会实践活动——物质生产是人类社会存在和发展的基础。物质生产、物质生产方式规定了社会的性质以及进一步发展的方向，是历史发展的根本动力。因此物质生产是理解人类社会历史的关键性因素。由于实践规定了包括社会精神生活在内的全部社会生活的本质，所以说社会生活在本质上是实践的。

---

① 中共中央马克思恩格斯列宁斯大林著作编译局编译：《马克思恩格斯选集》第3卷，人民出版社2012年版，第939页。

② 中共中央马克思恩格斯列宁斯大林著作编译局编译：《列宁选集》第2卷，人民出版社2012年版，第89页。

二、物质的根本属性与存在方式

1. 物质的根本属性：运动

运动是标志一切事物和现象的变化及其过程的哲学范畴。一方面，运动是物质的存在方式、根本属性，物质是运动着的物质，脱离运动的物质是不存在的。设想不运动的物质，将导致形而上学。另一方面，物质是一切运动变化和发展过程的实在基础和承担者，世界上没有离开物质的运动。任何形式的物质运动，都有它的物质主体。设想无物质的运动，将导致唯心主义。另外，马克思主义哲学承认物质世界的永恒运动，同时又承认在物质世界的永恒运动中存在着相对静止。静止是物质运动在一定条件下的稳定状态，包括空间位置和根本性质暂时未变这样两种运动的特殊状态。物质世界的运动是绝对的，静止是相对的。运动的绝对性体现了物质运动的变动性、无条件性，静止的相对性体现了物质运动的稳定性、有条件性。运动和静止相互依赖、相互渗透、相互包含，动中有静、静中有动。无条件的绝对运动和有条件的相对静止构成了事物的矛盾运动。

2. 物质的存在方式：时间和空间

物质是运动的。物质的运动是在时间和空间中进行的，时间、空间是运动着的物质的存在形式。时间是指物质运动的持续性、顺序性，特点是一维性，即一去不复返。空间是指物质运动的广延性、伸张性，特点是三维性。物质运动与时间和空间的不可分割证明了时间和空间的客观性。首先，没有离开物质运动的"纯粹"时间和空间；其次，也没有离开时间和空间的物质运动。

三、物质世界与实践

实践是人类社会的本质，具有本体作用，但不是世界的本体。因为实践是人的，实践不具有离开人的外在独立性。世界的物质性或客观实在性是一切唯物主义的前提，在此基础上才能充分说明马克思主义的实践本质。所以马克思主义哲学所理解的世界的物质统一性，是包括人的实践活动在内的物质统一性。它高出以往一切哲学的地方就在于，把世界的物质性和人的能动的实践活动辩证统一起来。对于世界物质统一性的理解，概括起来就是：一是说人类社会是自然界的发展的产物，是物质存在的一种特殊形态，人类的实践活动依赖于自然界；二是就人的实践自身说的，它就是一种物质活动；三是社会的物质性的内容就是说社会的存在是物质的，当然主要是物质资料的生产方式，也包括地理环境、人口生产等。

马克思主义揭示了人类实践的客观实在性，认为物质资料生产方式是人类社会存在和发展的基础，主要表现在：第一，人类社会依赖于自然界，是整个物质世界的组成部分；第二，人们谋取物质生活资料的实践活动虽然有意识作指导，但仍然是以物质力量改造物质力量的活动，仍然是物质性的活动；第三，物质资料的生产方式是人类社会存在和发展的基础。实践是感性的、对象性的物质活动。实践的基本特征表现在：首先，实践是物质性的活动，具有直接现实性。其次，实践是人类有意识的活动，体现了自觉的能动性。最后，实践是社会的历史的活动，具有社会历史性的特点。

实践的基本形式，包括物质生产劳动实践、处理社会关系的实践和科学实验等。物质生产劳动是人类最基本的实践活动，以自然为对象，运用人们自身的力量，借助于物质工具和手段，改造自然界以获取人们生存、发展所需要的物质生活资料，改善人们的生活环境及条件的活动。生产劳动进行着人与自然之间的物质、能量和信息的交换,解决人与自然的矛盾,同时生产和再生产着社会的基本经济关系,由此决定着社会的基本性质和面貌。处理社会关系的实践是人们社会生活中的一个重要方面。在阶级社会中,阶级关系是主要的社会关系,由不同的阶级利益引起的阶级矛盾通常是社会的主要矛盾,处理社会关系的实践也就主要表现为阶级斗争。科学实验是改造自然和社会的准备性和探索性的实践活动。科学实验是在生产实践的基础上产生的。科学实验不仅包括自然科学的实验活动,而且包括人文社会科学的实验活动,自觉地以科学理论为指导,以探索和认识客观事物的本质和规律为目的。

第二节 物质世界的普遍联系与永恒发展

一、事物联系的基本环节

马克思主义唯物辩证法认为,事物联系的基本环节有原因与结果、必然性与偶然性、可能性与现实性、内容与形式、现象与本质等。

(1) 原因和结果。原因和结果是揭示客观世界中普遍联系着的事物具有先后相继、彼此制约的一对概念。原因是指引起一定现象的现象,结果是指被引起的现象。二者是辩证的关系:①原因与结果的区别既是确定的又是不确定的。在具体的因果关系中是确定的,因果分明,但在无限发展的物质世界链条中,因果的区分又是不确定的。②原因与结果互相依赖,失去一方,另一方也不存在。③原因与结果互相作用、互为因果。承认因果辩证联系的客观普遍性是进行科学认识科学研究的前提。正确把握事物的因果关系,总结实际工作经验,分析成功与失败的原因,预见工作中可能发生的后果,及时采取有效措施,是做好工作的重要条件。

(2) 必然性和偶然性。必然性和偶然性是揭示客观事物发生、发展和灭亡的不同趋势的一对概念。必然性指的是客观事物发展过程中一定要发生的、确定不移的趋势;偶然性指事物发展过程中可能发生也可能不发生,可能这样发生也可能那样发生的趋势。二者是辩证的关系:第一,必然性存在于偶然性之中,没有脱离偶然性的纯粹必然性;第二,偶然性体现并受制于必然性,没有脱离必然性的纯粹偶然性;第三,必然性和偶然性在一定条件下相互转化。在实际工作中,只有认识必然性才能获得自由。认识偶然性在事物发展中的作用,才能注意利用一切有利的偶然因素去推动工作,防止和消除不利的偶然因素的影响。

(3) 可能性和现实性。可能性和现实性是揭示客观事物由可能向现实转化过程的一对概念。现实性是包含内在根据的、合乎必然性的存在,是客观事物和现象种种联系的综合。可能性指的是事物发展过程中的种种趋势,是潜在的未实现的东西。二者是辩证的关系:第一,可能性不等于现实性,可能性是还没有成为现实性的东西,现实性是已经实现了的可能。第二,可能性和现实性互相依赖,不可分离。现实性只有在可能性中实现,可能性以现实性为前提。第三,可能性和现实性在一定条件下互相转化。在现实生活中,二者的统一使人的主观能动性具有发挥的余地,力求向好的现实性转化。

(4) 内容和形式。内容和形式是揭示事物的内在要素和它们的结构以及表现方式的一对概念。内容是指构成事物的一切内在要素的总和,形式是指把内容诸要素统一起来的结构和表现方式。二者是辩证的关系:第一,内容和形式相互依赖,没有无形式的内容和无内容的形式;第二,内容和形式相互作用,内容决定形式,形式反作用于内容;第三,内容和形式在一定条件下相互转化。在实际工作中，要注意克服形式主义和形式虚无主义，自觉运用内容决定形式，形式必须适合内容的原则，以促进事物的发展。

（5）现象和本质。现象和本质是揭示客观事物的外在联系和内在联系相互关系的一对概念。本质是一事物区别于其他事物的根本的性质。现象是事物的外部联系和表面特征。假象是本质的一种特殊表现。任何本质都要通过现象表现出来，任何现象都是本质的表现。在实际工作中，要注意把现象作为入门的向导，通过现象去认识事物的本质。要坚持正确方向，不要被假象所迷惑。要从现象到本质并到更深刻的本质，达到客观真理。

二、辩证发展的三大规律

1. 对立统一规律

这是事物发展的根本规律。唯物辩证法研究的对象是辩证矛盾及其规律。辩证矛盾规律即对立同一是客观事物的辩证性质，是客观存在，它是反映事物内部和事物之间对立统一关系的哲学范畴。辩证矛盾规律告诉我们，任何事物都由矛盾的一方和他自己的对方构成矛盾的统一体。矛盾的同一性又称统一性，是矛盾双方相互依存、相互贯通的性质和趋势。它有两个方面的含义：一是矛盾着的对立面之间相互依存、互为前提，共处于一个统一体中；二是矛盾着的对立面之间的相互贯通和转化。矛盾的斗争性是矛盾着的对立面之间的相互反对、相互否定、相互排斥和相互差异的性质。

在了解矛盾对立统一规律时，需把握矛盾同一性与斗争性、矛盾的普遍性与特殊性的关系。矛盾的同一性在事物发展过程中的作用是：①一方的发展以另一方的发展为条件，发展是统一体中的发展。同一性为矛盾的斗争性提供条件和场所，同一性的存在是因为双方是矛盾的对方才存在。②同一性使矛盾的双方各自吸收有利于自身的因素限制对方发展自己。③矛盾的统一性规定了事物发展的基本趋势和道路，所谓"辩证法也有保守方面"。矛盾的斗争性在事物发展中的作用：①引起矛盾双方力量对比的变化，即矛盾的消长运动，通过量变促进事物的发展；②由矛盾双方力量的消长引起一方消灭另一方，从而消灭自己一方的存在条件，引起矛盾统一体的破裂，导致事物的质变，由此推动事物的向前发展。

矛盾的普遍性是指矛盾存在于一切事物中，矛盾存在于一切事物发展过程的始终，旧的矛盾解决了，新的矛盾又会产生。矛盾的特殊性主要表现在：不同事物的矛盾各有其特点；同一事物的矛盾在不同发展过程和阶段上各有不同的特点；构成事物的诸多矛盾以及每一矛盾的不同方面各有不同的性质、地位和作用。

事物的实际过程是一个充满矛盾的集合体，在这个矛盾的集合体中包括根本矛盾与非根本矛盾、主要矛盾与次要矛盾、矛盾的主要方面与次要方面等，这些都是我们处理具体事物时要特别留心的地方，因为根本矛盾规定了事物的性质，主要矛盾对事物发展起决定作用，而矛盾的性质又由矛盾的主要方面决定。因此，当我们在面对具体事物时，要如实地分析、认真地研究矛盾的特殊性，才能认清事物的本质和发展规律，才能采用正确的方针方法把事情做好。这也就是具体问题具体分析方法，是马克思主义的活的灵魂。

2. 质量互变规律

事物的联系和发展都采取量变和质变两种状态和形式。量变是事物数量的增减和次序的变动，是保持事物的质的相对稳定性的不显著变化，体现了事物渐进过程的连续性；质变是事物性质的根本变化，是事物由一种质态向另一种质态的飞跃，体现了事物渐进过程和连续性的中断。一个事物的质是其内在的规定性；量是外在属性的数量化，是质的外在表现；度是事物保持自己质的量的限度。质变与量变的辩证关系：①量变是质变的必要预备。任何事物的变化都有一个量变的积累过程，没有量变的积累，质变就不会发生。②质变是量变的必然结果。单纯的量变不会永远持续下去，量变达到一定程度必然引起质变。③量变和质变是相互渗透的。一方面，在总的量变过程中有阶段性和局部性部分质变；另一方面，在质变过程中也有旧质在量上的收缩和新质在量上的扩张。④量变和质变是相互依存、相互贯通的，量变引起质变，在新质的基础上，事物又开始新的量变，如此交替循环，形成事物质量互变的规律性。

3. 否定之否定规律

任一事物内部都包含着矛盾的双方，其中维持现存事物存在的一方即肯定方面或肯定因素，否定现存事物存在，促使其向相反方向转化的一方即否定方面或否定因素。辩证否定观认为：第一，否定是事物的自我否定，是事物内部矛盾运动的结果。第二，否定是事物发展的环节。它是旧事物向新事物的转变，是从旧质到新质的飞跃。只有经过否定，旧事物才能向新事物转变。第三，否定是新旧事物联系的环节，新事物孕育产生于旧事物，新旧事物是通过否定环节联系起来的。第四，辩证否定的实质是"扬弃"。扬弃即新事物对旧事物既批判又继承，既克服其消极因素又保留其积极因素。事物的辩证发展经过第一次否定，使矛盾得到初步解决，事物向前发展一步，而处于否定阶段的事物依然具有片面性。肯定方面与否定方面是矛盾的对立双方，依然有不足，按照对立统一规律的要求，矛盾的双方不仅有对立还要有统一，因此处于第二否定阶段的事物必然发展到第三个阶段，即否定之否定阶段，这个阶段克服了前两个阶段的不足，保留了前两个阶段的优点。这样事物发展的一个完整周期表现为两次否定三个环节，而事物前进之每一环节都是对上一环节的扬弃。事物的发展呈现出一种螺旋式的上升和波浪式的前进的一种周期性运动。事物发展是前进性与曲折性的统一。前进性体现在每一次否定都把事物推到新阶段；每一周期都是开放的，不存在不被否定的终点。曲折性体现在回复性上，其中有暂时的停顿或倒退，但是经过曲折终将为事物的发展开辟道路。这表明事物的发展不是直线前进，而是一个不断反复的过程。

4. 尊重规律与发挥主观能动的辩证统一

唯物辩证法首先是客观事物自身的辩证性质，称为客观辩证法，我们的认识反映了客观事物的这种辩证性质，形成了思想中的辩证法，成为主观辩证法。因此，辩证法实际上是包含主客观辩证法的，当然主观辩证法是客观辩证法的反映，客观辩证法是主观辩证法的基础。唯物辩证中的规律都具有主客观的性质，包括对立统一规律、质量互变规律、否定之否定规律等。唯物辩证法认为，正确把握事物发展的三大发展客观规律需要处理好与主观能动性的关系。主观能动性就是意识能动性在实践中的表现。人们在实践活动中要达到预想的目的，就一定要使自己的思想符合客观事物的发展规律，如果不符合，就会在实践中失败。首先，必须尊重客观规律。发挥人的主观能动性必须以承认规律的客观性为前提。其次，在尊重客观规律的基础上，要充分发挥主观能动性。按照客观规律办事，才能获得成功；发挥人的主观能动性能够更好地认识、利用客观规律。夸大人的主观能动性，否认要尊重客观规律，就会陷入唯心主义，犯"左"的错误；否认人的主观能动性，拜倒在规律面前，听天由命，就会犯右的错误。所以，尊重事物发展的规律与发挥人的主观能动性是辩证统一的。

三、辩证思维方法

辩证思维方法是人们正确进行理性思维的方法，主要有归纳与演绎、分析与综合、抽象与具体、逻辑与历史辩证统一等。

1. 归纳与演绎的辩证统一

归纳和演绎是互相依存、互为条件的。归纳是演绎的基础,演绎给归纳提供指导。人们的认识运动往往从个别事物开始,从个别概括出一般,就叫归纳。归纳出来的结论成为演绎的前提。从一般推演到个别,叫演绎。演绎使归纳的成果得到扩大和加深。人们的认识就是在归纳和演绎的交互辩证统一过程中,从个别到一般,又从一般到个别,循环往复,不断深化。

2. 分析与综合的辩证统一

分析和综合既互相区别,又互相依存。分析是综合的基础。认识的具体深入,需要把握事物的各个部分、侧面和属性的具体规定性,这就是分析;分析离不开综合,并以综合为目的。综合把零碎、片断的枝节之见统一为整体。在分析的基础上综合,在综合的指导下分析,使分析和综合互相促进,推动认识的深化和发展。

3. 抽象与具体的辩证统一

抽象作为思维方法,通常是指思维中把对象的某种属性、因素抽取出来而暂时舍弃其他属性、因素的一种逻辑方法。抽象规定就是通过思维分析活动,抽出那些必然的、本质的东西,对事物的各种属性、特点和关系分别加以规定,形成概念。但是,每个抽象的规定只是反映事物属性、特点和关系的一个方面,还必须运用综合的方法,把对事物各方面的抽象规定联系起来,在理性思维中把事物的各种属性、特点和关系作为整体完整地、具体地再现出来,即达到理性具体。对辩证思维而言,重要的是从抽象上升到具体。这是一个以抽象为逻辑起点,通过各种形式的逻辑中介,达到以思维具体为逻辑终点的运行过程。当然,抽象有科学的,也有不科学的。科学的抽象首先必须从实际出发,而不能主观随意地在感性具体中去掉什么、抽取什么;其次必须把真正本质的东西抽取出来,每一步抽象都应该同事实相对照,不断用实践来检验,否则就会变成空洞的、形式主义的抽象。

4. 历史与逻辑的辩证统一

历史的方法是指从事物自身的运动变化发展过程考察事物的方法,即从对象的自然过程研究考证描述对象的方法。通过历史地考察事物,才有可能如实地揭示事物的本质和规律,逐步形成科学理论。逻辑的方法是指透过对象自然过程中种种表面的个别的暂时的现象,从"纯粹"的抽象概括的形态上研究揭示对象的本质和规律的思维方法。科学理论体系的建构,最终总是运用逻辑方法完成的。

历史和逻辑在本质上是一致的:历史是逻辑的基础和内容,逻辑是历史的理论再现。此外,逻辑不仅同客观现实的历史相一致,而且同人类认识的历史相一致。

以上介绍了四对辩证思维方法。辩证思维方法与现代科学思维方法是什么关系呢?随着现代科学的发展,产生了现代科学思维方法。现代科学思维方法是一个巨大的方法群,包括控制方法、信息方法、系统方法、结构—功能方法、模型化方法和理想化方法等,这些方法都丰富和深化了辩证思维及其方法。

辩证思维方法与现代科学思维方法有着方法论上的共同性,二者相互联系、相互补充。一方面,辩证思维方法是现代科学思维方法的方法论前提,辩证思维的基本精神和原则贯穿于现代科学思维方法之中。如系统方法与普遍联系的观点、控制论的方法与内外因的观点、突变论与量变质变的观点、信息论与相互作用的观点都有着内在的联系。现代科学思维方法与辩证思维方法在很多方面是一致的。另一方面,现代科学思维方法又丰富了辩证思维方法。现代科学思维方法如控制方法、信息方法、系统方法、结构—功能方法、模型化方法和理想化方法等,都丰富和深化了辩证思维及其方法。现代科学思维方法是在确认世界普遍联系和永恒发展的前提下，深入研究世界的某些关系，使辩证法深入到发展的细部、更复杂的层次。辩证思维方法应从现代科学思维方法中汲取营养，来丰富自身的方法系统。

? 思考与练习

一、单项选择题

1. 划分唯物史观与唯心史观的根据是（　　）。
   A. 是否承认社会历史的规律性
   B. 是否承认阶级斗争
   C. 是否承认社会存在决定社会意识
   D. 是否承认社会意识的能动作用

2. 列宁对辩证唯物主义物质范畴的定义是通过（　　）。
   A. 物质和意识的关系界定的
   B. 哲学与具体科学的关系界定的
   C. 主体和客体的关系界定的
   D. 一般和个别的关系界定的

3. 马克思主义认为，世界的真正统一性在于它的（　　）。
   A. 实践性　　　B. 运动性　　　C. 物质性　　　D. 客观性

4. 物质的"唯一特性"是它的（　　）。
   A. 运动的绝对性　　　　　　B. 本质的可知性
   C. 发展的规律性　　　　　　D. 客观实在性

5. 哲学上的物质范畴与自然科学上的物质范畴的关系是（　　）。
   A. 来源和派生的关系　　　　B. 普遍和特殊的关系
   C. 本质和现象的关系　　　　D. 形式和内容的关系

6. 设想没有物质的运动必然导致（　　）。
   A. 不可知论　　B. 形而上学　　C. 机械唯物论　　D. 唯心论

7. "人不能两次踏进同一条河流"和"人一次也不能踏进同一条河流"这两种说法：（　　）。
   A. 都是辩证法的观点
   B. 前者是辩证法观点，后者是诡辩论观点
   C. 都是诡辩论观点
   D. 前者是诡辩论观点，后者是辩证法观点

8. 在意识的产生过程中，起决定作用的是（　　）。
   A. 自然界的进化　　　　　　B. 制造和使用工具的劳动
   C. 语言和思维的形成　　　　D. 脑容量的增加

9. 先有工程设计图，然后施工建成大厦。这一事实说明（　　）。
   A. 意识产生物质　　　　　　B. 意识转化为物质
   C. 意识决定物质　　　　　　D. 意识创造物质

二、辨析题

1. 物质就是指看得见、摸得着的物体。

2. 错误思想也是客观存在的反映。
3. 世界统一于存在。

三、问答题

1. 简述意识能动性的主要表现。
2. 运用客观规律性和主观能动性关系原理，说明工作热情与科学态度之间的关系。
3. 如何贯彻落实习近平总书记强调的"意识形态工作是党的一项极端重要的工作"？

四、材料分析题

一些中国古代思想家认为："一阴一阳之谓道。""凡物必有合，……有合各有阴阳。""天地万物之理，无独必有对"，"万物莫不有对"。"有无相生，难易相成，长短相形，高下相倾，音声相和，前后相随。"

简析上述论点中包含的辩证法思想，阐明马克思主义哲学在这方面的基本原理及其对实际工作的指导意义。

参考答案

一、单项选择题

1. C 2. A 3. C 4. D 5. B 6. D 7. B 8. B 9. B

二、辨析题

1. 答案要点：观点错误。物质的唯一特性是它的客观实在性，凡是在人们意识之外而独立存在的一切事物和现象都是物质。"客观实在性"概括了各种具体物质形态的共同特征，但又不能归结为具体的物质形态，它是既有高度抽象，又有极其丰富的具体内容的科学概念。把物质归结为看得见摸得着的物体的错误在于不能辩证地把握物质和它的表现，有的看不见的东西如"场""生产关系"等，也是物质的表现形态。

2. 答案要点：观点正确。唯物主义反映论认为，意识是对客观世界的反映。正确的、错误的意识都是对客观存在的反映，内容都来自客观世界，只不过错误思想是对客观存在的歪曲、颠倒的反映而已。错误思想也有其产生的客观"原型"和客观的根源，也随客观存在的变化而变化。

3. 答案要点：观点错误。物质和精神都是存在，但精神根源于物质，是物质的产物和反映。这一命题抹杀了物质对意识的根源性，掩盖了在世界统一性问题上唯物主义和唯心主义的根本对立。存在只是世界统一性的前提，但世界的统一性不在于它的存在，而在于它的物质性。

三、问答题

1. 答案要点：意识的能动性也叫主观能动性，是指人的意识指导人能动地反映世界和能动地改造世界的能力和作用，意识的能动性主要表现在四个方面：
   （1）意识活动的目的性和计划性；
   （2）意识活动的创造性；
   （3）改造世界是意识能动性最突出的表现；
   （4）意识活动能在一定条件下控制人的生理活动。

意识对物质的能动作用只有在尊重客观规律并依赖于一定的物质条件的基础上，通过实践活动才能实现。

2. 答案要点：（1）规律是事物和现象之间内在的本质的必然联系，是客观的，不以人的意志为转移的。主观能动性是人类特有的能动地反映世界和改造世界的能力和作用。

（2）尊重客观规律和发挥能动性是一致的。尊重客观规律是前提，发挥主观能动性是认识和利用客观规律的必要条件。

（3）现实意义。在复兴中国梦的伟大征程中，必须把尊重客观规律与发挥主观能动性结合起来，把工作热情与科学态度结合起来，既要从规律出发，又要解放思想、开拓进取，不断创新。

3. 答案要点：（1）历史和现实反复证明，只有物质文明和精神文明建设都搞好，国家物质力量和精神力量都增强，中国特色社会主义事业才能顺利推向前进，而作为精神力量的核心意识形态的重要性毋庸置疑，需要深刻认识到习近平总书记强调"意识形态"的重要性。

（2）坚持全党动手，加强对宣传思想领域重大问题的分析判断，加强对重大战略任务的统筹指导，推动重大部署、重要任务的落实。

（3）加强政治引领和政治吸纳，最大限度地团结一切热爱社会主义事业的各界人士。

（4）抓好"意识形态工作"的理念创新、手段创新、基层工作创新，适应国内外形势变化和现代信息技术发展的需要。

四、材料分析题

答案要点：（1）上述观点指出了世界上的一切事物无不相互联系、包含矛盾，矛盾双方既对立统一，又相辅相成，不可分割。但这些辩证法思想是朴素的、零散的，并带有一定的神秘色彩。

（2）马克思主义哲学在揭示客观事物自身固有规律的基础上创立了唯物辩证法，特别是毛泽东系统地发展了唯物辩证法的对立统一学说，科学地阐明了关于矛盾普遍性以及矛盾的同一性和斗争性的相互关系的原理。矛盾是普遍的、绝对的，存在于一切事物发展的过程中，又贯穿于一切过程的始终。矛盾双方既相互排斥，相互对立；又相互依存，相互贯通，并在一定条件下向对立面转化。矛盾同一性和斗争性对立统一，不可分割，二者的辩证结合构成一切事物矛盾运动，推动事物发展。

（3）在实际工作中，只有用对立统一的观点观察事物、处理问题，反对一切形而上学的片面性和绝对化，才能获得正确认识，做好各项工作。

参考文献

[1] 中共中央马克思恩格斯列宁斯大林著作编译局. 马克思恩格斯选集：第3卷［M］. 北京：人民出版社，2012.

[2] 中共中央马克思恩格斯列宁斯大林著作编译局. 列宁选集：第2卷［M］. 北京：人民出版社，2012.

[3] 习近平. 在全国宣传思想工作会议上的讲话//国务院新闻办公室，中央文献研究室，中国外文局. 习近平谈治国理政［M］. 北京：外文出版社，2014.

[4]《马克思主义基本原理概论》编写组. 马克思主义基本原理概论［M］. 北京：高等教育出版社，2015.

第二章　认识的本质和规律

 教学目标和要求

掌握辩证唯物主义关于认识的基本规定，正确认识辩证唯物主义认识论与其他哲学认识论的区别；理解实践的观点是认识论的首要的和基本的观点；掌握认识的过程是在实践的基础上从感性认识到理性认识，再由理性认识到实践的革命的能动的反映过程；认识真理的本质、客观性和价值性、绝对性和相对性及真理与谬误的关系；掌握和坚持辩证唯物主义的思想路线的核心即实事求是；自觉培育和践行社会主义核心价值观。

 **教学要点**

实践是认识的基础；认识的本质及发展规律；真理的客观性、绝对性和相对性；认识论与思想路线。

增强本领就要加强学习，既把学到的知识运用于实践，又在实践中增长解决问题的新本领。

（习近平：《依靠学习走向未来》，中共中央文献研究室编：《习近平总书记重要讲话文章选编》，党建读物出版社、中央文献出版社2016年版，第31页）

培育和弘扬核心价值观，有效整合社会意识，是社会系统得以正常运转、社会秩序得以有效维护的重要途径，也是国家治理体系和治理能力的重要方面。历史和现实都证明，构建具有强大感召力的核心价值观，关系社会和谐稳定，关系国家长治久安。

（习近平：《培育和弘扬社会主义核心价值观》，国务院新闻办公室、中央文献研究室、中国外文局：《习近平谈治国理政》，外文出版社2014年版，第163页）

马克思主义辩证唯物论认为人的思维是可以认识现实世界的。那么，认识是怎样产生的？人们是怎样认识世界的？认识的本质是什么？检验认识正确与否的标准又是什么？千百年来，各派哲学家们对这些问题进行了长期的探索，然而，并未真正地解决这些问题。马克思主义认识论以实践为基础，第一次科学地解答了这些问题。辩证唯物主义认识论是以实践为基础的能动的、革命的反映论，是马克思主义哲学的重要组成部分。

第一节 认识与实践

一、实践是认识的基础

马克思主义认识论之前的哲学家们早已提出过实践的概念,但他们不懂得实践在人类认识和整个社会生活中的决定作用,所以未能真正把握实践的本质。马克思主义认为,实践是人类能动地改造世界的,感性的对象性的物质活动,"全部社会生活在本质上是实践的"①,哲学的重要使命在于指导实践改造世界,因此,实践性成为马克思主义认识论的最显著的特点,也使马克思主义认识论成为真正科学的认识论。实践观点是马克思主义认识论的首要的和基本的观点。

(一)实践的含义、特点和形式

1. 实践的含义

辩证唯物主义认为,所谓实践,是指人类能动地改造世界的感性物质活动。它是区别于其他一切哲学派别的唯一科学的实践概念。实践概念并不是马克思第一次使用的,旧唯物主义和唯心主义哲学中都有一些哲学家讲到过实践,但是,他们对实践的理解,是不科学的。在旧唯物主义哲学中,一些哲学家们只看到技术、实验这一种具体的实践形式。德国唯物主义哲学家费尔巴哈所说的实践只是指人们日常的生活活动,而不是改造客观世界的社会实践,他甚至还把人们的实践看作利己主义所玷污的活动。总之,旧唯物主义哲学所看到的,只是孤立的、个人的活动,而不懂得社会实践的意义,不理解实践的社会性、能动性。

唯心主义则把实践归结为纯粹主观的、精神的活动,主观唯心主义把实践看作主体的一种意识活动。如中国明代的王阳明说:"一念发动处,便即是行了。"② 现代西方某些唯意志论哲学往往把与情感、意志有关的道德、艺术等活动,当作实践的主要内容。实用主义也是一种主观唯心主义哲学,实用主义者也常常提到实践,甚至把他们的哲学标榜为"行动哲学",仅仅指的只是一种盲目应付环境和争取生存的本能的趋利避害的活动。黑格尔把实践理解为人的有目的的活动,把实践看成达到真理的认识过程中的一个环节,这里包含着宝贵的合理因素。但是,黑格尔把实践活动看作精神性的活动,是绝对观念的体现,而不是人的社会的实践。

总之,唯心主义否认实践的客观物质性,不能理解实践的社会性,它的实践概念也是不科学的。

马克思主义哲学汲取了哲学史上关于实践概念的合理因素,并克服了旧唯物主义和唯心主义的缺陷,从物质第一性、意识第二性的基本前提出发,从主观和客观的关系中给予实践以科学的定义。它把实践看作主观与客观对立统一的基础:一方面,是劳动的实践使人同自然界区分开来,使主观和客观对立起来;另一方面,人们又通过实践认识客观世界和改造客观世界,使主观和客观统一起来。这就是说,实践是主观见之于客观的东西,是联系主观与客观的一座唯一的桥梁,它既不是纯客观的活动,也不是纯主观的活动。由于它是改造客观世界的活动,所以它是一种客观的活动;又由于它是人所进行的有目的有意识的活动,所以

---

① 中共中央马克思恩格斯列宁斯大林著作编译局编译:《马克思恩格斯选集》第 1 卷,人民出版社 2012 年版,第 135 页。

② 王守仁撰:《王阳明全集》,吴光等编校,上海古籍出版社 1992 年版,第 96 页。

它又是一种具有能动性的活动。作为这种主客观统一的实践,主要是指导人们改造客观物质世界的活动,同时也包括以改造世界为目的探索现实的活动,如天文观测、地质勘探、社会调查、军事侦察等。因此,人类有目的地能动地认识和改造现实世界的客观物质活动,就是马克思主义所理解的实践。

2. 实践的主要特点

(1) 实践是客观的、物质性的活动,具有直接现实性。实践活动则是主观见之于客观的东西,它是现实的、感性的活动。实践活动结束后往往会引起外部客观世界的某种变化,或产生客观的、现实的和直接的结果。实践的直接现实性决定了实践的客观性。实践的客观性在于:第一,构成实践活动的诸要素,即实践的主体(人)、实践的对象(客体)和实践的手段(工具等),都是可感知的客观实在;第二,实践的结果,是独立于人们的意识而客观存在的;第三,实践的水平、广度、深度和发展过程,都受着客观条件的制约和客观规律的支配。总之,实践是同主观认识活动相区别的客观物质活动,坚持这一点,就同唯心主义实践观划清了界限。

(2) 实践是人类自觉的有意识的活动,体现了人之区别于一般动物的特殊的能动性。客观的物质活动是人和动物所共同具有的活动,然而动物的活动却不能称为实践,因为动物没有意识,没有自己的主观世界,所以它在自然界面前只是被动的,动物的活动只不过是适应环境的本能活动,只是以自己的存在去影响自然界,而不能在自然界留下自己的意志的印记,不会有自觉的能动性。而人是具有理性思维的动物,它和动物的区别就在于人具有自觉的能动性,是从事有目的的有意识地改造世界的活动,只有这种人的自觉的能动的活动才具有真正的实践的意义。人离开动物愈远,实践水平愈高,就愈是显示出能动的性质。这是与旧唯物主义实践观的一个重要的区别。

(3) 实践是社会的活动,因而是不断变化发展着的历史的活动,就是说,实践又具有社会历史性的特点。实践从一开始就是社会地进行的,孤立的单个人的活动是根本不可能的。尽管有些常以个人活动的方式进行,但任何个人活动都不能离开社会的联系。作为实践主体的人总是社会的人,即处在一定社会关系中的人。实践的过程就是人们结成一定的社会关系以改造现实世界的过程。实践的社会性决定了它的历史性。因为实践的内容、性质、范围、水平都是受一定的社会历史条件所制约的,都是随着一定的社会历史条件的变化而变化的,因而都是具体的、历史的。从古代的刀耕火种到现代化的社会大农业,从过去的大刀、长矛到现在的飞机、大炮、导弹和航母等这些翻天覆地的变化足以说明实践的历史性的特点。只有坚持实践的社会历史性的观点,才能真正与唯心主义和旧唯物主义彻底划清界限。

上述实践的客观性、能动性和社会历史性的统一,体现了马克思主义实践观中唯物论和辩证法的统一、辩证唯物主义和历史唯物主义的统一。这也正是整个马克思主义认识论中唯物论和辩证法的统一、辩证唯物主义和历史唯物主义的统一的客观基础。

3. 实践的基本形式

实践的形式是多种多样的,但基本形式大致分为以下三种。

(1) 生产实践。生产实践是人类改造自然界的活动,是人类最基本的实践活动,是决定其他一切活动的基础。这是因为,第一,人们要生活,就必须生产,只有通过生产,解决了吃、穿、住的问题以后,才能谈得上从事其他的活动。马克思说过:"任何一个民族,如果停止劳动,不用说一年,就是几个星期,也要灭亡,这是每一个小孩子都知道的。"① 第

---

① 中共中央马克思恩格斯列宁斯大林著作编译局编译:《马克思恩格斯选集》第 4 卷,人民出版社 2012 年版,第 473 页。

二，生产实践又是人类认识的基本来源，人们在生产活动中逐渐地了解自然现象、自然的性质和规律，以及人和自然的关系，所以，生产实践是人类自然知识的基本来源。与此同时，生产实践是在一定的社会关系中进行的，人们正是在生产实践中逐渐地理解了人与人之间的关系。所以，生产实践是包括自然知识和社会知识在内的一切知识的基本来源。因此说，任何忽视或贬低生产实践意义的观点都是违背马克思主义的。

（2）调整和改革社会关系的实践。既然生产实践脱离不开一定的社会关系，是在一定的社会关系中进行的，因此，调整和改革社会中人与人的关系的实践也是人类不可缺少的一项基本实践活动。在阶级社会中，人们之间重要的关系是阶级关系。因此，处理社会关系的实践活动主要表现为阶级斗争。除此之外，也有一些处理各阶级内部人与人关系的不带阶级斗争性质的实践活动。无论在哪种社会里，处理社会关系的实践都是必不可少的，它制约着人们的认识，并成为人们认识社会的一个重要来源。

（3）科学实验。科学实验是由前两种实践形式分化出来的，是同前两种形式紧密联系又有其相对独立性的一种实践形式。它是以认识世界为直接目的，是为提高改造世界的自觉性和成效而进行的一种尝试性、探索性、学习性的实践活动。科学实验作为一种独立的实践形式则是随着近代科学的产生而出现的。所谓科学实验，就是运用实践的手段，把认识放在理想的环境中考察，暂时撇开它的复杂的联系，排除各种偶然因素的干扰，以便得出普遍的可靠的结论。随着社会实践的发展，需要处理的问题越来越复杂，科学实验的必要性也就越来越明显。

总之，在社会发展中，生产实践、调整和改革社会关系的实践和科学实验这三项基本的实践形式，是相互联系、相互促进、共同发展的。

（二）实践对认识的决定作用

实践是认识发生的基础，主体与客体之间的实践关系是认识关系的基础；不仅如此，实践是整个人类认识的基础，它对认识具有决定作用。这种决定作用主要表现在以下四个方面。

1. 实践是认识的基础

（1）人脑作为认识的物质器官是在实践的过程中逐渐完善的。

（2）认识图式包括各种感知形式、推理形式、范畴、构架等都不是先验的，而是实践的结果，并在实践的历史过程中不断发展。

（3）语言、文字符号系统等一系列认识的工具也都是在实践活动中形成的。

2. 实践是沟通主体和客体的桥梁

认识是主体对客体的反映，但客观存在的外界事物不会自动流射到人的头脑中来，只有通过人的实践活动去接触它、了解它、改造它，它的结构、功能、属性才能被人所了解，才能获得关于它的认识。所以，实践是沟通主体和客体的桥梁、纽带和中介。在认识过程中，人们有了良好的主观条件和客观条件，还不等于获得了知识，可能性还不等于现实性，要把这种可能性变为现实性，还必须去进行探索和改造世界的实践活动。通过实践，在变革对象的过程中感知其现象，进而把握其本质。正如毛泽东同志所说的那样："无论何人要认识什么事物，除了同那个事物接触，即生活于（实践于）那个事物的环境中，是没有法子解决的。"[1]

---

[1] 毛泽东：《毛泽东选集》第1卷，人民出版社1991年版，第286—287页。

3. 实践是认识的来源

人们的认识不是人的头脑里固有的，也不是从天上掉下来的，而是从实践中产生的。认识产生于实践的需要，客观世界哪些事物能成为人们的认识对象，是由实践的需要和水平决定的。古代游牧民族和农业民族定季节的需要产生了古代天文学；农业提水灌溉、城市建筑、手工业、航海的需要产生了古代力学；测量土地面积、计算时间、制造器械的需要产生了古代数学。认识是在实践中产生的，认识的发生一点也离不开实践。所以，实践是认识的来源。毛泽东同志曾指出："你要有知识，你就得参加变革现实的实践。你要知道梨子的滋味，你就得变革梨子，亲口吃一吃。"① 这些都说明实践是认识的来源。

实践是认识的来源，一切真知都来源于实践。但这并没有否认从书本或他人那里获得的间接经验的重要性。由于个人的生命和精力是有限的，每个人的实践范围也是有限的，不可能事事都亲自实践。因此，间接经验是我们获取知识的重要途径。辩证唯物主义的认识论认为，直接经验和间接经验是"源"和"流"的关系。源即源泉、源头，流即从源头出来的支流。间接经验本身必须以直接经验为基础，离开了直接经验，离开了实践，就会成为无源之水，因此，我们既要重视通过书本或其他途径获得间接经验或知识，更要积极参加社会实践，从实践中获得直接经验或直接知识。

4. 实践是认识发展的动力

人类认识发展的历史表明，认识每前进一步都离不开实践，是实践由低级到高级的发展，才推动认识由浅入深、由片面向全面发展。也就是说，认识随实践的发展而发展。

实践作为认识发展的动力，表现在以下几个方面。

首先，变化发展着的实践不断给人们提出新的认识课题，推动人们去进行新的探索和研究。认识产生了实践的需要，而实践的需要又是不断变化发展着的，不断提出新的要求，提出新的问题。这种新要求、新问题，推动着人们去进行新的探索和研究。解决环境污染和生态平衡失调问题的需要推动环境科学和生态科学的发展等。这些都是实践的需要推动认识的不断发展。

其次，实践在给人们提出新课题的同时，也不断提供大量有关的经验材料以及新的认识工具，使人们能够不断解决认识课题，使认识不断向前发展。如果没有第谷对天体长期观测所积累的大量资料，开普勒就不可能发现行星运行的三大定律。实践积累的经验材料，对认识问题的解决、对认识的发展起着推动作用。

同时，实践的发展还不断给人们提供日益完备的认识工具和技术手段，使人类的认识水平不断提高。人靠自身的感觉器官接触外界事物的范围是有限的，但是人们在实践中不断制造出像射电望远镜、电子显微镜、光谱分析仪、雷达、人造卫星、宇宙探测器等观测手段；提供了用于变革对象和各种超高温、超低温、超高压、超真空的实验条件，以及巨大的回旋加速器、粒子对撞机等实验设施；提供了电脑、人工智能机等。这样，不仅突破了人的感官的局限，而且延伸了人的大脑，促使认识在新的广度和深度方面得到发展。

最后，实践还改造了人的主观世界，锻炼和提高了人的认识能力。人类智力的开发，是受着实践发展水平制约的。人们改造世界的能力达到什么程度，智力发展也相应地达到什么程度。人们在改造世界的实践活动中，不仅积累了丰富的认识成果，同时也发展了人类的思维能力。人的感觉能力是在实践中得到锻炼的，思维能力也是在实践中得到提高的。

5. 实践是检验认识真理性的唯一标准

实践是检验认识真理性的唯一标准指的是，人们在实践中形成的认识，是否正确地反映

---

① 毛泽东：《毛泽东选集》第 1 卷，人民出版社 1991 年版，第 287 页。

了客体的本质和规律,是否具有真理性,只有回到实践中去才能得到检验。只有通过实践的检验,才能辨别认识的真假,从而确定并保留真理性的认识,抛弃错误的认识,推动认识向前发展。

6. 实践是认识的目的和归宿

认识世界的目的不在于说明世界、解释世界,而在于用正确的认识去指导实践,能动地改造世界,使世界朝着满足人类需要的方向发展。再好的认识,如果不与实践相结合,只是空谈一阵,束之高阁,并不实行,那这种理论再好也是没有意义的。理论脱离实践是空洞的,实践没有理论指导是盲目的。

总之,认识的产生、发展、检验和归宿,以及认识过程的每一环节,都依赖实践。实践是认识的基础,实践的观点是辩证唯物主义认识论第一的和根本的观点。

(三) 认识对实践的指导作用

辩证唯物主义认为,实践是认识的基础,实践决定着认识的产生、发展,是认识的检验标准和最终目的。同时,认识对实践又具有能动的反作用。认识对实践的反作用集中地表现为它对实践的指导作用。认识对实践的作用具有两重性,认识按其性质有正确和错误的区别。由于认识的性质不同,它的作用也就不同。正确的认识对实践起着积极的促进作用,它促进人们通过认识世界和改造世界获得积极的成果。相反,错误的认识对实践则起消极的阻碍作用,它妨碍人们去积极地认识世界和改造世界,如若把错误认识变为行动,就会造成实际的危害。

从理性认识到实践的飞跃过程,也就是发挥认识对实践的指导作用的过程。正确的理论不但给实践以指导,而且对实践的进一步发展起着制约作用。没有信息论、电子学等科学理论的发展,就不会有电子计算机的问世和应用。没有革命的理论,就不会有革命的运动。马克思主义认识论强调实践对认识的决定作用,绝不是忽视科学理论对实践的指导作用,要正确地把握理论和实践的关系,坚持理论和实践的结合。实践决定认识和认识指导实践是一个统一的过程。主体总是在实践中认识,又在认识指导下实践。离开实践就没有认识,实践又总是包含着认识作为它的构成因素。认识在实践中产生、发展和接受检验的过程,同时就是它指导实践、发挥认识功能的过程。认识和实践统一的基础是实践。正确地认识和把握认识和实践的关系,是我们坚持理论和实践统一的内在根据。

(四) 马克思主义认识论与中国传统哲学的知行观

学习和掌握马克思主义哲学关于认识和实践辩证关系的原理,要求我们对中国传统哲学中的知行观有个正确认识。在中国传统哲学中,认识和实践的关系表述为知与行的关系。中国传统哲学中的知行观具有非常丰富的内容。知行观大致包括对知、行这两个概念的界定以及知与行之关系的探讨。

1. 知与行的含义

知,指获取知识的认识活动,相当于前面所说的感性认识。行,大致指人的意志行为和所参与的各种社会活动,相当于做和行动。荀子表达得更加清晰。"凡以知,人之性也;可以知,物之理也。"[①] 人运用自己的认识能力以至精神修养去认识客观事物的特点、本质和规律,从而获得知识或者智慧。

---

① (清) 王先谦注:《荀子集解》,中华书局1988年版,第354页。

2. 知与行的关系

知与行的关系，是知行学说的重点内容。

（1）唯心主义的知行观。孔子的"生而知之"①，老子的"不行而知"②，都是先知先觉的唯心主义先验论。王阳明的"以知为行""知即是行"又混淆了知和行的关系，把二者等同看待，实际上就是把知等同于行，还是唯心主义。

（2）唯物主义的知行观。先行后知重在行。荀子曰："不登高山，不知山之高也；不临深溪，不知地之厚也。"③ "不闻不若闻之，闻之不若见之，见之不若知之，知之不若行之。学至于行而止矣。"④ 荀子用递进的方法，把行推进了知的最高境界，行是知的目的，只有见之于行，认识才算完成。王夫之明确提出了"行先知后"的观点，认为"行可兼知，而知不可兼行"⑤"知也者，故以行为功者也"⑥，认为行是主要方面，是知行统一的基础。

知易行难大概是目前最早的论述知行关系的命题。《尚书》《左传》中就有知易行难的说法，认为行是更困难也更重要的事情。朱熹说："《书》曰：'知之非艰，行之惟艰'。工夫全在行上。"⑦ 突出和强调的也是行。孙中山一反传统，提出知难行易，他认为知易行难的古老命题妨碍了中国社会的进步和变革。因为"知易"的说法，会使人轻视革命理论的作用，这对革命是极其不利的；"行难"的说法则会使人害怕革命，不敢革命，不能在困难面前坚持斗争，这同样对革命是极其不利的。知易行难的说法甚至会使中国革命变得根本不可能，孙中山分析说，中国之变法，必先求知而后行，而知永不能得，则行永无其期也。可见，孙中山提出知难行易的目的，其实质还是为了行。

知对行有指导作用，荀子说，知明，则行无过也，就是说，思想认识明确，行动起来才无错。王夫之认为，"知之不昧"是"行之不疑"的前提，"行听乎于知"。孙中山说，"以行而求知，因知以进行"⑧，就是说，先求知而后行，可避免错误。行是检验知的标准。王充坚持以效验来定其真伪，辩其虚实，考察事物要有效、有验、有证。对于中国传统哲学中的知行观，一方面，要进行具体的历史的分析，在分析中鉴别和批判；另一方面，也要批判地继承其中的合理因素，丰富和完善马克思主义认识论。

二、认识的结构与本质

（一）认识活动的构成要素

人的认识活动包括三个基本要素，即认识主体、认识客体、认识中介。认识的这三个要素与我们在前面所学的实践的主体、客体和手段既有联系又有区别。

1. 认识主体

认识主体是在认识活动中处于主导地位并具有自主性和创造性的人，认识主体只能是人，是具备一定认识能力并自觉能动地从事着认识活动的人。主体是相对于客体而言的，他

---

① 《论语注疏》，中华书局1980年版，第2522页。
② （春秋）李耳著：《道德经》，邱岳注评，金盾出版社2009年版，第142页。
③ （清）王先谦注：《荀子集解》，中华书局2012年版，第16页。
④ （清）王先谦注：《荀子集解》，中华书局2012年版，第135页。
⑤⑥ 《尚书引义》卷三，中华书局1976年版，第88页。
⑦ 《朱子语类》，卷十三，中华书局1986年版，第163页。
⑧ 李泽厚著：《中国近代思想史论》，三联书店2008年版，第378页。

是指在活动中采取积极、主动态势，居于能动、支配地位，具有主导性、自主性特点和功能的一方。人既可以成为认识的主体也可以成为认识的客体。

2. 认识客体

认识客体是指进入主体认识活动范围，成为主体认识所指向的对象的客观事物。认识客体与客观事物并不完全相同。当客观事物尚未进入认识领域成为认识对象时，它只是客观存在，并不是认识客体。只有客观事物进入认识领域成为认识对象时，它才是认识客体。客观事物是无限多样的，但在人类认识发展的某一历史阶段，只有部分客观事物进入认识领域成为认识客体。随着认识的不断进步，客观事物也越来越多地进入认识领域成为认识客体。认识客体的种类主要有自然客体、社会客体和精神客体三种。自然客体指进入认识领域成为认识对象的自然事物或现象；社会客体则是成为认识对象的社会制度、社会现象、社会关系；精神客体是作为认识对象的人类精神生产成果。

3. 认识主体和认识客体的关系

主体与客体之间具有复杂的多重的关系。主要包括：

第一，实践关系。指主体与客体之间的改造与被改造的关系。主体是改造者，客体是被改造者。在这种改造中，主体的目的和本质力量对象化，其需要和创造得以体现在客体上，客体从而被打上人的活动的烙印，这就是所谓的"自然的人化"过程。在主体改造客体的过程中，主体本身也得到改造。这是由于主体把客体的特性、本质和规律转化为人的观念、经验、知识和技能等，主体也得到改造，使主体趋向于自然，这就是"人的自然化"过程。第二，认识关系。指主体与客体之间的反映与被反映的关系。主体是反映者，客体是被反映者。客体的本质和规律反映在人的头脑中，经过人的思维的加工最后变为观念形态的东西。所以主体与客体之间是反映与被反映的关系。第三，价值关系。指客体能够满足主体的需要的关系。客体是人类认识和改造的对象，主体认识、改造客体的过程，从根本上说是为了满足自己的需要，获得一定的价值。通过对客体的认识、了解，人们能够对其加以利用，进而通过一定程度的改造，满足一定的需求。

4. 认识的中介

主体和客体构成了认识结构的两极，中介则是沟通两极的桥梁。认识的主体和客体通过中介才能发生相互联系和相互作用，主体才能认识和改造客体。认识的中介可以分为三种类型：一是物质工具。它包括可以看得见摸得着的工具，也包括作为感官延伸的感知工具和作为大脑延伸的思维工具，如各种观测和实验仪器、计算器和计算机及其网络等。二是观念工具。包括以观念形态存在的感知形式和思维框架，如社会通行的时空观念、范畴体系、逻辑规则和思维方式等。三是语言工具。包括自然语言系统和人工语言系统，前者诸如各个民族的民族语言、生活中的日常语言等，后者诸如各种计算机语言以及为达到特定目的而人为创造的人工语言等。

认识活动是一个认识主体、认识客体、认识中介三者相互作用的过程。在这一过程中，认识主体是首要的能动的；认识客体是客观制约性要素；而认识中介则将前两者有机地联系起来，是人的认识能力和认识水平发展的客观标志，体现着不同时代人们认识活动的不同方式。

（二）认识的本质：认识是主体对客体的能动的反映

关于认识的本质这一问题，历史上有着不同的回答。

1. 唯心主义先验论

唯心主义认识论是从意识决定物质的唯心主义立场出发，坚持"从感觉和思想到物"

的认识路线，被称为先验论。唯心主义的认识论之所以被称为先验论，是因为它认为认识是一种主观自生的，不受物质决定的东西，是先于客观物质、先于社会实践、先于感觉经验的东西，是先天固有的、主观自生的，否认认识的对象是物质世界，所以被称为先验论。

唯心主义先验论把人的认识脱离物质世界，认为认识是先于物质世界，先于实践经验而存在的，是一种被颠倒了的认识论，这是它不合理的一面；但是，我们在看待唯心主义先验论时不能一概地否定，唯心主义先验论也有它合理的一面，即它看到了人的主观能动性，看到了人在认识过程中的能动作用，只不过它把人的主观能动性夸大为认识的首要因素，这样就陷入了唯心主义的泥潭，就是一种不正确的认识论了。

2. 旧唯物主义反映论

唯物主义的认识论，是从物质决定意识的唯物主义立场出发，坚持了"从物到感觉和思想"的认识路线，认为认识是人脑对客观物质世界的反映，这称为反映论。反映论有三个基本观点：①认识的唯一对象和来源是客观存在的物质世界；②认识是对客观物质世界的反映；③人的认识能够正确反映客观事物及其规律。所有的唯物主义认识论都是反映论。前面我们也了解到，唯物主义有古代朴素唯物主义、近代形而上学唯物主义，还有马克思的辩证唯物主义。旧唯物主义虽然也主张认识是人脑对客观物质世界的反映，客观物质世界是认识的真正来源，人的认识是在人与客观物质世界的相互作用中得来的，从而坚持了唯物主义的认识路线，但是，由于旧唯物主义不理解实践对于认识的作用，不了解辩证法，不了解主体对客体的能动作用，从而完全否认人的主观能动性，因此，认为认识是主体消极被动地反映和接受外界，认识是一次性完成的。旧唯物主义认识论是消极的、机械的、直观的反映论。

3. 不可知论

在认识论上，不仅有认识是否受客观对象制约的问题，而且有世界是否可以认识的问题，即存在着可知论与不可知论的根本对立。所谓可知论，就是主张世界是可以认识的认识理论；所谓不可知论，就是认为世界是不可认识或不可完全认识的认识理论。唯物主义认识论坚持反映论，而反映论就是可知论。它认为，认识能够提供关于客观世界事物和现象的正确映像，人有正确认识客观世界事物和现象的能力，世界是可知的。这就是说，人有能力认识世界，世界是可知的。与可知论相对立的是不可知论。不可知论否认人有认识世界的能力。例如，德国哲学家康德就认为，人们只能认识事物的现象，而不能认识事物的本质，事物能够引起人的感觉，而人只能认识这些感觉，而不能认识这些事物本身。这是片面夸大事物的现象与本质的对立，不了解现象是本质的表现，人们透过现象可以认识事物的本质。

在哲学史上，大多数哲学家，包括唯物主义和一些彻底的唯心主义者，都是主张可知论的。当然，唯物主义和唯心主义在主张可知论时，他们的出发点是不同的。前者从客观事物出发，坚持"从物到感觉和思想"的认识路线，而后者则从主观精神出发，坚持"从感觉和思想到物"的认识路线，因而它们又是根本对立的。辩证唯物主义的可知论是彻底的科学的可知论。它不仅同不可知论是根本对立的，而且同唯心主义的可知论根本不同，也同旧唯物主义的可知论有本质的区别。辩证唯物主义认识论强调实践对驳斥不可知论的重要作用。恩格斯说，对不可知论"以及其他一切哲学上的怪论的最令人信服的驳斥是实践，即实验和工业"①。实践是驳斥不可知论最有力的武器，因为事实胜于雄辩。实践的成功就有

---

① 中共中央马克思恩格斯列宁斯大林著作编译局编译：《马克思恩格斯选集》第4卷，人民出版社2012年版，第232页。

力地证明了人们对客观事物的认识是正确的,人们是能够认识客观事物的。随着实践的发展,过去人们不可认识的事物,现在逐渐被人认识了。实践每前进一步,都是对不可知论的有力驳斥。

当然,我们反对不可知论,主张可知论,并不是说我们对世界上一切事物都已经认识了。世界上仍然存在着许许多多的未解之谜,但是,整个人类不断地延续下去,实践不断地向前发展,人类的认识水平和实践水平不断地提高,过去没有认识的,现在有可能认识;现在没有认识的,将来有可能认识。世界上只有尚未被认识之物,而没有不可认识之物。

4. 马克思辩证唯物主义的认识论

从唯心主义先验论到旧唯物主义反映论,都没有科学而全面地解释认识的本质,只有到了马克思辩证唯物主义,才在实践的基础上创立了科学的认识论。辩证唯物主义认识论坚持"从物到感觉和思想"的认识路线,承认认识是人的大脑对客观物质世界的反映,继承了旧唯物主义的合理的因素,坚持了唯物主义的观点,与唯心主义先验论区别开来。同时又引入两个观点,一是实践的观点,强调实践对认识的重要作用,因此认识是以实践活动为基础的。二是辩证法的观点,它辩证地考察认识,揭示出认识中的多种辩证关系,把认识看成是一种过程,是一种由不知到知,由浅到深,并多次反复充满矛盾的过程。这样,就形成了能动的反映论,即认识是在实践基础上主体对客体的能动反映,它与旧唯物主义的被动反映论有着本质的区别。因此,马克思主义认识论是革命的能动的反映论。

辩证唯物主义的认识论中关于认识的本质所谓能动的反映,是指主体对客体的反映是一个能动的创造性过程。一方面,这种反映具有摹写性。人的认识作为对客观事物的反映,必然要以客观事物为原型,但不直接等同于客观事物,它只是印入人的头脑中的关于客观事物的一种映象,只是对客观世界近似真实的模拟,具有近似性。另一方面,这种反映具有创造性。主要表现在:①反映不是主体对客体的被动接受,而是对客体信息的有意识的选择。面对外界大量的复杂的信息,在一定条件下,主体既没可能,也没必要吸收全部信息,因此主体要对于外界信息加以有意识的选择。主体往往根据自己的需要,吸取那些必须的和必要的、可能获取的信息,过滤掉那些无用的信息。②主体对选择的信息不是原封不动地接受,而是进行思维的加工处理。人脑对获取的信息进行去伪存真、去粗存精,由此及彼、由表及里的加工制作,提炼出真正反映事物内在本质和规律性的认识。③主体对加工处理过的信息进行观念建构,形成观念体系。所谓建构,就是主体在思维中对客体信息的重构过程,重新组合为观念体系。重构与反映并不矛盾,它是在反映的基础上进行的,是认识过程中主体能动性和创造性的突出表现。④主体对客体的反映,渗透着主体的情感和价值追求。当一个人看到美好的自然景观,他心中想到的绝不是自然景观本身,而是与此相关的其他事情。鲁迅曾写道:"饥区的灾民,大约总不去种兰花,像阔人的老太爷一样,贾府上的焦大,也不爱林妹妹的。"① 不同价值观的主体对于同一个客体的反映可能有天壤之别。⑤主体对客体的认识是一个过程,不是一次就能完成的。列宁说:"认识是思维对客体的永远的、无止境的接近。自然界在人的思想中的反映,要理解为不是'僵死的',不是'抽象的',不是没有运动的,不是没有矛盾的,而是处在运动的永恒过程中,处在矛盾的发生和解决的永恒过程中。"② 认识在它的发展过程中不断完善、全面和深刻。⑥人的认识具有创造性,将人的反映与动物的感觉和心理活动区别开来,创造性也是反映能动性的基本标志。比如开普勒通过

---

① 鲁迅:《鲁迅全集》第4卷,人民文学出版社2005年版,第208页。
② 中共中央马克思恩格斯列宁斯大林著作编译局编译:《列宁全集》第55卷,人民出版社1990年版,第165页。

对大量的行星运动的资料进行研究和整理最终发现了行星运动三大规律,这是动物永远办不到的。

第二节 认识的辩证发展过程

马克思主义认为,认识过程是一个充满矛盾的辩证发展过程,是矛盾不断产生又不断解决的过程,是从实践到认识,再由认识到实践的辩证运动过程。了解认识的发展过程,有助于进一步明确实践和认识的辩证关系,把握认识发展的规律。

一、从感性认识到理性认识

1. 感性认识及其形式

人们认识事物的发展过程都是由实践到认识,即从实践中产生感性认识,然后能动地发展到理性认识。感性认识和理性认识是由实践到认识过程中的两个阶段。

感性认识是人们在实践中通过感觉器官所获得的关于事物外部联系和表面特征的认识形式,它是认识的初级阶段。感性认识有感觉、知觉、表象三种形式。感觉是客观事物作用于人的感官而引起的一种最简单的反映形式。人有眼、耳、鼻、舌、身等感觉器官,这些器官是人与对象之间的桥梁和通道。当外界事物作用于人的这些感觉器官时,产生的刺激信号通过神经系统传到大脑,就产生了各种感觉。通过感觉器官直接获知的关于事物个别特征认识形式,就是感觉。知觉是对事物表面现象和外部联系的综合反映。它是在感觉基础上形成的,每一感觉反映事物某一个方面的表面特性,而知觉是对事物各种感觉的综合,形成对事物的整体的形象。表象是在知觉的基础上形成的感性形象。表象与感觉和知觉不同,感觉和知觉是对当前事物的反映,是由当前的事物引起的;而表象则是对曾经感知过的而此时不在眼前的事物的反映。从感觉、知觉到表象,已经显示了认识的发展。这一发展,是从对事物表面的个别特性的反映到各种特性的综合反映,从对事物的当下反映到事后的回忆再现。在表象中,认识已经表现出了一定的选择性,即表象总是有选择地反映事物,它舍去了过去感觉和知觉事物的一些次要特性,留下对自己比较重要、比较有意义的特性。这说明表象已经开始有概括、抽象的萌芽。但是,表象并没有超出感性认识的范围。

感性认识是事物表面现象的反映。它的特点:第一,直接性,就是感性认识与客观对象之间不存在中介,是人们的感觉器官对事物的直接感知。第二,具体性,它以感觉、知觉、表象这些具体的形式对事物个别的、具体特性的反映,其内容是丰富、生动和形象的。第三,表面性,它反映事物的表面现象,这种认识还只停留在表面,没有深入到事物的内部。虽然感性认识是生动的、形象的,但不能把握事物的内在本质和规律,所以它具有局限性。只有经过不断的实践活动,人们对事物的感性认识越来越多,积累到一定程度,才可能从感性认识上升到理性认识。

2. 理性认识及其形式

理性认识是人们在感性认识的基础上,通过头脑的思维活动得到的关于事物本质和规律的认识。一切科学的定义、定理、定律、理论、观点等都属于理性认识。它是认识的高级阶段。理性认识有概念、判断、推理三种形式。概念是反映事物特有属性的思维形式。人们在实践中,对事物的感性认识多了,经过头脑分析和综合,舍弃事物个别的、非本质的属性,抽象概括出同类事物共同的、本质的属性，并用词或词组的语言形式表达出来，这就是概念。判断是对事物有所肯定和有所否定的思维形式。判断是从概念发展而来的，它总是表现为概念之间的一定联系，并以句子的语言形式表达出来。推理是根据事物之间的联系，由已有判断推出新判断的思维形式。判断组成推理，已有判断叫前提，推出的新判断叫结论，推理就是由前提推出结论的思维过程，是人类思维创造性的体现。在推理过程中必须前提真实、逻辑正确，才能得出必然的结论。

理性认识这三种形式既有区别，又有联系，人的思维总是沿着从概念到判断再到推理这一过程进行的。理性认识的特点，一是间接性，即它不是人们在接触事物中直接产生，而是在感性认识基础上，经过头脑思维才产生的对事物的间接反映。二是抽象性，即它不是具体形象地反映事物的表面现象，而是以概念、判断、推理这样抽象的逻辑思维形式反映事物的本质和规律。三是深刻性，理性认识比感性认识深刻、全面，它所反映的不是表面或外部现象，而是深藏于事物内部的本质、内在联系和规律。因此，它比感性认识要深刻得多。人的思维总是沿着从概念到判断再到推理这一过程进行的，这三种形式总是一级比一级深刻，这是人的认识深化的必然过程。

3. 感性认识和理性认识的相互关系

感性认识和理性认识的区别表现在：感性认识和理性认识是由实践到认识这一飞跃过程中的两个阶段，两者的形式、内容和特点都各不相同。感性认识反映事物的表面现象，是人们认识的初级阶段。理性认识反映事物的本质和规律，是人们认识的高级阶段。人们凭感觉器官不能把握到的东西，理性认识能够把握到。理性认识对事物的反映，虽然不如感性认识具体形象，但它更深刻、更完全地反映了事物的本质和规律。感性认识和理性认识虽然有区别，但两者又是相互联系的，而是在实践的基础上辩证地统一起来的两种认识形式，或者整个认识过程中不同的环节。

感性认识和理性认识的辩证统一表现在：①感性认识和理性认识相互依赖。一方面，理性认识来源于感性认识。感性认识是认识的起点，理性认识必须以感性认识为前提。感性认识反映事物的现象，理性认识反映事物的本质，事物的本质是内在的，往往要通过各种现象来表现，不透过事物的现象，就无法把握事物的本质。只有通过对感性认识进行概括、抽象才能形成理性认识。离开了感性认识，理性认识就成了无源之水、无本之木，整个认识运动就无法进行。这是认识的唯物论。另一方面，感性认识需要深化，有待发展为理性认识。这是因为感性认识是认识的低级阶段，有其局限性。它只反映事物的表面现象，不反映事物的本质和规律。人们凭感觉只能看到现象，但凭感觉是无法把握这些现象背后的本质的，可见，感觉到的东西，人们常常并不理解。感性认识只有发展为理性认识，把握了事物的本质和规律，才能理解事物纷繁复杂的现象，指导实践。如果认识只停留在感性阶段，它不仅不能指导实践，而且很可能为事物的表面现象所迷惑，产生错误的认识，在实践中可能会失败，所以，感性认识具有局限性，需要上升到理性认识阶段，发挥对实践的指导作用。这是认识的辩证法。②感性认识和理性认识相互渗透。人的认识是一个复杂的过程，在这个过程中，既不存在纯粹的感性认识，也不存在纯粹的理性认识，感性认识和理性认识是相互渗透的。例如，判断是理性认识的特有形式，"这朵花是红颜色的"这句话作为判断，揭示了事物的表面特征，表达的是人对花的感觉，就属于感性认识。由此可见，感性认识和理性认识这两种认识形式在人类认识过程中是相互渗透的。

感性认识中渗透着理性认识。第一，感性认识离不开理性认识的指导，理性认识直接影响和制约着感性认识的深度或水平。观察总是在一定理论的指导下进行的，是对已有的理性认识成果的运用。"谁懂得的越多,谁看到的就越多",懂得的看门道,不懂得的看热闹。懂得,就是掌握的理论知识,看到的就是感性认识,理论背景不一样,看到的东西也就不一样。如看设计图纸、CT片、出土文物。只有理解了的东西才能更深刻地感觉它。第二,感性认识还受人的价值观念、目的要求等多种因素的影响或制约。马克思说:"忧心忡忡的穷人甚至对最美的景色都没有什么感觉;贩卖矿物的商人只看到矿物的商业价值,而看不到矿物的美和特征;他没有矿物学的感觉。"①

理性认识中也包含着感性认识。第一,理性认识不仅要以感性认识为基础,也要用语言、文字符号这种感性形式来表述(语言是思维的物质外壳,是思维的工具)。正是借助于这些物质工具,才能进行思维和判断。第二,感性认识在一定程度上也影响着对理性认识的理解。理解不同,认识的深度也不一样。第三,感性认识和理性认识在一定条件下相互转化。感性认识积累到一定程度,就会发生质的飞跃,转化为理性认识;在理性认识过程中,随着认识的深化发展,将由抽象转化理性的具体。感性认识和理性认识是相互联系,不可分割的。如果把两者割裂开来,对立起来,肯定一方而否定另一方,就会走向经验论和唯理论。

经验论片面强调感性经验的重要性,而轻视和否认理性认识的重要性,否认感性认识有上升为理性认识的必要性。唯理论又片面强调理性认识的重要性,而轻视和否认感性认识的重要性,否认理性认识依赖于感性认识,必须以感性认识为基础。这种片面性往往导致工作中的教条主义。教条主义把书本知识当作僵死的教条,不看时间、地点和条件,到处生搬硬套。

4. 感性认识向理性认识飞跃的条件

由感性认识上升到理性认识,这是人们认识过程中的第一次飞跃。它表明认识发生了质的变化,从对事物表面现象的认识,进到对事物本质和规律的认识。这个飞跃不是自然而然地实现的,而是一个能动的过程,实现这个飞跃有一定条件。①掌握丰富的、合乎实际的感性材料。掌握丰富的、合乎实际的感性材料,这是感性认识上升到理性认识的基础。事物的本质和规律隐藏在现象后面,理性认识要反映事物的本质和规律,只有通过现象才能把握到。因此,必须掌握反映事物现象的十分丰富而不是零碎不全、合乎实际而不是虚假的感性材料。如果感性材料零碎不全,或者虚假不真,就无法通过它获得对事物本质和规律的认识,正如工厂原料不足,或者原料质量不好,不可能加工出合格产品一样。在科学研究中,必须通过大量的观察和实验,掌握大量的感性材料,才能取得重要的科学成果。"没有调查就没有发言权",②毛泽东的这句名言,形象地说明了积累感性材料在认识过程中的重要作用。②运用科学方法进行思考即必须运用逻辑的和非逻辑的科学思维方法,对感性材料进行"去粗取精、去伪存真、由此及彼、由表及里"的思维加工。运用科学方法进行思考,对感性材料进行改造制作,这是感性认识上升到理性认识的途径。掌握丰富的、合乎实际的感性材料,是感性认识上升到理性认识的基础。但要把握事物的本质和规律,只掌握感性材料是不够的,认识主体还必须发挥自己的能动性,运用科学的思维方法,如归纳和演绎、分析和综合等,进行提炼、升华,将其上升为理性认识。这种思考作用,就如毛泽东所说:"将丰富的感觉材料加以去粗取精、去伪存真、由此及彼、由表及里的改造制作工夫,造成概念和

---

① 中共中央马克思恩格斯列宁斯大林著作编译局编译:《马克思恩格斯全集》第42卷,人民出版社1979年版,第126页。

② 毛泽东:《毛泽东选集》第1卷,人民出版社1991年版,第109页。

理论的系统。"①。在认识过程中,要像蜜蜂酿蜜那样收集感性材料,并用头脑的思维对其改造制作,才能使认识发生飞跃,由感性认识上升到理性认识。

5. 非理性因素在认识中的作用

(1) 什么是非理性因素?人的意识包括知、情、意三大要素。知,指认知,包括理性直观、理性思维、抽象力、分析力、综合力、判断力、记忆力等——这些都属于理性因素。它具有自觉性、逻辑性、程序性、规范性的特点,是认识活动中的主导方面,是人类所特有的一种本质力量。所谓非理性因素,有狭义和广义之分。狭义的非理性因素指与"知"相对的"情"和"意",也就是人们常说的情感、意志,包括动机、欲望、信念、习惯、偏见、本能等。广义的非理性因素除了情感和意志之外,还包括一些心理活动如想象、幻想、猜测、顿悟、直觉、灵感等。我们这里所说的非理性因素是广义的。之所以把它叫作非理性因素,是因为它们的存在和作用的方式没有固定的逻辑通道,具有不自觉、非逻辑的特点,很难进行规范化、条理化。

(2) 非理性因素的作用。①对认识活动具有调控作用。情感和意志本身并不是认识能力,但对人的认识能力起着发动和抑制作用。积极的情感、坚忍不拔的意志,给认识活动注入生机和活力,使人的潜在能力得到充分发挥,从而加速认识的进程。尤其是在遇到困难、挫折甚至失败时,顽强的意志能给人以坚持下去的力量。如"衣带渐宽终不悔,为伊消得人憔悴"常被人用来强调意志在认识中的作用。反之,当对从事某种活动缺乏热情或抱着无所谓的态度,消极懈怠时,人的认识能力就会受到抑止,从而行动无力,思想松懈,感觉迟钝,达不到预期目的。②可凭借少量事实提出创造性设想。想象、幻想、顿悟、直觉、灵感等,在认识中所起的作用是巨大的。想象在科学研究中意义重大。没有想象,就发现不了微积分,甚至学习数学、物理都是困难的,因为直线、自然数、运动等概念的理解就需要想象。

在认识活动中,常常出现这种情况,人们经过长期理性的苦思冥想之后,问题并没有解决。但由于某种外界的偶然事件,突然顿悟出解决问题的方案或做出新的发明或发现。正是这突如其来的灵感,出现了智力上的跃进、认识上的突变,获得了全新的认识成果。很显然,顿悟或灵感是以长期的理性思考为基础的,并不完全是非理性、非逻辑的结果。可见,认识活动既不是单纯的按固定的逻辑通道进行理性思维的过程,也不是单纯的非理性跳跃过程,而是理性因素和非理性因素相互补充、共同作用的过程。马克思主义认识论是充分重视非理性、非逻辑因素在认识中的作用的,但又不像非理性主义那样,过分夸大非理性、非逻辑的因素的作用。人的认识,从总体上说,是一种理性行为。

由感性认识上升到理性认识,人们获得了对事物的本质和规律的认识,但是这并不意味着认识运动的结束,人们还必须使理性认识回到实践之中,去接受实践的检验,同时也指导人们的实践。实现从认识到实践的飞跃,这是认识的第二次飞跃。

二、从理性认识到实践

在实践的基础上从感性认识上升到理性认识,认识过程并没有结束。理性认识还必须再回到实践中去,这是认识过程的第二次飞跃,而且是意义更加重大的飞跃。

1. 认识过程第二次飞跃的必要性和重要性

从理性认识到实践的必要性和重要性在于:

---

① 毛泽东:《毛泽东选集》第1卷,人民出版社1991年版,第291页。

（1）认识世界的目的是为了指导实践、改造世界。理性认识本身不能直接改造世界，只有再回到实践中去，才能发挥指导实践、改造世界的巨大作用，使精神变物质。脱离实践的理论是空洞的，没有理论指导的实践是盲目的。只有用正确的理论指导实践，才能减少实践活动的随意性、摇摆性，提高实践的自觉性、预见性和坚定性。

（2）理性认识只有再回到实践中去，才能得到检验、发展和完善。只有把理论运用于实践，看能否达到预期的目的，才能知道理性认识是否正确反映了客观世界的本质和规律。判断对一事物的认识是否完成的根本标志，就是看用这种认识去指导实践是否达到了预期目的，获得了成功。理性认识也只有经过实践检验，才能证实其正确的部分，纠正其错误的部分，使其得到发展和完善。

2. 实现从理性认识到实践飞跃的条件

从理性认识到实践的飞跃是一个很复杂的过程，不是轻而易举一下子可以实现的。实现从理性认识到实践的飞跃与实现从感性认识到理性认识的飞跃一样，需要一定条件，这些条件主要有以下三个。

第一，理论要同具体实践有机结合起来，化为指导实践的具体观念。理论反映事物的本质和规律，是一般性的东西，而人们在实践活动中所处理的情况又是个别的、具体的。所以，一是在实践中不能从理论原则出发，教条性地生搬硬套，而是要从实际出发，在一般理论的指导下，认真研究个别事物的具体特点，将理论与具体实践相结合，具体情况具体分析，把理论转化为直接指导实践的具体观念，即一定的目的、计划、方案，才能发挥自己的指导作用。例如，马克思主义理论只有与中国国情相结合，转化为中国共产党的路线、方针和政策时，才能直接指导我们进行中国的革命和建设，也才能将马克思主义理论付诸现实。假如我们照搬马克思的理论，而没有自己的创新，很有可能中国的革命就不会胜利；同样，中国特色社会主义建设也不会取得这么大的成功。二是遇到认识与实际相违背的情况，必须倾听实践的声音，及时纠正与调整认识上的偏差，才能发挥理性认识指导实践的作用。第二，必须经过一定的中间环节，即必须具备一定的物质条件和手段，这是实现飞跃的客观条件。实践的工具、手段等是实践过程的必要要素，不具备必要的物质条件和手段，理性认识付诸实践也是不可能的。如果没有一定的科学技术手段和社会物质力量，理论是不能转化为实际的。第三，理论要为群众所掌握。这是实现飞跃的基础。群众是社会实践的主体，是实现由理性认识到实践飞跃的决定性力量。一种新的理论开始总是由个别人提出，因而要经过宣传教育，使理论为群众所接受，化为群众的实际行动，才能变为群众的实践。第四，理论本身必须是正确的、全面的、深刻而有说服力的，否则，错误的理论只能导致错误的行动。第五，要有正确的实践方法，即工作方法。

三、认识过程的多维发展

1. 人们的认识是一个实践、认识、再实践、再认识的多次反复、无限发展的过程

毛泽东指出："实践、认识、再实践、再认识，这种形式，循环往复以至无穷，而实践和认识之每一循环的内容，都比较地进到了高一级的程度。"[①] 这就从实践和认识的辩证关系上，揭示了人类认识永无止境无限发展的客观规律。这个规律告诉我们，人们对事物的认识往往不是一次就能完成的，只有在实践中不断进行认识和再认识，才能对一个复杂的事物

---

① 毛泽东：《毛泽东选集》第 1 卷，人民出版社 1991 年版，第 296 - 297 页。

或现象形成完整、正确的认识。为什么人们的认识是一个实践、认识、再实践、再认识的多次反复、无限发展的过程？

这是因为：

（1）人们的认识要受到主体条件的制约。除了主体的生理因素和精神状况的影响之外，主体的认识能力、认识方法、认识经验以及目的要求、价值观念、情感意志都会受到那个时代的生产力发展水平、科学技术发展水平、物质手段和工具等各种条件的制约，社会发展到什么程度，我们就认识到什么程度。

（2）人们的认识要受认识客体的制约。认识客体的特点、本质和规律等因实践的限制也有一个逐步暴露的过程；认识的工具也有一个随实践和认识的发展而逐步完善的过程。我们的认识要受到客观事物的发展及其本质暴露程度的限制，要受到科学技术条件的限制。因此，在一定条件下，即使是对个别事物的认识，也不是一次就能完全彻底地认识清楚的，往往需要实践、认识、再实践、再认识的循环往复。

（3）客观物质世界是无限的、发展的。人们可能在某一阶段某一时期获得对某种事物在某种程度某一层次的正确认识，但是客观物质世界是无限的，存在着多种多样的形式，事物的层次和联系也是没有穷尽的，这样对原有事物的正确认识需要在新的水平上去再认识；同时客观物质世界又是无限发展的，旧的过程结束了，又开始新的过程，新事物也层出不穷，这也需要人们去认识。认识过程的反复性和无限性说明，人类认识是一个螺旋式上升的运动过程。正是在这种认识的辩证运动中，人类通过现象认识本质、通过相对认识绝对、通过有限认识无限，发展着自己的认识成果和客观真理体系；同时又不断创造新的认识工具，完善自己的认识结构，更新自己的思维方式，推动着人类的认识系统和实践境界不断前进。

2. 主观和客观、认识与实践是具体的历史的统一

认识的辩证过程体现了认识和实践、主观与客观的矛盾运动。这个矛盾是在实践的过程中产生的，并在实践中不断发展和深化。人类的实践和认识都是不断发展、永远不会终结的。因此，认识与实践的统一不是超越具体条件的统一，不是一劳永逸的统一，而是具体的历史的统一。

（1）具体的统一，是指这种统一是在一定的认识条件和一定的实践水平基础上的统一，是在一定的时间、地点、条件下的统一。任何时代的实践都是具体的实践，从实践中获得的认识也是具体的认识——是对某一具体事物的认识。

（2）历史的统一，是指统一不是一成不变的，认识要同不断变化发展的实践相适应，即主观认识要同特定的历史发展阶段的客观实践相符合。认识随实践的发展而发展。在认识与实践的矛盾关系中，实践始终是矛盾的主要方面。实践是永无止境、不断发展的。在把认识运用于实践的过程中，或由于具体事物的特殊性，或由于实践的发展变化，会使原先符合客观事物的正确认识，暴露出一些不足、缺陷甚至错误，这就要求修正旧的认识，甚至放弃旧的认识，提出新的认识，使认识随实践的发展而发展。不断发展的实践同不断发展的认识的统一是在一定条件之下的具体的历史的统一。坚持认识和实践的具体的、历史的统一是马克思主义的一条根本原则。毛泽东一再强调，那种离开具体现实条件，割裂认识与实践的具体的、历史的统一，是"左"、右倾错误的认识根源。

第三节 认识的真理性与价值性

认识是在实践的基础上主体对客体的能动的革命的反映。作为认识结果的反映不同于认识对象本身,它们之间是主观与客观、反映与被反映的关系,认识的过程就是主观逼近客观的过程。那么,对客观事物及其规律的反映与客观事物是否符合以及如何判断它们的符合呢? 这就涉及真理问题。在马克思主义哲学的认识论中,真理观是一个不可缺少的组成部分,它研究真理的内容、特点、发展过程、检验标准以及真理与谬误的关系等问题。弄清这些问题,可以使人们在认识活动中减少盲目性,提高实践活动的效率。

一、真理的客观性与价值性

1. 真理的含义及其客观性和价值性

(1) 真理的含义。马克思主义哲学认为,真理是人们对客观事物及其规律的正确反映。真理不是客观事物本身,只有人们对这些客观事物及其规律的认识才有真理和谬误之分,其中正确的认识为真理,错误的认识为谬误。

(2) 真理的客观性。真理的客观性有两层含义:一是指真理内容的客观性,即真理作为对客观事物及其规律的正确反映,本身包含着不以人的意志为转移的客观内容;二是指真理检验标准的客观性,即真理之所以是真理并不是因为某位天才人物的决断,而是实践检验的结果,而实践本身是一种客观的物质性活动。真理内容的客观性,决定了在同一时间、地点、条件下,对同一事物的真理性认识只有一个。面对同一事物,不同的人可能有不同的认识,但与客观事物及其规律相符合的认识只能有一个,因为客观事物及其规律的本来状况只有一个。这就是"一元真理论",它正确地揭示了真理的客观本质。相反,认为在同一条件下,对客观事物及其规律存在着多个真理性认识的"多元真理论"则是错误的。

(3) 真理的价值性。真理不仅具有客观性,同时它又具有满足主体需要的特性,即价值性,它揭示了客观真理具有能满足主体需要、对主体有用的属性。真理的价值性从真理对主体的效用上进行考察,体现了认识的主体性尺度,即人类以自身为尺度,并根据自己的需要和目的去改造自然物,使之适合于人类的生存和发展。

2. 真理的客观性和价值性的辩证统一

真理的客观性和价值性作为真理本身的两种属性,二者之间是密切相连的。一方面,真理的客观性是真理的价值性的根本和基础,真理的客观性决定了真理的价值性。人们认为真理具有价值,是因为它正确地反映了客观对象的本质及其规律,符合客观实际,因而能有效地指导人们进行改造客观世界的实践活动。另一方面,真理的价值性又构成了真理客观性的主体条件,对真理的客观性具有影响和制约作用。首先,真理的价值性构成了人们对真理的客观性追求的内在动因。但是,人们并不是为了认识真理而认识真理,而是为了成功地改造世界以满足自己的需要才去认识真理。其次,真理的价值性制约着真理客观性的实现程度。真理体现人的认识与客观对象的符合,但这种符合的实现,又总是具体的、历史的。人们从实践的需要出发,在具体实践和人的历史需要的限度内追求这种符合程度或实现程度的提高。因此,真理客观性的实现程度,是受真理价值性制约的。最后,真理的价值性制约着真理的客观化即真理的实际应用。真理的客观性在于它揭示了客观事物的本质和规律,但利用哪些规律于实践,则取决于人的需要。马克思主义之所以成为推动世界历史前进的巨大力量，不仅在于它揭示了人类社会发展的客观规律，而且在于它集中代表了无产阶级和进步人类的根本利益，适应了阶级解放和人类解放的需要。离开真理的价值性去谈真理的客观性，就会走向旧唯物主义消极直观的真理观。真理的客观性与价值性统一的基础，仍然是社会历史实践。

二、真理的绝对性与相对性

1. 真理的绝对性

真理是客观的，具有客观性，而就真理的发展过程以及主体对它的认识和掌握的程度来说，真理又有绝对性和相对性。这是真理观上的辩证法。每一个真理，既具有客观性，同时又具有绝对性和相对性，是绝对性和相对性的统一。

真理的绝对性是指人们对客观事物及其规律的正确认识具有确定性、无条件性。它有两个方面的含义：第一，从内容上看。任何真理都是对客观事物及其规律的正确认识，都包含不以人的意志为转移的客观内容。这是确定的、无条件的因而是绝对的。在这个意义上，承认了真理的客观性也就承认了真理的绝对性。第二，从认识的发展趋势和人类的认识能力上看。就人类认识的本性来说，是能够正确认识无限发展的物质世界的，每一个真理的获得，都是对无限发展的物质世界的接近；就人类的认识能力来说，世界上只存在尚未认识之物，而不存在不可认识之物。这也是确定的、无条件的，因而是绝对的。在这个意义上，承认了世界的可知性，也就承认了真理的绝对性。

2. 真理的相对性

真理的相对性是指人们对客观事物及其规律的认识是近似的、有条件的。它也有两方面的含义：第一，从认识的广度看。任何真理性认识都只是对客观物质世界的某一领域、某一部分、某一方面、某一片断的正确认识，而不是对全部事物的正确反映。这种认识总是在一定时间和空间内的认识，它会随着认识对象的发展而发展，因而是具体的历史的和有限的。在这种意义上，承认存在着尚未认识之物，认识有待于进一步扩展，也就是承认了真理的相对性。第二，从认识的深度上看。任何真理性的认识都只是对特定的具体事物一定程度、一定层次的近似正确的反映。任何真理性认识反映对象的深度总是有限的，并没有穷尽对象的一切方面和特性。在这种意义上，承认真理与对象的符合是近似的，认识有待于深化，也就是承认了真理的相对性。

3. 真理的绝对性和相对性的辩证关系

绝对真理和相对真理不是两种真理，而真理的两重属性，是真理的两个方面，任何真理既是绝对的，又是相对的，是绝对真理与相对真理的有机统一。绝对真理和相对真理的关系是辩证统一的。

第一，从真理本身来看，绝对真理与相对真理是相互联系、相互渗透的。一方面，相对真理包含着绝对真理。一切具有相对性真理的认识中，都包含着绝对的、永远不会被推翻的客观内容。这不仅指每一相对性真理的认识中，都是一定条件、一定范围和一定程度上对客观规律的正确反映，在这个限度内，它永远不会被推翻，而且从真理的发展来讲，当一个相对真理被一个新的相对真理代替时，总有一些带有绝对性真理的"颗粒"被保存下来，这些"颗粒"也不能被推翻。另一方面，绝对真理中有相对真理。一切绝对真理都不是孤立存在的，它总是通过无数相对真理表现出来，无数相对真理的总和构成绝对真理。

第二，从真理的发展过程来看，真理是由相对走向绝对的永无止境的转化和发展的过程。任何真理性认识都是相对真理向绝对真理转化中的一个环节，是一个不断从相对真理过渡到并接近绝对真理的过程。承认真理是绝对性和相对性的统一，就必须以辩证的态度对待一切科学真理，既反对绝对主义，又反对相对主义。绝对主义和相对主义都是以割裂真理的绝对性和相对性的统一而固执一个片面为特征的，绝对主义夸大真理的绝对性，否认真理的相对性，不承认真理是一个由相对性走向绝对性的无限发展过程。与绝对主义相反，相对主义则夸大真理的相对性，否认真理的绝对性，不承认真理包含着不以人的意志为转移的客观内容，主观随意地看待真理。教条主义和经验主义是绝对主义和相对主义在实际工作中的表现。教条主义脱离具体实践，把普遍真理当成万能的公式，随意生搬硬套；经验主义则把局部的经验绝对化，同样阻碍了真理的发展。

马克思主义作为科学真理，也是绝对性和相对性的统一。一方面，马克思主义正确地揭示了自然界、社会和思维发展的一般规律，是经过实践反复证明了的客观真理，这是它的绝对性，因而我们必须坚持马克思主义；另一方面，无论从认识的广度还是从认识的深度上看，马克思主义都不可能成为终极真理，随着社会历史条件的变化和实践的发展，马克思主义也需要得到发展、深化和完善，这是它的相对性，因此我们又必须发展马克思主义。

三、实践是检验真理的唯一标准

1. 真理的检验标准问题

关于真理的检验标准，不同的哲学派别有不同的观点。一是"权威"标准。即把权威人物的意见作为检验真理的标准。我国古代孔子的言论被当作真理的标准，"以孔子之是非为是非"。在欧洲中世纪，亚里士多德和《圣经》被当作真理的标准。实践已经证明，以权威意见为标准，不仅不能区分真理和谬误，而且必然扼杀真理。二是"众人意见"标准。与"权威"标准相比，这种标准似乎更"客观"一些，其实，这不过是把检验真理的标准，从个别"权威"的意见扩大为多数人的意见，仍然是以主观意见作为检验真理的标准，因而同样是错误的。任何一个科学真理，开始时往往只有少数人掌握，后来才逐渐为多数人所接受。例如，当达尔文提出进化论时，多数人不承认，因此，如果以众人意见为标准，有时就会否定真理，信奉谬论。三是"实用"标准。即把有用性作为检验真理的标准，它典型地表现在实用主义真理观中。实用主义真理观实质上是把真理的客观性和价值性等同起来，以真理的价值性取代了真理的客观性，它否认了真理的客观本质，因而是错误的。

2. 实践是检验真理的唯一标准

为什么说实践是检验真理的唯一标准？这是由真理的本性和实践的特点所决定的。

第一，真理的本性就是主观符合客观，检验认识的真理性，就是检验人的主观认识同客观实际是否符合，因而这种检验的标准在纯主观和纯客观的范围找都是不行的。思想理论不能成为检验自身是否符合客观实际的标准。客观事物及其规律是认识的对象，也不能直接回答认识是否与其符合。

第二，实践的特点可以将主观认识同客观实际联系起来加以比较对照。一方面，实践是人们以一定思想理论作指导的、有意识有目的的活动；另一方面，实践是人们改造客观世界的活动，具有直接现实性，会产生客观实际的结果。实践作为一种有目的的改造客观世界的物质活动，即实践能够把有关思想变成客观现实。当人们把认识付诸实践时，就能呈现出人们看得见、摸得着的效果。用这种客观效果与原来的主观认识相比较，就能直接检验出原来的认识是否符合客观实际，是否具有真理性。

3. 实践标准的确定性和不确定性

（1）实践标准的确定性，也就是实践标准的绝对性。包括下列方面：第一，检验认识是否具有真理性的唯一标准只能是实践，一切认识的真理性都需要靠实践来检验，这是绝对、确定不移的；第二，实践对一切认识最终能做出检验，没有实践检验不了的认识，现在检验不了的，将来也一定能检验，这也是绝对、确定不移的。

实践是检验认识真理性的唯一标准的原理告诉我们，凡是实践检验是正确的认识，就应当坚持；凡是实践检验是错误的认识，就应当改正。在坚持实践标准时，要防止把实践标准简单化，将实践一时还不能检验的观点简单地肯定或否定，将局部的、一时的实践结果绝对化，片面夸大，以为已经是最终的结论。否认实践标准的唯一性、确定性、绝对性，就会陷入唯心主义和不可知论的泥坑。

（2）实践标准的不确定性，也就是实践标准的相对性。第一，实践是具体的历史的。因为任何实践都会受到当时历史条件的限制，有其局限性，它不能无条件地完全证实或驳倒一切思想和理论。比如关于地球之外有没有外星人的争论，目前的实践还不能对这些不同看法的真理性做出可靠的检验，还需要人类继续发展科学和技术，来证明外星人是否存在。第二，实践具有社会性。一时一地的个别实践不可以作为检验真理的标准，作为检验真理的标准是社会的、历史的、群众的实践，而这是一个漫长的充满矛盾的过程。实践标准的不确定性、相对性并不是说不同的人、不同的阶级有不同的实践标准，实践标准只有一个，不以个人或阶级为转移。比如关于建设中国特色社会主义理论是否正确，不是邓小平一人说了算的，它是需要通过群众的检验，通过千千万万的人的实践才能检验的。事实也证明，建设中国特色社会主义理论是正确的，是适合中国国情的。第三，实践和认识都是发展的，实践对认识的检验不是一劳永逸的，而是一个过程，要不断接受新的检验。实践对真理的检验往往不是一次就可以完成的，而需要多次反复，从而使其检验具有相对性。

可见，实践标准是确定性和不确定性的统一。坚持了实践标准的确定性，就坚持了实践标准的客观性，从而同各种唯心主义和不可知论划清了界限；坚持实践标准的不确定性，是为了解放思想，反对教条主义和思想僵化，实事求是，与时俱进，在实践中检验真理和发展真理。

4. 实践检验和逻辑证明的关系

强调实践标准的绝对性并不排除逻辑证明在检验真理过程中的作用，二者是相互补充的关系。逻辑证明是指运用已知的正确概念和判断，通过正确推理，从理论上去证实或判明另一判断是不是真理的一种证明方法。它是探索、论证真理的手段，也是建立科学体系的重要途径。逻辑证明的作用在于，一是给实践提供理论指导，比如伽利略的比萨斜塔实验，就是先进行逻辑证明，然后才进行实验检验的。逻辑证明还能够使实践检验经由特殊提高到普遍。二是有些认识在没有找到实践检验的途径之前，只能靠逻辑思维来证明。逻辑学数学命题也都是利用逻辑的数学手段来证明的，而且也只有得到了逻辑的数学证明才能为大家所接受。

但逻辑证明不能代替实践检验，也不是与实践并列的检验标准。第一，逻辑推理展现的仅仅是命题之间的蕴含或推演关系，即由一定的前提，必然导出相应的结论。至于前提和结论是不是与客观现实相符合，逻辑推理无从证明，只有通过实践来检验。第二，逻辑推理的规则是逻辑不能证明的，也必须通过实践来检验。所以，逻辑证明只是实践标准的一种补充，既不能等同，更不能代替实践标准。实践是检验真理的唯一标准，也就是说，实践能检验所有的认识，这就表明实践标准是确定的、绝对的。否认实践标准的唯一性、确定性、绝对性，就会陷入唯心主义和不可知论的泥坑。但同时我们也要看到，实践是具体的、历史的活动，实践要受各种条件的限制，因而具有一定的局限性，甚至不能完全证实或驳倒人的认识，因此，实践标准也有其不确定性的一面。也就是说，实践标准是确定性和不确定性的统一。

四、真理与谬误

1. 真理和谬误的辩证关系

要做到在实践中坚持和发展真理，还必须正确认识和处理真理与谬误的关系，把握真理在斗争中发展的规律。谬误是人们对客观事物及其规律的错误反映。人们的认识就总体而言，既有真理，又有谬误。真理和谬误既对立又统一。谬误同真理的对立表现在，它同真理有着原则的区别，二者泾渭分明。但真理与谬误之间又具有统一的一面，表现在：一是真理与谬误相互依存、互为前提。没有谬误作比较，就无所谓真理；没有真理作比较，也就无所谓谬误。事实上，在人的认识过程中，不可能只有真理而无谬误。任何人，包括伟人在内，都不可能完全避免错误的发生。俗话说："智者千虑，必有一失。"二是真理与谬误相互转化。一方面，任何真理都是具体的，都有它适用的范围和条件，如果超出这一范围和条件，真理就会变成谬误；另一方面，谬误在一定条件下也可以向真理转化。谬误之所以发生，往往是因为它超出了真理存在的条件，因而，只要再回到论题适用的范围，恢复它存在的条件，谬误就会转化为真理。谬误向真理转化的另一种含义是指人们可以从错误认识中引出真理性的认识，错误认识成为正确认识的先导。人们在犯了错误后，只要善于分析犯错误的原因，认真总结教训，就能使错误成为认识发展的重要环节，进而达到对事物的正确认识，实现谬误向真理的转化。我们党对社会主义本质的认识，就是从前几次错误认识中总结提炼而来的。

2. 坚持真理，排除谬误

真理是在同谬误的斗争中发展的，这是真理发展的一般规律。作为矛盾的两个方面，真理要战胜谬误，谬误也极力排斥真理，正是这一矛盾运动，推动着认识不断发展。因此，真理要获得发展，就必须同谬误进行斗争，这是因为：谬误作为对客观事物的歪曲反映，它妨碍着人们对真理的探索，只有不断排除谬误，才能为真理的发现和发展开辟道路。同时，真理只有在同谬误的斗争中，才能显示其力量，为广大群众所接受。

纵观人类的科学史和认识史，从一定意义上讲，它的每一页都是真理和谬误相斗争的生动记录。自然科学的辉煌成就是在同迷信和偏见的斗争中取得的；唯物论、辩证法是在同唯心论、形而上学的斗争中发展的；马克思主义"在其生命的途程中每走一步都得经过战斗"[①]。真理发展的过程就是同谬误做斗争并不断取得胜利的过程。

五、真理与价值

在"真理与价值"这一部分中，我们将一起讨论一下价值、价值评价以及价值与真理辩证统一的问题。价值以及价值评价问题是我们日常工作和生活中十分重要的问题，因为人们总是会从主体的需要出发来思考和处理问题，考察事物及实践活动的价值和意义，从而价

---

① 中共中央马克思恩格斯列宁斯大林著作编译局编译：《列宁选集》第2卷，人民出版社1995年版，第1页。

值论和评价论成为哲学研究中十分重要的内容。下面我们首先来讨论一下价值及其特性。

（一）价值及其特性

价值是人类活动中普遍存在的社会现象，对价值的哲学反思就形成了哲学上的价值论，价值论是哲学的重要内容之一。在马克思主义看来，实践是人的存在方式，而人的实践活动总是受着真理尺度和价值尺度的制约，任何成功的实践都必然是真理尺度和价值尺度的辩证统一。所谓实践的真理尺度是指人们在实践中所必须遵循的、反映实践对象的客观规律和本质的真理。它强调实践要遵循客观规律。价值尺度指人们在实践中所必须遵循的、以满足人们为内容的、特定的实践目标。这是要强调实践要满足人的需要。要理解价值的概念，我们首先来观察一下生活中的价值现象。

1. 各种价值现象

有人伐木，有人养鹅，是因为木头和鹅有经济价值，可以换钱；人们发掘古物，保存和保护古物，是因为它们有考古价值，能够帮助人们了解古代的文明；人们养花、喜欢打扮，是因为花和饰品有审美价值；人们植树护林，建立自然保护区，是因为树林有生态价值；等等。我们从中可以看到一个共同的特点：客观事物对主体（人）具有特定的意义，它们能满足主体（人）的某种需要。哲学中的价值概念，正是扬弃了上述各种价值关系中纷繁复杂的特殊内容和形式，概括了共同的、普遍的、本质的内容，即概括了其中所包含的外部客观事物（客体）满足人（主体）的需要的关系。

2. 什么是价值

哲学上的"价值"是揭示外部客观世界对于满足人的需要的意义关系的范畴，是具有特定属性的客体对于主体需要的意义。

因此，当客体能够满足主体需要时，客体对于主体就是有价值的，满足主体需要的程度越高，价值就越大。人在与人交往过程中，也会形成价值关系。事实上，这正是关于人的价值问题。在人与人或人与社会的关系中，个人既可以作为主体，也可以作为客体而存在，并因此出现了两种价值关系。第一种关系是个人作为客体，他人和社会作为主体。个人对社会的贡献和责任，体现了人的社会价值。第二种关系是个人作为主体，他人和社会作为客体。他人和社会对个人的尊重和需要的满足，这体现了人的个人价值。

人的价值正是社会价值和个人价值的统一，但其中，社会价值是主要的，即评价一个人的价值主要是看他对社会的贡献和责任。个人价值与社会价值是统一的，个人价值以社会价值为前提，人们对社会做出贡献和承担责任，他才会得到社会的尊重，得到荣誉、地位和财富。因此，人们应努力为社会做出贡献，而不是一味地索取。

3. 价值的特点

第一，价值具有客观性。首先，人的需要具有客观性。人的需要是由人的实际生存状况决定的，本质上都具有客观性。其次，用来满足人的需要的对象也具有客观性。客体及其性质是客观的。最后，满足人的需要的过程和结果也具有客观性。第二，价值具有主体性。指价值本身的特点直接同主体的特点相联系，它直接表现和反映着人的需要、目的和能力。价值作为一个关系范畴，与主体有着直接的关系。价值因主体不同而不同，即价值"因人而异"。价值还会随主体的变化而变化，价值是以主体为尺度的。第三，价值具有社会历史性。价值主体具有社会性和历史性，从而人们的需要以及满足需要的形式也具有社会性和历史性，由此决定了价值的社会历史性。人类历史的发展决定着事物的价值的变化。第四，价值具有多维性。由于任何一位主体自身都存在着多方面、多层次的需要，因而客体对于主体所具有的价值可能是多种多样的。

人们在认识世界的实践活动中，不仅认识事物的本质和规律，同时也在认识事物的价值，即进行价值评价，在改造世界的实践活动中同样也在进行着价值评价。那么会什么是价值评价呢？

（二）价值评价及其特点

1. 价值评价的含义

价值评价是主体对客体可能具有的价值和实践改造客体后的意义、成果等进行的评价，是一种关于价值现象的认识活动。价值评价的前提和基础是价值评价的对象——价值事实和人们的价值观。

2. 价值评价的特点

第一，评价是以主客体的价值关系为认识对象的。知识性认识是关于客体"真"的认识，评价性认识是关于客体对于主体的意义的认识。我们在购买商品时，都会进行一番价值的考察，即进行价值评价。例如，人们在考虑购买电视时，可能会提出许多问题。第二，评价结果与评价主体有直接联系，是依主体的特点而转移的。知识性认识：形式是主观的，内容是客观的，与主体无必然联系。如科学规律的发现过程具有个性特征，但其结果都具有相同的客观内容。价值评价的结果则与评价主体直接相关。我们会发现，许多家庭的人会对是否应该购买某种商品或应该购买哪一种品牌的商品产生分歧。第三，评价结果的正确与否依赖于相关的知识性认识。

评价是关于主客体之间价值关系的认识，是对客体对于主体需要的意义的判断。人们能否正确地做出这种判断，还取决于人们所具有相关的知识性认识，包括对客体属性、本质和规律，也包括对主体的规定性、需要和发展规律等的认识。可见，只有人们对主体和客体都有了正确的知识性认识之后，才能依据这种认识做出关于主客体间价值关系的正确评价。要判别价值评价的结果是否正确仍然要依靠实践来检验评价结果。

（三）价值和真理在实践中的统一

1. 成功的实践必然是以真理和价值的辩证统一为前提

实践活动总是受着真理尺度和价值尺度的制约，任何成功的实践都必然是真理尺度和价值尺度的辩证统一。遵循真理尺度即我们通常说的"按科学规律办事"，遵循价值尺度即我们通常说的"满足人的需要"。无论何种实践，只有把"按科学规律办事"和"满足人的需要"结合起来，才能达到目的，取得成功。比如企业只有开发和生产出符合消费者需要的产品才能取得赢得市场。相反，不符合客观规律的实践活动，不能满足人的需要的实践活动注定是不能成功的。比如古代的炼金术与炼丹术和现代的永动机的研究，虽然目的是美好的，但由于违背客观规律，这些活动是失败的。因此，从事实践活动，必须坚持真理尺度和价值尺度的辩证统一。

2. 坚持真理尺度和价值尺度辩证统一，要求我们在实践中必须坚持和弘扬科学精神和人文精神

"按客观规律办事"，充分"满足人的合理性需要"。科学精神要求必须坚持以科学的实事求是的精神去认识和改造世界，人文精神要求把人民的利益和人的发展当作一切认识和实践活动的出发点。

第四节 认识世界与改造世界

马克思主义哲学将实践看作首要的基本观点,把实践观引进到认识论中来,从根本上解决了认识世界和改造世界的关系问题。认识世界,就是通过实践获得真理,改造世界就是人类为了满足自己生存和发展的需要,在实践中改变事物的已有形式或创造出世界上本不存在的事物,同时创造自己的理想世界。两者是辩证统一的关系。

一、认识世界与改造世界的辩证统一

认识世界与改造世界这两方面是辩证统一的。一方面,改造世界是认识世界的根本目的,而正确地认识世界是改造世界的必要前提。马克思强调说:"哲学家们只是用不同的方式解释世界,问题在于改变世界。"① 马克思主义哲学坚持认识和实践的统一,坚持认识世界和改造世界的统一,认为认识的目的全在于运用,所谓运用,就是把对客观世界规律的认识再回到改造世界的实践中去。如果割裂了两者的辩证关系,最终就会背离马克思主义哲学。毛泽东指出:"如果有了正确的理论,只是把它空谈一阵,束之高阁,并不实行,那么,这种理论再好也是没有意义的。"② 所以,实践需要正确的理论的指导,否则就是盲目的实践,容易遭到失败。综上所述,人们必须将认识世界与改造世界两者统一起来,将正确的理论运用于实践中,发挥其指导作用,将实践引向成功。

另一方面,要正确地认识世界,人们就必须积极投身于改造世界的实践中,因此,人们在实践中改造客观世界的过程同时也就是认识客观世界的过程。

认识世界与改造世界是同一个过程的两个方面。坚持认识与实践的统一归根结底是要将认识世界和改造世界统一起来。

认识世界和改造世界两者是相互促进、相辅相成和相互依存的,人们对世界的认识越是深刻、正确,改造世界就越能取得成功;而改造世界的成果越大,就越能加深和扩大人们对客观世界的认识。改造世界包括改造客观世界和主观世界。人们在改造客观世界的同时,也改造着自己的主观世界,即改造自己的认识能力,改造主观世界和客观世界的关系。

二、一切从实际出发、实事求是

1. 一切从实际出发是马克思主义哲学的根本要求

从实际出发,从客观存在的事实出发,是马克思主义哲学的根本要求。从实际出发就是从特定的、具体的、历史的客观实际情况出发,按照客观世界的本来面目认识世界,而不是从主观愿望出发,从根本而言,就是要从客观事物存在和发展的规律出发,在实践中尊重客观规律。一切从实际出发,同辩证唯物主义主张物质决定意识,主张实践是认识的基础是一脉相承的。因此,坚持马克思主义哲学,就必须坚持一切从实际出发。毛泽东指出:"我们要从国内外、省内外、县内外、区内外的实际情况出发,从其中引出其固有的,而不是臆造的规律性,找出周围事变的内部联系,作为我们行动的向导。而要这样做,就须不凭主观想

---

① 中共中央马克思恩格斯列宁斯大林著作编译局编译:《马克思恩格斯文集》第1卷,人民出版社2009年版,第502页。

② 毛泽东:《毛泽东选集》第1卷,人民出版社1991年版,第292页。

象，不凭一时的热情，不凭死的书本，而凭客观存在的事实。"① 这是在实践中坚持马克思主义哲学认识路线的具体体现。

在当代中国，一切从实际出发，就是一切要从社会主义初级阶段这个最大的实际出发，我们党的全部理论和实践活动只有符合这个实际，才能不断地把改革开放和社会主义现代化建设的伟大事业推向前进。

2. 实事求是是马克思主义哲学的精髓

（1）"实事求是"的含义。"实事求是"一词最早出现在1900多年前东汉史学家班固撰写的《汉书》中，班固在这部书中称赞汉景帝的儿子刘德"修学好古，实事求是"②。唐代颜师古对"实事求是"一词做了注解："务得实事，每求真是也。""务得实事"，指务必得到事物的客观情况；"每求真事"，指经常不断地追求"真是"，即客观事物内在的本质的联系。因此，"实事求是"本意是指严谨好学、务求真谛的一种踏实认真的治学态度。

毛泽东同志站在马克思主义的立场上，对实事求是做了辩证唯物主义的解释。他说："'实事'就是客观存在着的一切事物，'是'就是客观事物的内部联系，即规律性，'求'就是我们去研究。"③ 邓小平同志在回顾党的历史时曾说："马克思、恩格斯创立了辩证唯物主义和历史唯物主义的思想路线，毛泽东同志用中国语言概括为'实事求是'四个大字。"④ 作为党的思想路线核心的实事求是，就是从客观实际出发，找出事物发展的规律，按规律办事。

（2）实事求是是马克思主义哲学的精髓。实事求是是对辩证唯物主义和历史唯物主义的高度概括，贯穿于马克思主义哲学的唯物论、辩证法、认识论、价值观、历史观等各个组成部分之中，是马克思主义哲学的灵魂。这可以从以下三个方面进行理解。

第一，实事求是坚持了唯物主义。哲学的基本问题是思维与存在的关系问题，实事求是的基本要求是坚持从客观存在的一切事物出发，如实地正确反映事物的本来面目，这是对哲学基本问题的唯物主义回答，因而，坚持了实事求是的思想路线，也就坚持了唯物主义。

第二，实事求是坚持了辩证法。唯物辩证法是关于联系和发展的科学，实事求是正是要从事物的联系和发展中寻找规律，先求"实"而后求"是"。这说明，实事求是不仅首先承认"实事"，而且承认蕴含在实事中的"是"即规律性。因此，它不仅坚持了唯物主义，而且坚持了辩证法。

第三，实事求是坚持了辩证唯物主义的认识论。实事求是既坚持了唯物主义（"实事"），又坚持了辩证法（"是"），还坚持了辩证唯物主义的认识论（"求"）。它承认"实事"，又承认"实事"之"是"，并进一步认为，"实事"之"是"是可以"求"得的，即客观事物的本质及其规律是可以认识的。这就把唯物主义、辩证法和辩证唯物主义的认识论统一起来，成为一个完整的体系。

3. 党的思想路线与马克思主义哲学认识论的统一

马克思主义认识论揭示了人类认识的本质和规律，为党的思想路线奠定了基础。所谓思想路线，是指人们思考、认识、研究和解决问题的根本指导路线，亦即人们认识和解决实际问题所遵循的根本原则和根本方式方法。它是哲学世界观和方法论在实际工作中的集中体现。我们党的思想路线的基本内容是：一切从实际出发，理论联系实际，实事求是，在实践

---

① 毛泽东：《毛泽东选集》第3卷，人民出版社1991年版，第801页。
② 许嘉璐主编：《二十四史全译 汉书》（第二册），汉语大词典出版社2004年版，第1145页。
③ 毛泽东：《毛泽东选集》第3卷，人民出版社1991年版，第801页。
④ 邓小平：《邓小平文选》第2卷，人民出版社1994年版，第278页。

中检验和发展真理。在这个思想路线中，实事求是是核心；一切从实际出发是坚持实事求是的前提和基础；理论联系实际是做到实事求是的根本方法；在实践中检验真理和发展真理是做到实事求是的根本保证。由于实事求是是核心，因而称我们党的思想路线为实事求是的思想路线。

为什么说党的思想路线与马克思主义哲学认识论是统一的？

第一，党的思想路线坚持了一切从实际出发的原则。这里讲的实际不是指个别的事例或片面的事实，而是指客观事物的整体，指各种现象的综合。我们通过实践，把握事物的这种内在的辩证统一，就能认识事物的本质和内部联系。能够正确地解决矛盾和处理问题，改造世界的实践才能取得成功。

第二，党的思想路线坚持了理论联系实际的原则。人们之所以追求真理，归根到底是为了运用真理去指导人们的实践达到改变世界的目的。离开这个目的就是背离了马克思主义的认识论。我们运用马克思主义的立场、观点、方法去研究我们所遇到的实际，并达到对事物本质及规律真理性的认识，再用这种认识去指导我们的实践，这就是理论联系实际。

第三，"实事求是"是党的思想路线的核心也是马克思主义哲学的精髓和活的灵魂，它充分地体现了马克思主义认识论的根本原则。从实际出发、理论联系实际必须做到实事求是。

第四，党的思想路线坚持了实践是检验真理的唯一标准。马克思主义哲学认识论认为实践是检验真理的唯一标准。我们的思想、观点和行动是否正确不能凭主观臆断或想象，而是要由客观的实践来加以检验。

4. 马克思主义哲学认识论与党的群众路线

我们党的群众路线的内容是：一切为了群众，一切依靠群众，从群众中来，到群众中去。它是我们党的重要法宝，其根本前提是共产党的一切工作都是为人民群众谋利益，除了人民群众的利益以外，共产党没有自己的特殊利益。共产党要取得革命和建设的胜利，首先就必须从这个根本前提出发，相信和依靠群众，走群众路线。马克思主义哲学认识论是群众路线的理论基础。

"从群众中来"就是从实践到认识的过程，"到群众中去"就是从认识到实践的过程，"从群众中来，到群众中去"不断循环往复的过程，也就是实践—认识—实践不断循环往复的过程，这说明党的群众路线与马克思主义哲学认识论是内在统一的，前者是后者在实践中的运用。党的群众路线在新的历史条件下仍然是我们非常重要的工作方法和领导方法，同时还要坚定不移地从为人民群众谋利益这个根本前提出发，相信和依靠群众，实行从群众中来到群众中去的方法，只有这样才能完成中华民族复兴的伟大历史任务，实现中国梦。

❓ 思考与练习

一、单项选择题

1. 实践的主体是（　　）。
   A. 绝对精神
   B. 具有思维能力、从事社会实践和认识活动的人
   C. 人
   D. 人的意识

2. 实践的客体是（　　）。
   A. 绝对精神的对象化
   B. 客观物质世界
   C. 人的意识的创造物
   D. 进入主体的认识和实践范围的客观事物
3. 实践的中介是（　　）。
   A. 各种形式的工具、手段及其运用的程序和方法
   B. 对一事物存在和发展有联系的各种要素的组合
   C. 构成事物一切要素的总和
   D. 受命于主观，见之于客观的活动
4. "社会上一旦有技术的需要，则这种需要会比十所大学更能把科学推向前进。"这说明（　　）。
   A. 实践是认识的来源   B. 技术推动了科学的发展
   C. 实践是认识发展的动力   D. 科学进步是实践的目的
5. 恩格斯说："人的智力是按照人如何学会改造自然界而发展的。"这说明（　　）。
   A. 自然界是认识发展的动力   B. 实践是认识发展的动力
   C. 人的认识具有主观能动性   D. 人具有认识自然的能力
6. 科学家尼葛庞蒂说："预测未来最好的办法就是把它创造出来。"从认识和实践的关系看，这句话对我们的启示是（　　）。
   A. 认识总是滞后于实践
   B. 实践和认识互为先导
   C. 实践高于认识，因为它不仅具有普遍性的品格，而且具有直接现实性的品格
   D. 实践和认识是合一的
7. "纸上得来终觉浅，绝知此事要躬行"，陆游这一名句强调的是（　　）。
   A. 实践是认识的来源   B. 实践是推动认识发展的动力
   C. 实践是认识的目的   D. 间接经验毫无用处
8. 感性认识和理性认识的区别是（　　）。
   A. 感性认识是可靠的，理性认识是不可靠的
   B. 感性认识来源于实践，理性认识来源于书本
   C. 感性认识是对现象的认识，理性认识是对本质的认识
   D. 感性认识来源于直接经验，理性认识来源于间接经验
9. 对于哲学史上长期争论不休的唯理论和经验论两大派别的正确评价是（　　）。
   A. 唯理论是正确的，经验论是错误的
   B. 经验论是正确的，唯理论是错误的
   C. 唯理论和经验论各有片面的真理性
   D. 唯理论和经验论都是完全错误的
10. "真理和谬误的对立，只是在非常有限的范围内才有意义"是（　　）。
    A. 形而上学的观点   B. 唯物辩证法的观点
    C. 诡辩论的观点   D. 相对主义的观点

二、问答题
1. 如何理解实践对认识的决定作用？

2. 为什么说马克思主义认识论是革命的能动的反映论?
3. 如何正确理解真理的绝对性和相对性的含义和二者的辩证关系?
4. 如何正确理解"实践是检验真理的唯一标准"?
5. 怎样正确理解真理和价值的关系?

参考答案

一、单项选择题
　　1. B　2. D　3. A　4. C　5. B　6. C　7. C　8. C　9. C　10. B
二、问答题
　　1. 答案要点：①实践是认识的基础。②实践是沟通主体和客体的桥梁。③实践是认识的来源。④实践是认识发展的动力，认识随实践的发展而发展。实践作为认识发展的动力，表现在以下几个方面：首先，变化发展着的实践不断给人们提出新的认识课题，推动人们去进行新的探索和研究。其次，实践在给人们提出新课题的同时，也不断提供大量有关的经验材料以及新的认识工具，使人们能够不断解决认识课题，使认识不断向前发展；同时，实践的发展还不断给人们提供日益完备的认识工具和技术手段，使人类的认识水平不断提高。最后，实践还改造了人的主观世界，锻炼和提高了人的认识能力。⑤实践是检验认识真理性的唯一标准。⑥实践是认识的目的和归宿。
　　2. 答案要点：从唯心主义先验论到旧唯物主义反映论，都没有科学完备地解释认识的本质，只有到了马克思辩证唯物主义，才在实践的基础上创立了科学的认识论。辩证唯物主义认识论坚持"从物到感觉和思想"的认识路线，承认认识是人的大脑对客观物质世界的反映，继承了旧唯物主义的合理的因素，坚持了唯物主义的观点，与唯心主义先验论区别开来。同时又引入两个观点，一是实践的观点，强调实践对认识的重要作用，因此认识是以实践活动为基础的。二是辩证法的观点，它辩证地考察认识，揭示出认识中的多种辩证关系，把认识看成一种过程，是一种不知到知，由浅到深，并多次反复充满矛盾的过程。这样，就形成了能动的反映论，即认识是实践基础上主体对客体的能动反映，它与旧唯物主义的被动反映论有着本质的区别。因此，马克思主义认识论是革命的能动的反映论。
　　3. 答案要点：真理的绝对性是指人们对客观事物及其规律的正确认识具有确定性、无条件性。它有两个方面的含义：第一，从内容上看。任何真理都是对客观事物及其规律的正确认识，都包含不以人的意志为转移的客观内容。这是确定的、无条件的因而是绝对的。第二，从认识的发展趋势和人类的认识能力上看。就人类认识的本性来说，是能够正确认识无限发展的物质世界的，这也是确定的、无条件的因而是绝对的。真理的相对性是指人们对客观事物及其规律的认识是近似的、有条件的。它也有两方面含义：第一，从认识的广度看。任何真理性认识都只是对客观物质世界的某一领域、某一部分、某一方面、某一片断的正确认识，而不是对全部事物的正确反映。承认认识有待于进一步扩展，也就是承认了真理的相对性。第二，从认识的深度上看。任何真理性的认识都只是对特定的具体事物一定程度、一定层次的近似正确的反映。承认认识有待于深化，也就是承认了真理的相对性。
　　绝对真理和相对真理的辩证关系包括两个方面：第一，从真理本身来看，绝对真理与相对真理是相互联系、相互渗透。一方面，相对真理包含着绝对真理。一切具有相对性真理的认识中，都包含着绝对的、永远不会被推翻的客观内容。另一方面，绝对真理中有相对真理。一切绝对真理都不是孤立存在的，它总是通过无数相对真理表现出来，相对真理是绝对真理在特定时代、特定条件下的具体化和形式化，无数相对真理的总和构成绝对真理。第二，从真理的发展过程来看，真理是由相对走向绝对的永无止境的转化和发展的过程。承认真理是绝对性和相对性的统一，就必须以辩证的态度对待一切科学真理，既反对绝对主义，又反对相对主义。

4. 答案要点：这是由真理的本性和实践的特点所决定的。第一，真理的本性就是主观符合客观，检验认识的真理性，就是检验人的主观认识同客观实际是否符合，因而这种检验的标准在纯主观和纯客观的范围找都是不行的。只有那种能够把主观认识与客观实际联系起来的东西才能充当检验真理的标准。能够把认识与客观实在联系起来的只有实践。第二，实践的特点可以将主观认识同客观实际联系起来加以比较对照。当人们把认识付诸实践时，就能呈现出人们看得见、摸得着的效果。用这种客观效果与原来的主观认识相比较，就能直接检验出原来的认识是否符合客观实际，是否具有真理性。所以，实践是检验真理的唯一标准。

5. 答案要点：第一，成功的实践必然是以真理和价值的辩证统一为前提的。实践活动总是受着真理尺度和价值尺度的制约，任何成功的实践都必然是真理尺度和价值尺度的辩证统一。无论何种实践，只有把"按科学规律办事"和"满足人的需要"结合起来，才能达到目的，取得成功。相反，不符合客观规律的实践活动，不能满足人的需要的实践活动注定是不能成功的。第二，坚持真理尺度和价值尺度的辩证统一，要求我们在实践中必须坚持和弘扬科学精神和人文精神。"按客观规律办事"，充分"满足人的合理性需要"。

参考文献

［1］毛泽东. 毛泽东选集：第 3 卷［M］. 2 版. 北京：人民出版社，1991.
［2］中共中央马克思恩格斯列宁斯大林著作编译局. 马克思恩格斯文集：第 1 卷［M］. 北京：人民出版社，2009.
［3］中共中央马克思恩格斯列宁斯大林著作编译局. 列宁选集：第 2 卷［M］. 北京：人民出版社，1995.
［4］中共中央马克思恩格斯列宁斯大林著作编译局. 马克思恩格斯全集：第 42 卷［M］. 北京：人民出版社，1963.
［5］鲁迅. 鲁迅全集：第 4 卷［M］. 北京：人民出版社，2005.
［6］卫兴华，赵家祥. 马克思主义基本原理概论［M］. 北京：北京大学出版社，2015.
［7］《马克思主义基本原理概论》编写组. 马克思主义基本原理概论［M］. 北京：高等教育出版社，2015.
［8］中共中央宣传部. 习近平总书记系列重要讲话读本［M］. 北京：学习出版社、人民出版社，2014.
［9］国务院新闻办公室，中央文献研究室，中国外文局. 习近平谈治国理政［M］. 北京：外文出版社，2014.

第三章　人类社会及其发展规律

 **教学目标和要求**

学习和把握历史唯物主义的基本原理，着重了解社会存在和社会意识的辩证关系、社会基本矛盾运动规律、社会发展的动力和人民群众是历史的创造者等观点，提高运用历史唯物主义正确认识历史和现实、正确认识社会发展规律的自觉性和能力。

 **教学要点**

唯物主义历史观、社会发展的动力、群众史观。

现在，我们比历史上任何时期都更接近中华民族伟大复兴的目标，比历史上任何时期都更有信心、有能力实现这个目标。

（习近平：《中国梦，复兴梦》，中共中央文献研究室编：《习近平总书记重要讲话文章选编》，党建读物出版社、中央文献出版社2016年版，第18页）

在全党开展以为民务实清廉为主要内容的党的群众路线教育实践活动，是党的十八大做出的一项战略决策。……广大党员、干部受到马克思主义群众观点的深刻教育，贯彻党的群众路线的自觉性和坚定性明显增强。通过活动，广大党员、干部精神上补了'钙'，进一步认识到人民是历史的创造者，我们党来自人民、植根人民，各级干部无论职位高低都是人民公仆、必须全心全意为人民服务。

（习近平：《在党的群众路线教育实践活动总结大会上的讲话》，同上书，第161页）

如果觉得心里不踏实，就去钻研经典著作，《共产党宣言》多看几遍。在我们这个岗位上的人，都应该能够豁得出去。党和人民需要我们献身时，我们都要毫不犹豫挺身而出，把个人生死置之度外。

（习近平：《在中央政治局"三严三实"专题民主生活会上的讲话》，同上书，第338页）

第一节　唯物主义历史观的基本观点

一、社会存在决定社会意识

社会存在与社会意识的关系问题，是社会历史观的基本问题，也是人类实践中的根本问题。在马克思主义产生之前，唯心史观一直占据统治地位。它的主要缺陷是：考察了人们活动的思想动机，而没有进一步考究思想动机背后的物质动因和经济根源，因而从社会意识决定社会存在出发,把社会历史看成精神发展史,根本否认人民群众在社会历史发展中的决定作用。如达尔文发现了有机界的规律一样,马克思发现了人类社会发展的客观规律,创立了唯物史观,科学地解决了社会存在与社会意识的关系问题。马克思在1859年总结自己的理论和实践活动时指出:"物质生活的生产方式制约着整个社会生活、政治生活和精神生活的过程。不是人们的意识决定人们的存在,相反,是人们的社会存在决定人们的意识。"① 这一段话概述了唯物史观的基本思想,是我们考察人类社会历史及其发展规律的基本理论依据。

社会存在也称社会物质生活条件,是社会生活的物质方面,主要是指物质资料的生产及生产方式,也包括地理环境和人口因素。地理环境是人类社会生存和发展的永恒的、必要的条件,而且它作为劳动对象也不断进入人们的物质生产领域。同时,人口因素也是重要的社会物质生活条件,对社会发展起着制约和影响的作用。人是社会生产和社会生活的主体,人口状况、数量、素质、结构等对社会存在和发展具有重要作用。然而,无论是地理环境还是人口因素,都不能脱离社会生产而发生作用,都不能决定社会的性质和社会形态的更替。

在人们的社会物质生活条件中,生产方式是社会历史发展的决定力量。首先,物质生产及生产方式是人类社会赖以存在和发展的基础,是人类其他一切活动的首要前提。其次,物质生产及生产方式决定着社会的结构、性质和面貌,制约着人们的经济生活、政治生活和精神生活等全部社会生活。最后,物质生产及生产方式的变化发展决定整个社会历史的变化发展,决定社会形态从低级向高级的更替和发展。

社会意识是社会生活的精神方面,是社会存在的反映。社会意识具有复杂的结构,从不同角度可以划分为个人意识和群体意识、社会心理和社会意识形式以及作为上层建筑的意识形式和非上层建筑的意识形式。属于上层建筑的社会意识称为社会意识形态,它主要包括政治法律思想、道德、艺术、宗教、哲学等。它们从各自不同方面发挥独特的作用。在阶级社会中,占统治地位的思想文化,本质上是经济上占统治地位的阶级的意识形态,因而具有鲜明的阶级属性。

社会存在和社会意识是辩证统一的。社会存在决定社会意识,社会意识是社会存在的反映,并反作用于社会存在。社会存在是社会意识内容的客观来源,社会意识是社会物质生活过程及其条件的主观反映。社会意识在任何时候都只能是被意识到了的存在。社会意识产生的最切近的基础是人类的社会实践,实践的能动性决定了意识反映的能动性。所以,社会意识根源于社会存在,是对以实践为基础的不断发展变化的现实世界的反映。社会意识是人们社会物质交往的产物。社会意识同语言一样,是在生产中由于交往活动的需要而产生的。人类最初的意识,是"纯粹动物式的意识",是"被意识到了的本能"。经过漫长的生产和交往的发展,伴随着脑力劳动和体力劳动的分工,产生了人类最初形式的思想家、僧侣。马克思说:"从这时候起,意识才能摆脱世界而去构造'纯粹的'理论、神学、哲学、道德等等。"② 随着社会存在的发展,社会意识也相应地或迟或早地发生变化和发展。社会意识是具体的、历史的。每一时代的社会意识都有其独特的内容和具体特点,具有不断进步的历史趋势,但其根源却深深地埋藏于经济的事实之中。例如,在原始社会,人们只有朴素的族群公有观念,不知"私有"为何物。随着以生产资料私有制为基础的生产方式的出现和原始

---

① 中共中央马克思恩格斯列宁斯大林著作编译局编译:《马克思恩格斯选集》第2卷,人民出版社2012年版,第2页。

② 中共中央马克思恩格斯列宁斯大林著作编译局编译:《马克思恩格斯选集》第1卷,人民出版社2012年版,第162页。

社会的瓦解，私有观念以及与此相联系的思想意识相应产生。可见，那种认为人从来就有"自私意识"的观点是没有根据的。

总之，社会意识以理论、观念、心理等形式反映社会存在。这是社会意识对社会存在的依赖性。但社会意识又有其相对独立性，即它在反映社会存在的同时，还有自己特有的发展形式和规律。主要表现在：首先，社会意识与社会存在发展的不平衡性。进步的社会意识可以在一定程度上预见、推断未来，指导人们的实践活动；落后于社会存在的社会意识则阻碍社会的发展。另外，历史上也有这样的情况，社会经济发展水平较高的国家或地区，社会意识形式的发展水平未必都是最高的；某些经济水平相对落后的国家，其社会意识的某些方面却领先于经济发达的国家或地区。其次，社会意识内部各种形式之间相互影响且各具有其历史的继承性。社会生活的内在联系及其统一性，决定了社会意识诸形式之间也必然是相互影响、相互作用的。同时，社会意识诸形式均有自成系统、前后相继的历史链条，因而具有历史继承性，有其发展的特殊规律；最后，社会意识对社会存在的能动的反作用。这是社会意识相对独立性的突出表现。任何社会意识都不会凭空出现，只能是适应一定社会物质生活发展的要求而产生的，因而它必然具有满足这些需求的功能和价值，在一定条件下转化为物质力量并作用于社会存在、影响历史的发展。先进的社会意识反映了社会发展的客观规律，对社会发展起着积极的促进作用；落后的社会意识不符合社会发展的规律，对社会发展起着阻碍的作用。

正确而充分地发挥社会意识的能动作用，有赖于社会文化建设特别是先进文化的建设。文化是人类社会特有的现象。文化之中蕴含着人类的智慧、价值追求和审美情趣。凡是适应先进生产力发展要求、代表人民群众的长远利益、顺应人类文明发展趋势的文化都能起到促进社会进步和发展的作用。在人类历史发展中，先进文化是有效地解决人类社会生存和发展中各种矛盾的精神武器；在现代，文化、经济、政治相互交融，在综合国力竞争中的地位和作用越来越突出。在当代中国，加强文化建设，充分发挥先进社会意识的能动作用，就要发展和建设中国特色社会主义文化，为人类文明进步做出更大贡献。

二、人民群众创造历史

马克思主义唯物史观认为，人民群众是历史的创造者。而唯心史观认为，历史是由少数英雄人物创造出来的。唯心史观从社会意识决定社会存在的前提出发，否认物质资料生产方式是社会发展的决定力量，抹杀人民群众的历史作用，把英雄人物或绝对理念看成历史的创造者。它主要有两种表现形式：唯意志论和宿命论。唯意志论认为，少数英雄人物的意志决定历史进程，而人民群众是消极被动、无所作为的。宿命论认为，决定社会发展进程的是某种神秘的力量，如"天意""上帝""绝对精神"等，而少数英雄人物则是这种神秘力量的代理人。

唯物史观认为，人民群众是历史的创造者。第一，人民群众是社会物质财富的创造者。第二，人民群众是社会精神财富的创造者。第三，人民群众是社会变革的决定力量。人民群众是历史的创造者，不等于说人民群众创造历史的作用，可以不受社会历史条件的限制。人民群众只能在既定的历史条件下，在已有的社会关系的基础上，顺应社会发展的规律来创造历史。经济条件对于人民群众的创造活动有着首要的、决定性的影响。一定历史阶段所达到的生产力水平，是人民群众创造活动的物质基础和前提。政治条件对人民群众的创造活动也具有直接的影响。在不同的政治制度下，人民群众的政治地位和享受到的政治权利不同，他们在政治以及其他领域中的创造作用的发挥也不相同。精神文化条件也是制约人民群众创造活动的重要因素。一定历史时期的人们总是自觉或不自觉地受着一定社会的思想文化传统和意识形态的影响。消极落后的文化意识会削弱人民群众创造历史的作用，而先进的科学文化和思想道德则对人民群众的创造活动起积极的促进作用。

三、个人在社会历史中的作用

马克思主义唯物史观指出，在一切个人中，按其对历史影响作用的大小可分为普通个人和历史人物；按其对历史影响的性质可分为反动人物和杰出人物。反动人物对历史的发展起阻碍作用，杰出人物对历史的发展起推动作用。社会历史发展是无数个人合力作用的结果。

杰出人物是指那些反映时代要求、推动历史进步，并在历史进程中留下深刻印记的政治家、军事家、思想家、科学家、艺术家等。杰出人物在历史发展中起着特殊的作用，特别是杰出的政治家，由于其知识、才能、品质等方面具有较高素质，往往比一般人站得高、看得远，能够比较深刻地认识社会发展的趋势，顺应时代潮流，集中群众智慧，提出新的理论，并组织和领导广大群众为实现特定的历史任务而斗争。作为重大历史事件的主要倡导者、发起人、组织者、领导者和决策者，他们对历史的发展产生了重大影响。但不管他们在历史发展中起何作用，任何历史人物的作用都不能超出他所处的历史范围，他们必然受社会发展客观规律和当时社会历史条件的影响和制约，而不能决定和改变历史发展的总进程和总趋势。

评价历史人物必须坚持科学方法。第一，历史分析法。在对历史人物的是非功过进行考察时，一定要坚持历史分析法，即从特定的历史背景出发，根据当时的历史条件来衡量其是非功过，不能按个人的好恶和政治上的需要去论定。既要反对离开当时的历史条件，对历史人物提出过于苛刻的要求，也要反对把历史人物任意拔高，甚至把古人理想化、现代化。第二，阶级分析法。阶级社会中的历史人物不可避免地要受到特定阶级关系的制约，会反映或代表一定阶级的利益和愿望。所以在对历史人物的是非功过进行考察时，同时还要坚持阶级分析法，即把历史人物置于一定的阶级关系中，同他所属的阶级联系起来加以考察和评价。在历史上，阶级的局限性决定了它的代表人物的局限性。离开了一定的阶级背景，就难以理解历史人物的产生、作用及其性质。

第二节 社会基本矛盾是社会发展的根本动力

一、矛盾是推动事物发展的动力

矛盾是推动事物发展的动力，社会领域也不例外。在社会生活中，存在着各种各样的矛盾，其地位和作用各不相同。从社会领域中矛盾的地位和作用来看，社会矛盾有基本矛盾和非基本矛盾之分。社会基本矛盾就是指贯穿社会发展过程始终，规定社会发展过程的基本性质和基本趋势的矛盾。生产力和生产关系、经济基础和上层建筑的矛盾是人类社会的基本矛盾，规定了社会过程中各种社会形态、社会制度的基本性质，制约着社会其他矛盾的存在和发展，决定社会历史的一般进程，推动社会向前发展。旧的社会历史理论把社会历史发展的动力往往归结为人们的思想动机或精神力量，而未能揭示社会历史的真正奥秘。唯物史观超越了唯心史观，它没有停留在"精神动力"的层面上认识社会历史，而是透过历史的表象，进一步探寻并发现了社会历史深处的"动力的动力",认为:物质生产方式是社会发展的基础;在此基础上形成的生产力和生产关系的矛盾、经济基础和上层建筑的矛盾是社会发展的基本矛盾和根本动力;根源于社会基本矛盾的阶级斗争、社会革命、社会改革,在社会发展中各具不同的重要作用。

二、生产力和生产关系的矛盾、经济基础和上层建筑的矛盾

1. 生产力和生产关系的矛盾

生产力是指人类改造自然,获取生活资料的能力。它有三个要素,即劳动资料、劳动对象、劳动者。生产关系,是人们在社会生产、分配、交换、消费的总过程中,与一定的生产力状况相适应而建立起来的人们之间最基本的经济关系。生产关系包括生产资料的所有制关系、人们在生产过程中的地位及其相互关系、产品的分配关系。

生产力与生产关系之间的矛盾运动:第一,生产力决定生产关系。①生产力的状况决定生产关系的性质和形式;②生产力的发展变化决定生产关系的变革。第二,生产关系对生产力具有能动的反作用。①当生产关系适合生产力的状况时,它对生产力的发展起促进作用;②当生产关系不适合生产力的状况时,就会阻碍以至破坏生产力的发展。生产力和生产关系的矛盾运动,集中体现为生产关系一定要适合生产力状况的规律。这一规律客观要求,当生产关系适合生产力的状况时,应当保持生产关系的相对稳定;当生产关系不适合生产力的状况,甚至成为生产力发展的桎梏时,必须变革生产关系以适应生产力发展的需要。生产关系由基本适合生产力的状况,到基本不适合,再到新的适合的辩证否定运动,就是这一规律的生动表现。掌握这一规律具有重要的意义,是人们正确认识和揭示社会历史发展根源的一把钥匙,它对指导我们深化经济体制改革,全面贯彻党的基本路线具有重要的现实意义。

2. 经济基础和上层建筑之间的矛盾

经济基础是指由社会一定发展阶段的生产力所决定的生产关系的总和,决定一个社会性质的是其占支配地位的经济基础。上层建筑是建立在一定经济基础之上的意识形态以及相应的制度、组织和设施。首先,经济基础决定上层建筑。①经济基础决定上层建筑的产生;②经济基础决定上层建筑的性质;③经济基础决定上层建筑的变化发展。其次,上层建筑对经济基础具有能动的反作用。①体现在服务的方向上,是"保护自己"和"排除异己";②体现在服务的方式上,是通过对社会生活的控制这种方式来实现的;③体现在服务的效果上,一种是促进作用,一种是阻碍作用。经济基础和上层建筑之间的矛盾运动,表现为上层建筑一定要适合经济基础状况的规律。这一规律客观要求,当上层建筑适合经济基础,而经济基础本身又适合生产力状况时,要保持上层建筑的相对稳定性;当上层建筑不适合经济基础的变革要求,从而阻碍生产力发展时,要适时地变革上层建筑,以适合经济基础的变革和生产力发展的客观要求。违背这一规律,人为地维护旧的上层建筑,或超越生产力发展和经济基础变革的客观要求,企图"超前"变革上层建筑,同样要受到这一规律的惩罚。掌握这一规律具有重要的意义,对于进一步深化改革,完善社会主义上层建筑,促进生产力的和社会的全面进步发展,具有直接的现实意义。

生产力和生产关系、经济基础和上层建筑之间的矛盾是社会的基本矛盾,社会基本矛盾是社会发展的根本动力,并对社会历史发展起根本的推动作用的矛盾。首先,生产力是社会基本矛盾运动中最基本的动力因素,是人类社会发展和进步的最终决定力量;其次,社会基本矛盾特别是生产力和生产关系的矛盾,是"一切历史冲突的根源",决定着社会中其他矛

盾的存在和发展；最后，社会基本矛盾具有不同的表现形式和解决方式，并从根本上影响和促进社会形态的变化和发展。

生产力和生产关系、经济基础和上层建筑的矛盾，规定并反映了社会的基本结构的性质和基本面貌，涉及了社会的基本领域，囊括了社会结构的主要方面。社会基本结构主要包括经济结构、政治结构和观念结构。经济结构有广义和狭义之分。广义的经济结构是指生产方式，包含生产力和生产关系两个方面。狭义的经济结构是指经济关系或经济制度。政治结构是指建立在经济结构之上的政治上层建筑，即政治法律制度和设施。观念结构主要是指以经济结构为基础，并反映一定社会经济和政治的社会意识形态，即观念上层建筑。社会基本矛盾实际上也就是社会基本结构要素之间的矛盾。

第三节 社会发展的动力系统

一、阶级斗争在社会发展中的作用

阶级斗争是社会基本矛盾在阶级社会中的表现，是阶级社会发展的直接动力。人类几千年的文明史，从某种意义上说，就是阶级斗争的历史。"没有对抗就没有进步。这是文明直到今天所遵循的规律。"① 阶级是一个历史范畴，也是一个经济范畴。列宁1919年在《伟大的创举》中给阶级下了一个定义："所谓阶级，就是这样一些集团，由于它们在一定社会经济结构中所处的地位不同，其中一个集团能够占有另一个集团的劳动。"② 阶级的产生、存在和发展是同经济发展过程联系在一起的。划分阶级的标准是经济关系或生产关系，特别是生产资料所有制关系决定的社会经济地位。阶级斗争是阶级利益根本冲突的对抗阶级之间的对立和斗争。阶级斗争根源于阶级之间物质利益的根本对立，根源于社会经济关系的冲突。在阶级社会中，生产力和生产关系、经济基础和上层建筑的矛盾发展到一定程度时，必然会通过阶级斗争表现出来。社会发展的经济动因与阶级斗争动力是联系在一起的。19世纪初，英国的土地贵族和资产阶级这两个阶级争夺统治的要求，是英国全部政治斗争的中心。从1830年起，在英国和法国，工人阶级已被承认是为争夺统治的第三个阶级。恩格斯说："这三大阶级的斗争和它们的利益冲突是现代历史的动力，至少是这两个最先进国家的现代历史的动力。"③ 阶级斗争对阶级社会发展的推动作用突出地表现在社会形态的更替中。当社会基本矛盾尖锐化时，即当旧的生产关系不适应生产力的发展，变成生产力发展的桎梏时，维护旧的生产关系的反动阶级，必然同代表生产力发展要求的先进阶级形成尖锐的对抗。这时，只有通过先进阶级反对反动阶级的革命斗争，才能推翻反动阶级的统治，建立新的社会形态，以解放和发展生产力，推动社会前进。阶级斗争的作用还表现在同一社会形态的量变过程中。被剥削阶级反对剥削阶级的斗争不同程度地打击了剥削阶级的统治，迫使反动统治阶级做出某些让步，不得不调整某些经济关系和政策，使社会矛盾得到一定程度的缓和，从而或多或少地推动了生产力的发展和社会的进步。

---

① 中共中央马克思恩格斯列宁斯大林著作编译局编译：《马克思恩格斯全集》第4卷，人民出版社1958年版，第104页。
② 中共中央马克思恩格斯列宁斯大林著作编译局编译：《列宁选集》第4卷，人民出版社1995年版，第11页。
③ 中共中央马克思恩格斯列宁斯大林著作编译局编译：《马克思恩格斯选集》第4卷，人民出版社2012年版，第256页。

对于阶级斗争的历史作用，必须从不同时代生产发展的状况、社会基本矛盾的状况来说明。历史上的一些阶级斗争，如奴隶反对奴隶主、农民反对封建地主的斗争，虽然不同程度地打击和动摇了剥削阶级的统治，推动了历史的进步，但由于它们并不代表新的生产方式，因而只成为剥削阶级改朝换代的工具。历史上处于上升时期的新兴的地主阶级和资产阶级曾经扮演过革命的角色，对生产力发展和社会进步起过重要的推动作用，但他们斗争的目的是用一种剥削制度取代另一种剥削制度，这种斗争的革命性和进步性是有限的。无产阶级不同于历史上的其他一切阶级，它代表了新的生产方式，是最有前途、最富有革命彻底性的阶级。无产阶级反对资产阶级的斗争，是以消灭私有制和剥削制度、最终解放全人类为最终目的的斗争，其历史进步作用是其他阶级斗争不可比拟的。

学习马克思主义的阶级分析方法，要正确认识我国社会主义初级阶段的阶级斗争。在工人阶级和劳动人民当家做主，共产党代表广大人民群众利益取得执政地位的条件下，阶级斗争的形态已不再像过去那样是完整的无产阶级和资产阶级两大对抗阶级之间的斗争，而是人民群众同各种反对社会主义建设的敌对分子和敌对势力之间的斗争。阶级斗争已经不是社会的主要矛盾。社会中的大多数矛盾已不具有阶级斗争的性质。但由于国内外敌对势力还存在，阶级斗争在一定范围内仍将长期存在。在社会主义初级阶段，既要注意区分不同性质的社会矛盾，注意保持安定团结，防止把阶级斗争扩大化；又要提高警惕，注意阶级斗争的新态势。从世界范围看，我们还处在复杂的国际环境中，西方敌对势力力图对我国实行"西化""分化"，对社会主义事业进行各种形式的侵袭和破坏。从国内看，社会主义制度还不完善，不能完全杜绝极少数敌对分子的产生。因此，我们要坚定不移地坚持四项基本原则，正确认识和处理阶级斗争问题。

二、革命在社会发展中的作用

阶级斗争发展到一定程度，必然导致革命。作为历史唯物主义范畴的革命是阶级斗争的最高形式，是社会形态的质变，其实质是革命阶级推翻反动阶级的统治，用新的社会制度代替旧的社会制度，解放生产力、推动社会发展。国家政权从反动阶级手里转移到革命阶级手里，是实现社会形态变革的标志。历史上曾经出现过推翻奴隶制的新兴地主阶级革命，推翻封建制的新兴资产阶级革命，以及推翻资本主义制度的无产阶级的社会主义革命。

社会革命根源于社会基本矛盾的尖锐化。生产力的发展和旧的生产关系、经济基础的发展和旧的上层建筑之间出现矛盾冲突，是社会革命爆发的根本原因。马克思指出："社会的物质生产力发展到一定阶段，便同它们一直在其中运动的现存生产关系或财产关系（这只是生产关系的法律用语）发生矛盾。于是这些关系便由生产力的发展形式变成生产力的桎梏。那时社会革命的时代就到来了。随着经济基础的变更，全部庞大的上层建筑也或慢或快地发生变革。"① 社会革命的爆发除了要具备一定的经济条件和政治条件等客观条件外，还必须具备一定的主观条件，如革命阶级的觉悟程度、组织程度和群众的发动程度等。

社会革命在社会发展中的重要作用表现在：首先，社会革命是实现社会形态变更的重要手段和决定性环节。当旧的生产关系严重阻碍生产力，旧的上层建筑又极力维护旧的生产关系时，必须通过社会革命这一手段来摧毁或扫除历史前进的障碍。其次，社会革命能充分发

---

① 中共中央马克思恩格斯列宁斯大林著作编译局编译：《马克思恩格斯选集》第 2 卷，人民出版社 2012 年版，第 2-3 页。

挥人民群众创造历史的积极性和伟大作用。它代表了广大人民群众的根本利益，能充分激发他们的革命热情和聪明才智。社会革命还能够极大地教育和锻炼包括革命阶级在内的广大人民群众。最后，作为人类历史上的最后一种社会革命，无产阶级革命将会为消除阶级对抗，并充分利用全人类的文明成果，促进社会全面进步而创造条件。

三、改革在社会发展中的作用

改革是推动社会发展的又一重要动力。改革不同于社会革命。改革是同一种社会形态发展过程中的量变，而不是根本质变；是一定的社会形态的自我完善、自我发展，而不是用一种社会制度取代另一种社会制度；是统治阶级为了巩固和完善自己建立的社会制度而在社会各个领域采取的革新举措。改革在社会历史发展的重要作用集中表现在，它是解决社会基本矛盾，解放生产力和发展生产力，推动社会全面进步的有效途径和手段。在一定社会形态的量变过程中，在社会基本矛盾发展到一定程度但又尚未激化到引起社会革命的程度时，需要依靠改革的途径或手段，来改变与生产力不相适应的生产关系和与经济基础不相适应的上层建筑，包括经济改革、政治改革、文化改革等。解放和发展社会生产力是社会改革的根本任务和目标。如果说，社会革命适用于解决现存的社会基本制度问题，把生产力从已不能容纳它的旧的生产关系中解放出来，那么，社会改革则适用于解决旧的社会体制，在不改变社会基本制度的情况下，对生产关系和上层建筑的某些方面和环节进行深刻的、全面的变革，从而解放和发展生产力。

战国时期，秦国经过商鞅变法，国力增强，为建立统一的秦王朝奠定了基础。汉朝初年的改革带来了"文景之治"的繁盛景象及汉武帝的强盛时期。唐朝初期的改革促成了"贞观之治"和"开元盛世"的繁盛景象。北宋王安石积极变法新政，促进了社会经济的发展。在西方，公元前5世纪雅典的最高统治者伯里克利，在经济政策、政治体制和军事建构等方面锐意改革，促进了古希腊的繁荣。现代资本主义的发展也曾求助于改革。在资本主义发展史上，曾经经历过三次大的生产关系的改革或调整，即随着生产社会化程度的不断提高，先由单个资本发展到股份资本，又由非垄断的股份资本发展到私人垄断资本，再由私人垄断资本发展到国家垄断资本，使资本的社会化程度不断提高。20世纪30年代在美国出现的罗斯福新政，通过整顿金融、调节工业生产等手段，使美国摆脱了经济危机，从而使得罗斯福成为美国历史上最优秀的总统之一。社会主义社会的发展同样离不开改革。社会主义改革是社会主义制度的自我完善、自我发展，是为了解放生产力，发展生产力，促进社会全面进步。改革的直接对象是束缚生产力发展的经济体制和相应的政治体制、文化教育体制、思想观念等。改革就是要用新的社会体制取代旧的社会体制，使生产关系适应生产力的发展，使上层建筑适应经济基础的发展，使文化教育适应新的时代需求，使思想观念发生较大的改进。从用新体制代替旧体制并解放生产力这个意义上说，改革也是一场革命。我国经过30多年的改革，不断破除了束缚经济社会发展的旧观念和旧体制，建立起社会主义市场经济体制和社会主义民主政治体制，使中国特色社会主义事业充满了生机和活力。

四、科学技术在社会发展中的作用

科学和技术是辩证统一的整体。科学是指对客观世界的认识，是反映客观事实和客观规律的知识体系及其相关的活动或事业，分为自然科学、社会科学和思维科学等，主要是一种认识活动或精神性活动。技术通常是指生产技术，即人类改造自然、进行生产的方法与手段。科学活动，主要是一种生产性、实践性的活动。在今天，科学活动与技术活动的联系往往融为一体。

马克思认为科学是"历史的有力的杠杆"，是"最高意义上的革命力量"①。中国的四大发明推动了人类社会的历史进程，特别是促进了欧洲近代社会生产力的发展。马克思把火药、指南针和印刷术称为预告资本主义社会到来的三大发明。火药把封建社会的贵族骑士阶层炸得粉碎，指南针帮助资产阶级打开了世界市场并建立了殖民地，印刷术变成了科学复兴的手段。近代分工、蒸汽机和机器的应用，成为"18世纪中叶起工业用来摇撼旧世界基础的三个伟大的杠杆"②。在人类历史上，曾经发生过四次大的科学技术革命。第一次发生在18世纪70年代，以蒸汽机的发明为主要标志，推动了西欧国家完成了第一次产业革命，使资本主义生产迅速过渡到机器大工业，为资本主义生产方式的建立奠定了物质基础。第二次发生在19世纪末20世纪初，以电力的发明为标志。电力取代蒸汽机成为新的动力，使社会生产力得到迅猛发展。第三次科技革命是在20世纪50年代出现的，以原子能的利用、电子计算机和空间技术的发展为主要标志。第四次科技革命是20世纪80年代出现的，它以信息技术、新材料、新能源、生物工程、海洋工程等高科技的出现为标志，推动了人类社会由工业经济形态向信息社会或知识经济形态的过渡。每一次科学技术革命，都不同程度地引起生产方式、生活方式和思维方式的深刻变化和社会的巨大进步。

首先，对生产方式产生了深刻影响。其一，改变了社会生产力的构成要素。科技发展使生产过程自动化程度提高，使劳动者的智能迅速提高，大大地改变了体力劳动与脑力劳动的比例，使劳动力结构向着智能化趋势发展。其二，改变了人们的劳动形式。微电子技术的出现和广泛应用，智能机器代替了人的部分脑力劳动，使人们的劳动方式正在经历着由机械自动化走向智能自动化，由局部自动化走向大系统管理和控制自动化的根本性变革。其三，改变了社会经济结构，特别是导致产业结构发生变革。新的技术革命在推动传统产业现代化的同时，使第三产业在国民经济中所占的比重日益提高。科技革命推动了生产规模的扩大，进而推动生产的分工和协作的广泛发展，并使生产社会化的程度进一步提高，最终必然会导致生产关系的变革。其次，对生活方式产生巨大的影响。伴随科技迅速发展而来的是"知识爆炸"，要求人们不断更新和充实知识，以适应时代发展的需要。学习已日益成为生活中的一项重要内容。现代信息技术为我们提供了处理、储存和传递信息的手段，给学习、工作带来极大便利。现代化的交通、通讯等手段，为人们的交往提供了方便。劳动生产率的提高，使人们自由支配的闲暇时间增多，为人们全面自由的发展创造了更多的机会，使人们能够更多地从事科学、艺术、文化、教育等事业的创造性活动。最后，促进了思维方式的变革。科技革命首先通过改变社会环境来促使思维方式的发展，如扩大了人们的交往，开阔了人们的视野。现代科技革命对人的思维方式产生更重要的影响，主要表现在新的科学理论和技术手段通过影响思维主体、思维客体和思维工具，引起了思维方式的变革。在现代科技革命条件下，人们具有了新的知识理论结构和社会组织结构，能够去研究一系列新现象、新领域、新课题。

总之，科学技术是社会发展的重要动力。当今世界科学技术突飞猛进，一个国家、一个民族若能在科学技术上不断进取，就可能实现社会经济的跨越式发展。事实表明，我们党和

---

① 中共中央马克思恩格斯列宁斯大林著作编译局编译：《马克思恩格斯全集》第19卷，人民出版社1963年版，第372页。

② 中共中央马克思恩格斯列宁斯大林著作编译局编译：《马克思恩格斯全集》第2卷，人民出版社1957年版，第300页。

国家制定并实施"科教兴国"战略，实施大众创业、万众创新战略，推进国家创新体系建设，促进中国特色社会主义建设事业蓬勃发展，是正确的决策。

思考与练习

一、单项选择题

1. 党的十一届三中全会以来，我们党制定的一系列正确的路线、方针、政策促进了我国经济的迅猛发展，这说明（　　）。
   A. 经济基础发展的道路是由上层建筑决定的
   B. 上层建筑的发展决定经济基础的发展方向
   C. 上层建筑对经济基础具有积极的能动作用
   D. 社会主义社会的发展不受经济基础决定上层建筑规律的制约

2. 一定社会形态的经济基础是（　　）。
   A. 生产力
   B. 该社会的各种生产关系
   C. 政治制度和法律制度
   D. 与一定生产力发展阶段相适应的生产关系的总和

3. 上层建筑是指（　　）。
   A. 社会的经济制度
   B. 科学技术
   C. 社会生产关系
   D. 建立在一定社会经济基础之上的意识形态及相应的制度和设施

4. 马克思主义哲学产生之后，出现了（　　）
   A. 唯物主义和唯心主义的区别
   B. 辩证法和形而上学的区别
   C. 主观唯心主义和客观唯心主义的区别
   D. 历史唯物主义和历史唯心主义的区别

5. 社会存在和发展的决定性因素是（　　）。
   A. 地理环境　　B. 人口因素　　C. 物质资料的生产方式

6. 生产力和生产关系的矛盾运动中，生产关系是（　　）。
   A. 活跃的、革命的因素
   B. 相对稳定的因素
   C. 决定生产力性质的因素
   D. 始终推动生产力发展的因素

7. "人民群众是真正的英雄，群众中蕴藏着无穷无尽的智慧和力量。"这一观点（　　）。
   A. 抹杀了英雄人物在历史创造中的作用
   B. 认为人民群众中的每一个成员，都是英雄人物
   C. 坚持了人民群众是历史的创造者这一唯物史观
   D. 否认了历史发展的规律性

8. "大人物心里之动静稍易其轨而全部历史可以改观。"这种观点错在（　　）。
   A. 没有认识到杰出人物在社会历史发展中的作用
   B. 没有认识到人民群众在社会历史发展中的作用
   C. 没有认识到社会意识对社会存在具有反作用
   D. 没有认识到社会历史发展的总趋势是前进的

二、辨析题

1. 生产力和生产关系、经济基础和上层建筑之间的矛盾是社会的基本矛盾。
2. 群众史观和英雄史观的根本分歧在于是否承认英雄人物的作用。

三、问答题

1. 谈谈中国共产党的群众观点和开展群众路线教育实践活动的意义。
2. 阐释马克思主义关于社会基本矛盾运动规律及现实意义。

四、材料分析题

下面是关于地理环境作用的材料。

【材料1】地理环境决定论的创始人、著名的法国启蒙学者孟德斯鸠认为，气候是决定因素，"气候的权力强于一切权力"。酷热有害于力量和勇气，寒冷赋予人类头脑和身体以某种力量，使人们能够从事持久、艰巨、伟大而勇敢的行动，因此，"热带民族的懦弱往往使他们陷于奴隶地位，而寒带民族的强悍则使他们保持自由的地位。所有这些都是自然原因造成的"。

【材料2】19世纪英国社会学家布克尔认为，气候、食物、土壤和地形这四个因素决定着人类的生活和命运。他认为热带国家的大自然表现森严可怕，使居民感到畏惧，妨碍他们的智力发展，因而愚昧落后；欧洲各国由于大自然比较温和，由此促进了们智力和文化的发展。

将地理环境看作决定人们生理特点和心理学特点，并进而决定整个社会制度的因素是否有局限性？应如何评价？

 参考答案

一、单项选择题

1. C 2. D 3. D 4. C 5. C 6. B 7. C 8. B

二、辨析题

1. 答案要点：观点正确。生产力和生产关系、经济基础和上层建筑之间的矛盾是社会的基本矛盾，社会基本矛盾是社会发展的根本动力，并对社会历史发展起根本的推动作用的矛盾。首先，生产力是社会基本矛盾运动中最基本的动力因素，是人类社会发展和进步的最终决定力量；其次，生产力和生产关系的矛盾，是"一切历史冲突的根源"，决定着社会中其他矛盾的存在和发展；最后，社会基本矛盾具有不同的表现形式和解决方式，并从根本上影响和促进社会形态的变化和发展。

2. 答案要点：观点错误。唯物史观和唯心史观都承认少数英雄人物在历史上起作用。不过唯物史观认为，对历史起决定作用的是人民群众。而唯心史观则把极少数英雄人物的作用夸大为决定作用。群众史观和英雄史观的根本分歧在于谁是历史的创造者问题上。

三、问答题

1. 答案要点：（1）无产阶级政党的群众观点是：人民群众自己解放自己的观点；全心全意为人民服务的观点；向人民群众负责的观点；向人民群众学习的观点。中国共产党群众路线的内容是："一切为了群众，一切依靠群众，从群众中来，到群众中去。""一切为了群众"是基本出发点；"一切依靠群众"是基本要求；"从群众中来，到群众中去"是领导方法和工作方法。

（2）开展党的群众路线教育实践活动意义重大：坚持群众路线是无产阶级政党区别于其他政党的显著标志之一；只有坚持群众路线，才能集中群众的智慧，制定正确的方针、政策，解决新时期出现的新问题；坚持正确的群众路线，一切为了群众、依靠群众，才能保持党与群众的血肉联系，得到群众的信任、支持和拥护，是社会主义事业取得胜利的关键。

2. 答案要点：（1）生产力与生产关系矛盾运动的规律。生产力是指人类改造自然，获取生活资料的能力。它有三个要素，即劳动资料、劳动对象、劳动者。生产关系，是人们在社会生产、分配、交换、消费的总过程中，与一定的生产力状况相适应而建立起来的人们之间最基本的经济关系。生产关系体系包括生产资料的所有制关系、人们在生产过程中的地位及其相互关系、产品的分配关系。生产力与生产关系矛盾运动：生产力决定生产关系，生产关系对生产力具有能动的反作用。

（2）经济基础与上层建筑矛盾运动的规律。经济基础是指由社会一定发展阶段的生产力所决定的生产关系的总和，决定一个社会性质的是其占支配地位的经济基础。上层建筑是建立在一定经济基础之上的意识形态以及相应的制度、组织和设施。经济基础与上层建筑的矛盾运动：经济基础决定上层建筑，上层建筑对经济基础具有能动的反作用。

（3）社会基本矛盾是社会发展的根本动力。社会基本矛盾就是指贯穿社会发展过程始终，规定社会发展过程的基本性质和基本趋势，并对社会历史发展起根本的推动作用的矛盾。生产力和生产关系、经济基础和上层建筑的矛盾是社会基本矛盾。社会基本矛盾是社会发展的根本动力。

现实意义：掌握这一规律具有重要的意义，是人们正确认识和揭示社会历史发展根源的一把钥匙，它对指导我们贯彻"四个全面"发展战略，全面贯彻党的基本路线具有重要的现实意义；对于进一步深化改革，完善社会主义上层建筑，促进生产力的和社会的全面进步发展，复兴伟大的中国梦，具有直接的现实意义。

四、材料分析题

答案要点：他们用自然条件来解释社会发展，对于否定用上帝或其他超自然力量来解释社会发展的宗教唯心主义，有一定的进步意义。但他们片面夸大自然条件的作用，将地理环境看作决定人们生理特点和心理学特点，并进而决定整个社会制度的因素，用社会以外的原因来解释社会的发展，陷入了形而上学的外因决定论，仍然没有跳出历史唯心主义的牢笼。

参考文献

[1] 中共中央马克思恩格斯列宁斯大林著作编译局. 马克思恩格斯全集：第19卷［M］. 北京：人民出版社，1963.

[2] 中共中央马克思恩格斯列宁斯大林著作编译局. 马克思恩格斯选集：第2卷［M］. 北京：人民出版社，2012.

[3] 中共中央马克思恩格斯列宁斯大林著作编译局. 马克思恩格斯选集：第1卷［M］. 北京：人民出版社，2012.

[4] 中共中央马克思恩格斯列宁斯大林著作编译局. 马克思恩格斯选集：第4卷［M］. 北京：人民出版社，2012.

［5］《马克思主义基本原理概论》编写组. 马克思主义基本原理概论［M］. 北京：高等教育出版社，2015.

［6］中央文献研究室. 习近平总书记重要讲话文章选编［M］. 北京：党建读物出版社、中央文献出版社，2016.

第四章 资本主义的本质及其规律

 教学目标和要求

学习和掌握马克思揭示的人类社会发展规律,深入了解资本主义生产方式产生的历史必然性,认识私有制商品经济在资本主义发展过程中的地位和作用,把握资本主义生产方式的本质,正确认识资本主义政治制度和意识形态的实质。

 **教学要点**

私有制基础上商品经济的基本矛盾;劳动价值论及其意义;剩余价值论及其意义;资本主义基本矛盾与经济危机;资本主义政治制度与意识形态的特点和本质。

有人说,马克思主义政治经济学过时了,《资本论》过时了。这个说法是武断的。远的不说,就从国际金融危机看,许多西方国家经济持续低迷、两极分化加剧、社会矛盾加深,说明资本主义固有的生产社会化和生产资料私人占有之间的矛盾依然存在,但表现形式、存在特点有所不同。

(习近平:《在哲学社会科学工作座谈会上的讲话》,新华社,2016年5月18日,http://news.xinhuanet.com/politics/2016-05/18/c_1118891128.htm)

"任何新闻舆论都有鲜明的意识形态属性,没有什么抽象的绝对的自由。我们要认清西方所谓'新闻自由'的本质,自觉抵制西方新闻观等错误观点的影响。"

(习近平:《在党的新闻舆论工作座谈会上的讲话》,中央文献研究室编:《习近平总书记重要讲话文章选编》,党建读物出版社、中央文献出版社2016年版,第423页)

"国际上很多风浪都与一些西方国家策动的'颜色革命'不无干系。——香港最近发生的事态,包括非法'占中'活动,表面上看是反对派及其煽动的一些学生和市民在活动,背后却是西方国家在插手,他们是想借香港这块地方对我们搞'颜色革命'试水。"

(习近平:《当前工作中需要注意的几个问题》,同上书,第220页)

马克思运用唯物史观剖析了资本主义社会,不仅发现了剩余价值产生的秘密,揭示了资本主义社会被社会主义社会所代替的历史必然性,而且揭示了商品经济发展和社会化生产的一般规律。所有这些,对我们认识资本主义,研究社会主义市场经济条件下的资本再生产具有重要的意义。

第一节 资本主义的产生

在人类社会发展规律的作用下，人类社会经过原始社会和奴隶社会，进入封建社会，又经过封建社会进入资本主义社会。同以往其他社会的更替一样，资本主义社会代替封建社会，也是生产力与生产关系、经济基础与上层建筑矛盾发展的必然结果，也经历了长期的过程。

一、资本主义生产关系的产生

资本主义生产关系是指资本家占有生产资料，并通过雇佣劳动实现剩余价值生产的一种生产关系。

资本主义萌芽于14世纪末15世纪初地中海沿岸的一些城市。资本主义的产生，一是在小商品生产者两极分化的基础上萌芽的，二是从商人和高利贷者转化而成。

封建社会末期，随着社会生产力的发展，在手工业者和商人的集聚地逐渐形成了城市，手工业和商业构成了城市经济的基础。随着商品经济的发展，小生产者之间展开激烈的竞争并由此发生剧烈的两极分化：一部分条件较好的作坊主成为最早的工业资本家；多数作坊主则在竞争中逐渐衰落下去，直至破产，最终同其帮工和学徒一起沦为雇佣工人。手工作坊中的师徒关系逐渐转变为雇佣关系，成为资本主义生产关系的萌芽形式之一。

封建社会末期，一些大商人成了包买商，他们不仅包销小生产者的全部商品，还供给他们原料和设备，从而割断了小生产者与销售市场和原料市场的联系，逐渐控制了商品生产者。商人和高利贷者乘生产者困难之机，贷给他们所需要的资金、原料和生产工具。随着商人侵入手工业领域，小生产者沦为商人、高利贷者的债务人，一旦无力还债，只好交出自己的作坊来抵债。于是，作坊主丧失了独立的生产者身份，连同其帮工和学徒成为商人或高利贷者的雇佣工人，商人或高利贷者则成为工业资本家，这成为资本主义生产关系萌芽的另一种形式。

与此同时，商业资本的出现促进了资本主义生产关系的形成，资本的原始积累加速了资本主义生产关系的形成。

二、资本的原始积累

资本主义生产关系产生之后，其成长是一个缓慢的过程。15世纪末美洲和通往印度航道的新发现，世界市场的迅速扩大，要求商品生产以更大的规模和更快的速度发展。新兴资产阶级便开始进行资本的原始积累，利用暴力手段为资本主义的迅速发展创造条件。

所谓资本原始积累，就是生产者与生产资料相分离，货币资本迅速集中于少数人手中的历史过程。即新兴的资产阶级和资产阶级化的封建贵族使用暴力，掠夺生产资料，加速封建生产方式向资本主义生产方式转变的历史过程。

资本主义生产方式的确立须具备两个条件：一是大批有人身自由而失去生产资料的劳动者，二是大批货币资本。资本原始积累的过程就是为这两个条件作准备的过程。资本原始积累是发生在资本主义生产方式确立之前，是初始资本的形成过程，所以称作资本的原始积累。

在西欧，资本原始积累开始于15世纪后30年，经过16世纪的高潮，一直延续到19世纪初才结束。资本原始积累主要是通过两个途径进行的：一是用暴力手段剥夺农民的土地，二是利用国家政权的力量进行殖民地掠夺。

用暴力手段剥夺农民的土地，是资本原始积累过程的基础，它在英国表现得最为典型。在英国，地理大发现以后，由于欧洲市场扩大了对羊毛的需求，羊毛价格迅速上升，养羊比经营农作物更为有利，这就促使资本家和封建贵族通过各种手段把大片农民私有土地围圈起来据为己有，改作养羊的牧场，而农民则变成一无所有的流浪者，为生活所迫最终不得不到资本家开设的工厂出卖劳动力。

利用国家政权的力量进行残酷的殖民掠夺是资本原始积累的又一个重要方式。西方殖民者在300多年时间里，仅从中南美洲就抢走了250万千克黄金，1亿千克白银。1783—1793年的十年间，英国仅在利物浦一地就贩运了33万多位黑人，奴隶贸易使非洲丧失的人口达1亿多。

资本原始积累的事实表明，资产阶级的发家史就是一部罪恶的掠夺史，正如马克思所说："资本来到世间，从头到脚，每个毛孔都滴着血和肮脏的东西。"①

三、资本主义生产方式的确立

资本主义产生之后，历经反复和曲折，不断发展和成熟，最终得以确立。政治上，通过完成资产阶级革命，建立资产阶级政权，在上层建筑领域确立了自己的统治。经济上，各主要资本主义国家先后完成了产业革命，确立了自己的物质技术基础，取得了经济领域的统治地位。资产阶级政治统治地位的确立和资本主义生产方式支配地位的形成，标志着资本主义制度的最终确立。

第二节 商品经济和价值规律

资本主义生产关系的产生和资本主义生产方式形成的过程，与商品经济的发展有密不可分的关系。剖析私有制为基础的商品经济的内在矛盾及其运动规律，成为揭示资本主义生产方式本质的出发点。

一、商品经济产生的历史条件

商品经济是在一定的历史条件下，作为自然经济的对立物而产生和发展起来的。自然经济是一种以自给自足为特征的经济形式，以分散的、自给自足的家庭生产为基础，生产规模狭小，社会分工低下，以使用价值为生产目的，同社会生产力水平低和社会分工不发达相适应。商品经济是以交换为目的而进行生产的经济形式，它是一定历史条件下的产物。商品经济得以产生的历史条件有两个：一是社会分工的出现，二是生产资料和劳动产品属于不同的所有者。商品经济出现于原始社会末期，在奴隶社会有所发展，但不占主导地位，这一阶段

---

① 中共中央马克思恩格斯列宁斯大林著作编译局编译：《马克思恩格斯选集》第2卷，人民出版社2012年版，第297页。

的商品经济以生产资料私有制和个体劳动为基础,是一种简单商品经济。在资本主义社会,商品经济才成为普遍的经济形式。

二、商品的二因素和生产商品的劳动二重性

1. 商品的二因素:使用价值和价值

商品是用来交换的能满足人们某种需要的劳动产品,具有使用价值和价值两个因素,是使用价值和价值的矛盾统一体。

使用价值是指商品能满足人们某种需要的属性,即商品的有用性,反映的是人与自然之间的物质关系,是商品的自然属性,是一切劳动产品所共有的属性。使用价值构成社会财富的物质内容。马克思指出:"不论财富的社会的形式如何,使用价值总是构成财富的物质的内容。"①

价值是凝结在商品中的无差别的一般人类劳动,即人类脑力和体力的耗费。价值是商品所特有的社会属性。

人们通过相互交换不同的使用价值来满足彼此的需要,一种使用价值同另一种使用价值相交换的量的关系或比例称为交换价值。使用价值是交换价值的物质承担者。因为使用价值代表的是不同质的商品,不同质的商品之间其使用价值的大小是无法进行比较的,而价值代表的是劳动者体力与脑力的耗费。所以决定商品交换的比例的,不是商品的使用价值而是价值,也就是商品生产者的劳动耗费。使用价值不同的商品之所以能按一定比例相交换,就是因为它们都具有价值。价值是交换价值的基础,交换价值是价值的表现形式。

商品的价值是劳动创造的,其实体是凝结在商品中的无差别的人类劳动,商品交换实际上是商品生产者之间相互交换劳动的关系,商品的价值在本质上体现了生产者之间的一定的社会关系。

对于商品生产者而言,他生产商品并不是为了取得使用价值,而是为了取得价值,只是为了取得价值,才关心使用价值。商品生产者只有将商品的使用价值让渡给商品购买者,才能取得价值。

2. 生产商品的劳动二重性:具体劳动和抽象劳动

生产商品的劳动可区分为具体劳动和抽象劳动。具体劳动是指生产一定使用价值的具体形式的劳动,反映的是人与自然的关系,它是劳动的自然属性;抽象劳动是指撇开一切具体形式的、无差别的一般人类劳动,即人的体力和脑力消耗,反映的是商品生产者的社会关系,它是劳动的社会属性。

生产商品的具体劳动创造商品的使用价值,抽象劳动形成商品的价值。具体劳动和抽象劳动不是各自独立存在的两种劳动或两次劳动,而是商品生产者的同一劳动过程的不可分割的两个方面。任何一种劳动,一方面是特殊的具体劳动,另一方面又是一般的抽象劳动,这就是劳动的二重性。劳动的二重性,决定了商品的二因素。

三、商品价值量的决定

商品的价值是凝结在商品中的劳动,价值量是由生产商品所耗费的劳动量决定的,而劳

---

① 中共中央马克思恩格斯列宁斯大林著作编译局编译:《马克思恩格斯选集》第2卷,人民出版社2012年版,第97页。

动量则按照劳动时间来计量。决定商品价值量的不是生产商品的个别劳动时间,而是社会必要劳动时间。"社会必要劳动时间是在现有的社会正常的生产条件下,在社会平均的劳动熟练程度和劳动强度下制造某种使用价值所需要的劳动时间。"①

个别劳动时间低于社会必要劳动时间,商品的个别价值低于社会价值,商品生产者能多盈利。社会必要劳动时间决定着商品生产者的优胜劣汰,促使每个商品生产者非常关心自己的生产,千方百计地降低劳动消耗,提高产品质量。

生产商品所需要的社会必要劳动时间随着部门劳动生产率的变化而变化。部门劳动生产率和商品的使用价值量成正比,同商品的价值量成反比。

四、价值形式的发展和货币的产生

商品生产和商品交换在人类历史上存在了几千年,价值形式也经历了长久的发展过程,它最后的成熟的形式是货币形式。

从历史上看,商品价值形式的发展经历了四个阶段,第一阶段是简单的或偶然的价值形式,只是把偶然多余的东西拿去交换,反映的是偶然的交换关系。第二阶段是总和的或扩大的价值形式,商品交换更经常、频繁,商品的价值通过许多商品表现出来,但随着交换日益扩大,交换的难度也变得越来越大。因为此时仍是物物交换,且一种商品的价值可以表现在一系列的商品上,表明社会没有统一的公认的财富代表,商品的价值难以得到充分的体现。第三阶段是一般价值形式,即一切商品的价值都通过一种商品表现出来。它表明社会有了公认的财富代表,出现了可以衡量其他商品价值量大小的一般等价物。一般价值形式的出现是价值形式发展的一个质的飞跃,标志着一般等价物为媒介的商品交换代替了物与物的直接交换。第四阶段是货币形式,即一般等价物固定在黄金或白银上,一切商品的价值都通过金或银来表示。商品的交换以货币为媒介。由此可见,货币是价值形式发展的结果,货币的本质是固定充当一般等价物的商品,体现了商品生产者之间的生产关系。

货币具有五种职能,即价值尺度、流通手段、贮藏手段、支付手段和世界货币,前面两种职能是基本职能,后面三种职能是随着商品经济发展而不断产生出来的。货币的出现,有利于解决商品交换的困难,促进了商品经济的发展。但是,货币的出现并没有也不可能解决商品经济的基本矛盾,反而使矛盾更加扩大和加深了。所以,马克思把商品转换成货币,称为"商品的惊险的跳跃","这个跳跃如果不成功,摔坏的不是商品,但一定是商品占有者"。②

五、价值规律及其作用

商品的价值量由生产商品的社会必要劳动时间决定,商品交换以价值量为基础,按照等价交换的原则进行,形成价值规律。价值规律是贯穿于整个商品经济的基本规律,它既支配商品生产,又支配商品流通。

由于供求关系变动,在商品经济中,价值规律的表现形式是,商品的价格围绕商品的价

---

① 中共中央马克思恩格斯列宁斯大林著作编译局编译:《马克思恩格斯选集》第 2 卷,人民出版社 2012 年版,第 99 页。

② 中共中央马克思恩格斯列宁斯大林著作编译局编译:《马克思恩格斯选集》第 2 卷,人民出版社 2012 年版,第 137 页。

值自发波动。由于供求关系变动的影响，商品价格总是时而高于价值，时而低于价值，不停地围绕价值这个中心上下波动。从较长时间来看，商品的平均价格和价值是相一致的。价格波动没有违背价值规律。

价值规律是在市场配置资源的过程中体现它的客观要求和作用的。价值规律的作用表现在：

第一，自发地调节生产资料和劳动力在社会各生产部门之间的分配比例。在商品经济条件下，按比例合理分配社会劳动的客观要求，是通过价值规律的自发作用实现的。

第二，自发地刺激社会生产力的发展。商品生产者为了获得较多的利益，并在竞争中获胜，必然要不断改进技术，提高劳动生产率，从而推动社会生产力的发展。

第三，自发地调节社会收入的分配。生产条件好、技术水平高的生产者，生产商品的个别劳动耗费较少，仍按照较高的社会价值出卖，因而可以获得较多的收入。生产条件差、技术水平低的商品生产者，生产同种商品的个别劳动耗费较大，但还要按照社会价值出卖，所以不仅无利可图，甚至可能亏本或破产。

价值规律在对经济活动进行自发调节时，必然会产生一些消极的后果。其一，可能导致垄断的发生，阻碍技术的进步。其二，可能引起商品生产者的两极分化，一部分具有有利条件的生产者可能积累大量的财富，而一部分处于不利地位的生产者可能亏损甚至破产。其三，价值规律自发调节社会资源在社会生产各个部门的配置，可能出现比例失调的状况，造成社会资源的浪费。

六、以私有制为基础的商品经济的基本矛盾

在私有制为基础的商品经济中，商品生产者的劳动具有二重性：既是具有社会性质的社会劳动，又是具有私人性质的私人劳动。商品生产者的劳动的社会性质是由社会分工决定的。在社会分工条件下，每个商品生产者的劳动都是社会总劳动的一部分，是具有社会性质的社会劳动。商品生产者的劳动的私人性质是由生产资料私有制决定的。由于生产资料私有制的存在，每个商品生产者的劳动又是按照自己的利益和要求进行的，是具有私人性质的私人劳动。

私人劳动和社会劳动的矛盾构成私有制商品经济的基本矛盾，这一矛盾贯穿商品经济发展过程的始终，决定着商品经济的各种内在矛盾及其发展趋势。

首先，私人劳动和社会劳动的矛盾决定着商品经济的本质及其发展过程。在商品经济条件下，交换是解决私人劳动和社会劳动矛盾的唯一途径。

其次，私人劳动和社会劳动的矛盾，是商品经济的其他一切矛盾的基础。商品的使用价值能否顺利转化为价值，具体劳动能否还原为抽象劳动，在根本上取决于私人劳动能否顺利转化为社会劳动。

最后，私人劳动和社会劳动的矛盾决定着商品生产者的命运。商品的售卖过程，是私人劳动转化为社会劳动的过程，这个过程进行得是否顺利，决定着生产者的经济利益甚至命运。

在私有制商品经济条件下，私人劳动和社会劳动之间的矛盾是私有制商品经济的基本矛盾。在资本主义制度下，这种矛盾进一步发展成资本主义的基本矛盾，即生产资料的资本主义私人占有和生产社会化之间的矛盾，正是这一矛盾的不断运动，才使资本主义制度最终被社会主义制度所代替具有了客观必然性。

七、马克思劳动价值论的意义

通过对商品关系的深刻分析,马克思阐明了商品的二因素和生产商品劳动的二重性及其相互关系、价值的质和量的规定性及其变化规律、价值形式的发展和货币的起源、商品经济的基本矛盾和基本规律及其作用,形成了科学的劳动价值论。

(一) 马克思劳动价值论的理论和实践意义

第一,马克思劳动价值论扬弃了英国古典政治经济学的观点,为剩余价值论的创立奠定了基础。

威廉·配第在他的《赋税论》一书中,最先提出以劳动时间决定商品价值的基本命题,为古典学派劳动价值理论的发展奠定了基础。英国古典政治经济学的代表人物亚当·斯密已经认识到了商品的二因素,提出了劳动创造价值的观点,亚当·斯密在他的《国民财富的性质和原因的研究》一书中,第一次宣称任何一个生产部门的劳动都是国民财富的源泉;大卫·李嘉图甚至已经认识到决定商品价值量的是社会必要劳动量,而不是生产商品实际耗费的劳动量。但是由于他们没有区分劳动二重性,所以不能回答什么劳动创造价值;不能明确区分价值和交换价值,不是从生产商品中所耗费的劳动来解释价值,而是从该商品所换来的另一种商品包含的劳动量来解释该商品的价值;不理解社会必要劳动量是如何决定的。结果,在价值的形式、价值的本质、价值的源泉和价值量的决定等重大理论问题的认识上出现了混乱和错误。马克思吸收了古典经济学劳动价值学说中的正确部分,批判他们学说中错误的自相矛盾的说法,通过对劳动二重性的分析,第一次确定了什么样的劳动形成价值、为什么形成价值以及怎样形成价值,阐明了具体劳动和抽象劳动在商品价值形成中的不同作用,从而把劳动价值学说置于科学的、牢固的基础之上,为深入分析货币、资本、剩余价值等一系列政治经济学的重大问题,提供了一把科学的钥匙。为揭示剩余价值的真正来源,创立剩余价值理论奠定了基础。所以,马克思的劳动二重性学说是"理解政治经济学的枢纽"①。

第二,马克思劳动价值论揭示了商品经济的一般规律,为社会主义市场经济发展提供了理论指导,对于我国深化经济改革、完善社会主义市场经济体制、实现社会主义现代化建设的宏伟目标,具有重要的现实指导意义。

(二) 深化对马克思劳动价值论的认识

马克思创立劳动价值论的时代,是工业化初期的蒸汽机时代。现在人类进入了21世纪,与马克思所处的时代相比,社会经济条件发生了很大变化。面对新的情况,必须深化对马克思劳动价值论的认识,根据变化了的实践在继承的基础上有所创新,有所前进。

第一,深化对创造价值的劳动的认识,对生产性劳动做出新的界定。随着第三产业的发展,服务性劳动的地位和作用越来越重要,生产性劳动应当包括大部分非物质生产领域的服务性劳动。因此,应当在理论上充分肯定服务性劳动也是创造价值的劳动,以利于推动第三产业更快地发展。

---

① 中共中央马克思恩格斯列宁斯大林著作编译局编译:《马克思恩格斯选集》第 2 卷,人民出版社 2012 年版,第 101 页。

第二，深化对科技人员、经营管理人员在社会生产和价值创造中所起作用的认识。在科技创新和知识创新越来越重要的条件下，应充分肯定科技人员、经营管理人员在创造价值中付出的劳动，在收入分配方面使他们的劳动报酬与其劳动贡献相对称，以充分调动和发挥他们的积极性和创造性。

第三，深化对价值创造与价值分配关系的认识。价值创造是价值分配的前提和基础，但价值分配又不仅仅取决于价值创造。在实际经济生活中，价值分配首先是由生产资料所有制关系决定的，体现一定的生产关系。有什么样的生产资料所有制关系，就有什么样的分配关系。

第三节 资本主义经济制度的本质

一、劳动力成为商品与货币转化为资本

资本主义经济制度是以资本家占有生产资料和以雇佣劳动为基础的经济制度。资本主义雇佣劳动制度的形成是以劳动力成为商品为前提的。

（一）劳动力成为商品的基本条件

劳动力成为商品要具备两个基本条件：第一，劳动者是自由人，能够把自己的劳动力当作自己的商品来支配；第二，劳动者没有别的商品可以出卖，自由得一无所有，没有任何实现自己的劳动力所必需的物质条件。劳动力成为商品的两个条件，是在封建社会后期发生的资本原始积累过程中逐渐形成的。劳动力成为商品，标志着简单商品生产发展到资本主义商品生产的新阶段。在这一阶段，资本家与工人的关系，形式上是"自由""平等"的买卖关系，而实质上是资本雇佣劳动的关系。

（二）劳动力商品的特点与货币转化为资本

像任何商品一样，劳动力商品也具有价值和使用价值。但是，劳动力是特殊的商品，它的价值和使用价值具有不同于普通商品的特点。

劳动力的价值包括三个部分：①维持劳动者本人生存所必需的生活资料的价值；②为维持劳动者家属的生存所必需的生活资料的价值；③劳动者接受教育和训练所支出的费用。劳动力价值的最低界限，是由生活上不可缺少的生活资料的价值决定的。

劳动力商品在使用价值上有一个很大的特点，就是它的使用价值是价值的源泉，它在消费过程中能够创造新的价值，而且这个新的价值比劳动力本身的价值更大。

正是由于这一特点，货币所有者购买到劳动力以后，在消费它的过程中，不仅能够收回他在购买这种商品时支付的价值，还能得到一个增殖的价值即剩余价值。而一旦货币购买的劳动力带来剩余价值，货币也就变成了资本。劳动力成为商品是货币转化为资本的前提。

在资本主义条件下，资本家购买的是雇佣工人的劳动力而不是劳动。劳动是劳动力商品的使用价值，它本身并不是商品。劳动力商品具有能创造比自身价值大的价值的特点，正因为如此，资本家才购买劳动力进行资本主义生产。

二、资本主义所有制

1. 所有制和所有权

经济意义上的所有制，是指事实上生产资料归谁所有、归谁支配，并凭借这种所有和支配实现生产和获得剩余产品（超额利润或利润）。经济意义上的所有制以实际占有为基础，体现了现实生产过程中的经济关系，并表现了经济利益的实现形式。

法律意义上的所有制，是由占有生产资料的法律原则决定的。所有制一旦上升到法律的高度，就成为一种排他性权利，它强制地规定了人们在经济生活中对占有物行使权利的界限，直接影响现实经济生活中生产资料的实际利用及其与劳动者的关系。

所有制决定着所有权，所有权是所有制的法律形态，它反映着经济关系的意志关系。这种意志关系或者法的关系的性质在根本上是由这种经济关系本身决定的。

2. 资本主义所有制及其本质

从历史上看，奴隶社会制度、封建社会制度和资本主义社会制度都是剥削制度，所不同的是，在不同的剥削制度下，劳动者与生产资料的结合方式不同。在奴隶社会，奴隶主占有土地和其他生产资料，并完全占有奴隶的人身和劳动成果，奴隶与生产资料的结合是以剥削者对被剥削者的完全人身占有为基础的。在封建社会，地主阶级占有基本生产资料土地，而失地农民为了生存，不得不依附于封建主，地主阶级凭借超经济强制的方式对农民进行残酷的剥削，农民与基本生产资料土地的结合，是以农民对地主的人身依附为条件的。在资本主义制度下，资本家占有生产资料和劳动产品，而劳动者则一无所有，只能靠出卖劳动力为生。资本家与工人的关系基于劳动者的完全的人身自由，资本家只能通过购买劳动力的方式，将出卖了劳动力的劳动者与生产资料结合在一起进行生产并取得剩余价值，资本家与劳动者之间的关系是资本雇佣劳动的关系。资本家凭借对生产资料的占有，在等价交换原则的掩盖下，雇佣工人从事劳动，占有雇佣工人的剩余价值，这就是资本主义所有制的实质。

三、剩余价值是资本主义生产方式的绝对规律

资本主义生产的直接目的和决定性动机，就是无休止地采取各种方法获取尽可能多的剩余价值。这样一种不以人的意志为转移的客观必然性，就是剩余价值规律。马克思指出："生产剩余价值或赚钱，是这个生产方式的绝对规律。"①

（一）资本的生产过程是劳动过程和价值增殖过程的统一

资本主义的生产过程具有两重性，一方面是物质资料的生产过程，另一方面是剩余价值的生产过程，即价值增殖过程。资本主义生产过程是劳动过程和价值增殖过程的统一。

由于资本主义劳动过程的要素都被资本家所占有，由此决定了资本主义劳动过程的两个特点：其一，工人在资本家的监督下劳动，他们的劳动隶属于资本家；其二，劳动的成果或者产品全部归资本家所有。

价值增殖过程是剩余价值的生产过程，这是资本主义生产过程的主要方面。要理解价值

---

① 中共中央马克思恩格斯列宁斯大林著作编译局编译：《马克思恩格斯选集》第 2 卷，人民出版社 2012 年版，第 276 页。

增殖过程,就必须先理解价值形成过程。

价值形成过程就是指抽象劳动形成商品价值的过程,这一过程包括两个方面:一方面是生产资料转移旧价值的过程,这是由具体劳动完成的;另一方面是活劳动创造新价值的过程,也就是抽象劳动形成价值的过程。价值形成过程,就是劳动力通过一定时间的劳动转移旧价值和创造新价值的过程,新产品的价值由被转移而来的生产资料的价值和新创造的价值两部分构成。

所谓价值增殖过程,是超过一定点(劳动力价值的补偿)而延长了的价值形成过程。如果劳动者创造的价值刚好补偿资本家所预付的劳动力价值,那就是单纯的价值形成过程;如果价值形成过程超过了这一定点,就变成了价值增殖过程。

因此,资本家购买的劳动力在生产过程中创造的价值超过了补偿劳动力的价值,从而形成了剩余价值,是价值形成过程转变为价值增殖过程的关键。资本是能够带来剩余价值的价值,剩余价值是由雇佣工人的剩余劳动创造的。在价值增殖过程中,劳动者一天的劳动时间分为两部分:一部分是必要劳动时间,用以再生产劳动力的价值;另一部分是剩余劳动时间,生产出剩余价值。剩余价值从质上看,是剩余劳动的凝结,是物化的剩余劳动;从量上看,是超过原预付货币额的一个增殖额。

(二)资本的不同部分在剩余价值生产中的作用

资本在资本主义生产过程中采取生产资料和劳动力两种形态,根据这两部分资本在剩余价值生产中所起的不同作用,可以将资本区分为不变资本与可变资本。

不变资本是以生产资料形态存在的资本。生产资料的价值通过工人的具体劳动被转移到新产品中,其转移的价值量不会大于它原有的价值量。以生产资料形式存在的资本在生产过程中只转变自己的物质形态而不改变自己的价值量,不发生增殖,所以马克思把这部分资本叫作不变资本。

可变资本是用来购买劳动力的那部分资本。可变资本的价值在生产过程中不是被转移到新产品中去的,而是由工人的劳动再生产出来的。在生产过程中,工人所创造的新价值,不仅包括相当于劳动力价值的价值,而且还包括一定量的剩余价值。由于这一部分资本价值是一个可变的量,所以马克思把这一部分资本叫作可变资本。

把资本区分为不变资本和可变资本,进一步揭示了剩余价值产生的源泉。它表明,剩余价值既不是由全部资本产生的,也不是由不变资本产生的,而是由可变资本产生的。雇佣劳动者的剩余劳动是剩余价值产生的唯一源泉,不变资本是剩余价值生产的条件。划分不变资本与可变资本的意义还在于,可以在劳动价值论的基础上,从资本增殖的角度说明劳动在社会财富创造中的巨大作用,为正确分析社会化大生产条件下劳动力与生产的物质技术条件之间的关系提供了依据。

这种划分也为确定资本家对雇佣劳动者的剥削程度提供了科学依据。既然剩余价值不是由全部资本带来的,而仅仅是可变资本带来的,因此,要确定资本家对工人的剥削程度,就可以拿剩余价值和可变资本相比,而不应该把它去同全部资本相比。用公式表示:$m' = m/v$。

在该公式中,m'为剩余价值率,m为剩余价值,v为可变资本。由于工人的必要劳动是用来生产劳动力价值或可变资本的价值的,而剩余劳动则是生产剩余价值的,因此,剩余价值率还可以用剩余劳动与必要劳动的比率,或者剩余劳动时间与必要劳动时间的比率来表示:$m' = $剩余劳动/必要劳动 = 剩余劳动时间/必要劳动时间。

这两个公式是以不同的形式表示同一个关系。前一个公式是以物化劳动的形式表示资本家对工人的剥削程度，而后一个公式则是以活劳动的形式表示资本家对工人的剥削程度。由于剩余价值率能够准确反映资本对劳动力的剥削程度，它又被称为剥削率。

（三）生产剩余价值的两种基本方法

资本家提高对工人的剥削程度的方法最基本的有两种，即绝对剩余价值的生产和相对剩余价值的生产。

绝对剩余价值是指在必要劳动时间不变的条件下，由于延长劳动日的长度而生产的剩余价值。在资本主义制度下，工人的劳动日包括必要劳动时间和剩余劳动时间两个部分。在必要劳动时间既定的条件下，劳动日越长，剩余劳动时间越长，资本家从工人身上榨取的剩余价值就越多，从而剩余价值率就越高。

在资本主义发展的初期，延长劳动日就成为资本家提高剥削程度的基本方法。在英国，在从14世纪到18世纪中叶这段时间，政府就曾经颁布过各种劳工法令，强迫工人延长劳动日。在18世纪后期至19世纪上半叶，资本家依然强迫工人劳动12小时、14小时、16小时，有的时候甚至达到18小时以上。

相对剩余价值是指在工作日长度不变的条件下，通过缩短必要劳动时间而相对延长剩余劳动时间生产的剩余价值。

缩短必要劳动时间是通过提高全社会劳动生产率实现的。由于社会劳动生产率的提高，降低了劳动力的价值，从而缩短了必要劳动时间，相对延长了剩余劳动时间。全社会劳动生产率的提高是资本家追逐超额剩余价值的结果。个别资本所有者竞相提高劳动生产率的目的在于获得超额剩余价值。相对剩余价值是资本家追逐超额剩余价值的过程中实现的。

超额剩余价值，是指企业由于提高劳动生产率而使商品的个别价值低于社会价值的差额。为了追求超额剩余价值，资本家之间进行着激烈的竞争。某个企业采取先进的技术，其他企业也会竞相采用新技术。当先进技术在部门内部普及后，部门平均劳动生产率就会提高，此时生产商品的社会必要劳动时间就会减少，商品价值就相应下降。当生活资料以及有关的生产部门的劳动生产率提高以后，用于补偿劳动力再生产所需要的生活资料的价值就会降低，用于补偿劳动力价值的必要劳动时间就会减少，而生产剩余价值的剩余劳动时间则会相对延长，这种因必要劳动时间缩短而剩余劳动时间相对延长而生产的剩余价值就是相对剩余价值。由此可见，在资本主义商品生产条件下，单个资本家改进技术、改善管理的主观动机是追求超额剩余价值，但其客观后果则是整个社会各个生产部门的劳动生产率普遍提高，导致生活资料的价值下降和补偿劳动力价值的必要劳动时间缩短，而剩余劳动时间相对延长，整个资本家阶级普遍获得相对剩余价值。

第二次世界大战以后，资本主义国家经历了第三次科学技术革命，电子计算机、数控机床等自动化装置在生产中得到比较普遍的应用，机器大工业发展到自动化阶段。资产阶级经济学家指出技术和科学"成为独立的剩余价值源泉"，马克思的剩余价值学说已不适用于现代资本主义了。其实，资本主义条件下的生产自动化只是意味着剩余价值生产所使用的生产工具更加先进了，不论是机器人、自动化生产线还是"无人工厂"，它们在本质上依然是物化劳动或不变资本的实物形式。它们的价值是在工人生产它们的过程形成的，在它们参加产品的生产时，只是把原有的价值转移到产品中去，而不创造新价值，更不能创造剩余价值。在生产自动化条件下，直接从事生产劳动的工人相对减少，而从事科研、设计、技术和管理劳动的人员日益增加，"总体工人"中的脑力劳动的比重不断增大，劳动的复杂程度和强度日益提高，从而成为生产力特别高的劳动。在其他条件不变的情况下，这种劳动会创造出更大的价值和剩余价值。总之，资本主义国家的生产自动化是人类社会科学技术进步的结晶，它的普遍采用会大幅度地提高劳动生产率，使资本家阶级获得比过去更多的剩余价值。资本主义条件下的生产自动化是资本家获取高额剩余价值的手段，而雇佣工人的剩余劳动仍然是这种剩余价值的唯一源泉。

（四）资本积累

把剩余价值转化为资本，或者说，剩余价值的资本化，就是资本积累。马克思关于资本积累的学说是剩余价值理论的重要组成部分，它一方面揭露了资本主义制度下贫富两极分化和失业现象的真正原因，另一方面也深刻地阐明了资本主义制度必然走向灭亡的历史命运。

资本家获得无偿占有的剩余价值后，并不是将其完全用于个人消费，而是将一部分转化为资本，用以购买追加的生产资料和劳动力，使生产在扩大的规模上重复进行，这就是资本主义的扩大再生产。

在这里，资本积累是资本主义扩大再生产的源泉。剩余价值本来是雇佣工人的剩余劳动创造的并为资本家所无偿占有的那部分新价值，现在，资本家又用从工人那里剥削来的钱，再来购买工人的劳动力，进行更大规模的生产，以榨取更多的剩余价值。所以，资本积累的本质，就是资本家不断地利用无偿占有的工人创造的剩余价值来扩大自己的资本规模，进一步扩大和加强对工人的剥削和统治。

资本积累是因为以下两方面的原因所造成的：一是由资本追求剩余价值的本质决定的，是剩余价值规律作用的必然结果；二是由市场经济的竞争规律决定的。资本积累的源泉是剩余价值，资本积累规模的大小取决于对工人的剥削程度、劳动生产率的高低、所用资本和所费资本之间的差额以及资本家垫付资本的大小。随着资本积累和生产规模的扩大，社会财富日益集中到资产阶级手中，而社会财富的直接创造者——无产阶级则只占有少部分社会财富。这样随着资本积累必然加剧社会的两极分化，即一极是财富越来越集中于少数人手中，另一极是多数人只拥有社会财富的较少部分。

资本积累不但是社会财富占有两极分化的重要原因，而且是资本主义社会失业现象产生的根源。随着资本积累，引起资本有机构成提高。在资本主义企业内部，资本家投入到资本主义生产过程中的资本，从自然形式上看，总是由一定数量的生产资料和劳动力构成的。在生产资料和劳动力之间，存在着一定比例，这个比例取决于生产技术的发展水平。生产技术水平愈高，每个劳动力所推动的生产资料的数量就愈多；反之，生产技术水平愈低，每个劳动力所推动的生产资料的数量也就愈少。这种由生产的技术水平所决定的生产资料和劳动力之间的比例，叫作资本的技术构成。从价值形式上看，资本可分为不变资本和可变资本，这两部分资本价值之间的比例，叫作资本的价值构成。在资本的技术构成和资本的价值构成之间，存在着密切的联系。一般来说，资本的技术构成决定资本的价值构成，技术构成的变化往往会引起价值构成的相应变化，而价值构成的变化通常反映着技术构成的变化。这种由资本的技术构成决定并反映技术构成变化的资本价值构成，叫作资本的有机构成。通常用 $c:v$ 来表示。

在资本主义生产过程中，资本有机构成的提高是一般趋势，这是由资本的本性决定的。在资本有机构成提高的情况下，资本对劳动力的需求日益相对地减少，其结果，就不可避免地造成大批工人失业，形成相对过剩人口。

所谓相对过剩人口，就是劳动力供给超过了资本对它的需要。这种过剩人口之所以是相对的，是因为它并不是社会生产发展所绝对不需要的，而是由于他们不为资本价值增殖所需要，使他们成为"过剩"的或"多余"的人了。在资本主义的发展过程中，相对过剩人口基本上有三种形式，第一种形式是流动的过剩人口，第二种是潜伏的过剩人口，第三种是停滞的过剩人口。

资本主义积累的历史趋势是资本主义制度的必然灭亡和社会主义制度的必然胜利。随着资本积累的增长，生产的社会性与资本主义的私人占有形式之间的矛盾日益加剧，这是资本主义被新的、更能够适应社会化大生产要求的社会形态所取代的根本原因。

（五）资本的循环周转与再生产

资本作为一种自行增殖的价值，不仅在生产过程内运动，而且也在流通过程内运动，马克思详尽地分析了个别资本的运动，即资本的循环和周转过程，揭示了资本循环周转规律。

产业资本循环是资本从一种形式出发，经过一系列形式的变化，又回到原来出发点的运动。产业资本在循环过程中要经历三个不同的阶段，与此相联系的是资本依次执行三种不同的职能。

第一个阶段是购买阶段，即生产资料与劳动力的购买阶段。它属于商品的流通过程。在这一阶段，产业资本执行的是货币资本的职能。

第二个阶段是生产阶段，即生产资料与劳动力按比例结合在一起从事资本主义生产的阶段。在这个阶段上，生产资料与劳动者相结合生产物质财富并使生产资本得以增殖，执行的是生产资本的职能。

第三个阶段是售卖阶段，即商品资本向货币资本的转化阶段。在此阶段产业资本所执行的是商品资本的职能，通过商品买卖实现商品的价值，满足人们的需要。

产业资本的运动，必须具备两个基本前提条件：一是产业资本的三种职能形式必须在空间上同时并存，也就是说，产业资本必须按照一定比例同时并存于货币资本、生产资本和商品资本三种形式中。二是产业资本的三种职能形式必须在时间上继起，也就是说，产业资本循环的三种职能形式必须保持时间上的依次连续性。三种形式的循环在空间上的并存性与在时间上的继起性表明，产业资本的连续循环，是流通过程和生产过程的统一，也是它的所有三种循环形式的统一。

资本是在运动中增殖的，周而复始、不断反复着的资本循环，就叫作资本的周转。如果每次资本周转带来的剩余价值一定，则资本周转越快，在一定时期内带来的剩余价值总量就越多。影响资本周转的因素有许多，关键的因素有两个，一是资本周转的时间，二是生产资本的构成。要在同样的时间内生产更多的剩余价值，就必须加快资本的周转速度。

生产资本按其价值周转方式不同区分为固定资本和流动资本。价值逐次转移的（以厂房、机器设备等形式存在）那部分生产资本称为固定资本；价值一次转移（原材料、燃料等）和通过一次生产过程价值全部收回（购买劳动力）的那部分生产资本称为流动资本。加快资本周转，关键是要加快固定资本的周转。

资本循环与周转规律作用的发挥，必然受到经济制度因素的制约。在资本主义条件下，该规律的存在对资本家追逐剩余价值有重要影响。资本在运动过程中，必须保持三种职能形式在空间上的并存性；必须保持每一种职能形式的依次转化，即在时间上的继起性，只有这样，才能保证资本无止境的价值增殖的运动。然而，这个条件在资本主义制度下并不是能够经常具备的。由于资本主义的各种矛盾的存在，特别是基本矛盾的存在，周期性爆发的经济危机和波动，使得资本连续和高速运动的条件经常遭到破坏。

在对个别资本的再生产和流通的规律性进行分析的基础上，马克思对社会总资本的再生产和流通也进行了深入分析，阐明了社会总资本再生产和流通的规律性，进一步揭露了资本主义经济所包含的对抗性矛盾。

社会生产是连续不断进行的，这种连续不断重复的生产就是再生产。社会再生产的核心问题是社会总产品的实现问题，即社会总产品的价值补偿和实物补偿问题。

为了深刻阐明社会总产品的实现问题，进而揭示再生产的一般规律，马克思将社会总产品在物质上划分为两大部类，在价值上划分为三个组成部分。所谓社会总产品就是社会在一定时期（通常为一年）所生产的全部物质资料的总和。社会总产品在价值形态上又叫社会总价值，它划分为包括在产品中的生产资料的转移价值（c）和凝结在产品中的由工人必要劳动创造的价值（v），以及凝结在产品中的由工人在剩余劳动时间里创造的价值（m）。社会总产品在物质形态上，根据其最终用途可以区分为生产性消费的生产资料和用于生活消费的消费资料。相应地，社会生产可以划分为两大部类，第一部类（Ⅰ）由生产生产资料的部门所构成，其产品进入生产领域；第二部类（Ⅱ）由生产消费资料的部门所构成，其产品进入生活消费领域。

社会再生产的顺利进行，要求生产中所耗费的资本在价值上得到补偿，同时要求实际生产过程所耗费的生产资料和消费资料得到实物的替换，否则社会再生产就会停顿，人类社会的生存和发展就会受到威胁。所以，使社会总产品在价值上得到补偿，在实物上得到替换，以使社会再生产顺利进行，是不以人的意志为转移的客观规律。

社会总产品在价值上实现补偿，在实物上得到替换，客观上就要求两大部类内部各个产业部门之间和两大部类之间保持一定的比例关系。生产资料的生产和消费资料的生产既要保证简单再生产的实现，更要保证扩大再生产的实现。生产资料的生产既要满足本部类对消耗掉的生产资料的补偿，也要保证两大部类扩大生产规模后对追加生产资料的需求。消费资料的生产则既要满足两大部类劳动者的个人消费和社会消费，也要满足扩大生产规模后对追加消费资料的需求。

上述比例不只是总量上的比例，还是结构上的比例。只有两大部类的生产不仅在规模上，而且在结构上保持一定的比例，社会总产品的价值补偿和实物替换才能正常实现，社会再生产才能顺利进行。

在资本主义发展的相当长时期内，由于生产资料的私有制和雇佣劳动制度所决定，两大部类的生产都是在价值规律和剩余价值规律的作用下自发进行的，具有严重的盲目性，这就导致了两大部类生产在规模上和结构上经常处于失衡状态。这种失衡和脱节经常表现为生产过剩，以至于社会总产品的实现，即实物替换和价值补偿难以顺利进行，最严重的就是引发经济危机。经济危机的发生，实际上是资本主义条件下以强制的方式解决社会再生产的实现问题的途径，这种解决方式虽然最终也能够使社会再生产由失衡慢慢转变为平衡，却是以社会经济生活的严重混乱和瘫痪以及社会资源和财富的极大浪费为代价的。

马克思关于社会资本再生产理论，揭示了社会化大生产条件下再生产的一般规律。这些原理作为社会经济发展的一般原理，在建立社会主义市场经济的今天，同样可以指导我们认识和把握社会主义经济发展的一般规律，从而更好地建设社会主义，发展社会主义。

随着经济全球化和金融国际化趋势的发展，资本的再生产已不仅仅局限于一个国家之内，而是冲出了国门，走向了世界，成为在开放的国际环境中进行的世界性的共有现象，更成为每个国家在发展经济的过程中，国内与国际相接轨、内需与外贸相结合的过程，也是一个实物补偿与价值补偿相统一的动态的、开放的过程。从现实来看，在开放的国际环境下进行资本的再生产，既存在着可以充分利用国内国际两个市场、两种资源，尽可能地满足本国资本追逐高额价值增殖的积极效应，但同时也存在着容易遭受世界经济波动及国际金融风险等各方面不利因素冲击的消极效应。因此，在对外开放的条件下进行社会资本的再生产，既要本着积极引导、不断扩大的指导思想，又要切实加大对各种风险的防范意识，努力避免各种损失。

（六）工资与剩余价值的分配

在资本主义制度下，工人的工资是劳动力的价值或价格，这是资本主义工资的本质。

资本主义工资的形式主要有两种，即计时工资和计件工资。除此之外，资本家还建立了各种形式的血汗工资制度，其特点是利用"科学的劳动组织"，最大限度地提高工人的劳动强度，从他们身上榨取更多的血汗。这种工资制度的典型形式，就是19世纪末20世纪初流行的"泰罗制"和"福特制"。

随着社会生产力的发展、科学技术的进步、劳动过程的复杂化和脑力劳动作用的加强，工人的实际工资呈现不断提高的趋势，但是与其创造的剩余价值的增长幅度相比，实际工资提高的幅度还是较小的。只要资本雇佣劳动的基本经济关系不变，资本主义工资的本质就不会发生根本变化。

在现实的资本主义经济生活中，资本家并不是把剩余价值看作可变资本的产物，而是把它看作全部垫付资本的产物或增加额，剩余价值便取得了利润的形态。

剩余价值是相对可变资本而言的，而利润则是相对全部预付资本而言的。也就是说，剩余价值是利润的本质，利润是剩余价值的转化形式。当剩余价值转化为利润时，剩余价值与可变资本的关系便被掩盖了。

资本主义生产的目的是获得利润。为了得到尽可能高的利润率和尽可能多的利润，不同生产部门的资本家之间必然展开剧烈的竞争，大量资本必然从利润率低的部门转投到利润率高的部门，从而导致利润率平均化，这是剩余价值规律和竞争规律作用的必然结果，体现着不同部门的资本家集团按照等量资本要求等量利润的原则来瓜分剩余价值的关系。

在利润率平均化的过程中，形成了社会的平均利润率。按照平均利润率来计算和获得的利润，叫作平均利润。在利润率平均化的过程中，产业资本家得到产业利润，商业资本家得到商业利润，银行资本家得到银行利润，土地所有者得到地租，这些不同部门的资本家瓜分到的利润只是平均利润。平均利润率规律的作用表明，平均利润率是剩余价值总量对社会总资本的比率。每个资本家所得利润多少不仅取决于他对本企业工人的剥削程度，而且还取决于整个资产阶级对整个工人阶级的剥削程度。资本家之间在瓜分剩余价值上固然有一定程度的利害冲突，但在加强对工人阶级的剥削以榨取更大量的剩余价值这一点上，有着共同的阶级利益。

平均利润形成后，商品的价值转化为生产价格，由成本价格加平均利润构成。生产价格的形成并不否定价值规律，虽然各生产部门的生产价格和商品价值不一致，但整个社会的商品价值和生产价格的总额是相等的。虽然有的部门生产出来的剩余价值同资本所有者获得的平均利润不一致，但全社会生产的剩余价值总额和全体资本所有者获得的平均利润总额是相等的。生产价格形成后，价值规律的表现形式变为市场价格以生产价格为轴心，受供求关系的影响上下波动。

（七）马克思剩余价值理论的意义

剩余价值论深刻揭露了资本主义生产关系的剥削本质，阐明了资产阶级与无产阶级之间阶级斗争的经济根源，指出了无产阶级革命的历史必然性。

马克思在分析剩余价值的生产、积累、流通以及分配过程,揭示资本主义经济特殊规律的同时,也揭示了商品经济和社会化生产的一般规律,这些规律,对发展社会主义市场经济也具有重大指导意义。

四、资本主义的基本矛盾与经济危机

(一)资本主义的基本矛盾

生产资料资本主义私人占有和生产社会化之间的矛盾,是资本主义的基本矛盾。在资本主义条件下,随着科学技术的进步和社会生产力的不断发展,形成了资本主义所特有的生产社会化和资本主义私人占有形式之间的矛盾。这是生产力和生产关系之间的矛盾在资本主义社会的具体体现。

(二)资本主义的经济危机

资本主义发展到一定阶段,就会发生以生产过剩为基本特征的经济危机。当经济危机发生时,大量商品积压,大批生产企业减产或停工,许多金融机构倒闭,整个社会经济生活一片混乱。生产过剩是资本主义经济危机的本质特征,但是这种过剩是相对过剩,即相对于劳动人民有支付能力的需求来说社会生产的商品显得过剩,而不是与劳动人民的实际需要相比的绝对过剩。

资本主义经济危机爆发的根本原因是资本主义的基本矛盾,这种基本矛盾具体表现在以下两个方面:第一,表现为生产无限扩大的趋势与劳动人民有支付能力的需求相对缩小的矛盾。第二,表现为个别企业内部生产的有组织性和整个社会生产的无政府状态之间的矛盾。

资本主义经济危机具有周期性,这是由资本主义基本矛盾运动的阶段性决定的。只要存在资本主义制度,经济危机就是不可避免的。资本主义经济危机的周期性爆发的特点,使社会资本再生产也呈现了周期性的特点。社会资本再生产的周期一般包括四个阶段,即危机、萧条、复苏和高涨。资本主义再生产周期的四个阶段是相互联系的,其中危机阶段是周期的基本阶段或决定阶段。资本主义的再生产不一定都经过四个阶段,但是危机阶段则是必经阶段,没有危机阶段,就不存在资本主义再生产的周期性。

第四节 资本主义的政治制度和意识形态

一、资本主义的国家、政治制度及其本质

资本主义的政治制度是在资本主义社会的经济基础之上产生的,它反映了资本主义社会的经济关系,反映了政治上占统治阶级地位的资产阶级的要求。同时,资本主义的政治制度作为上层建筑,又反过来保护其经济基础,为巩固和发展资本主义社会的经济基础提供政治保障。

(一)资本主义国家的职能和本质

资本主义国家的职能是以服务于资本主义制度和资产阶级利益为根本内容的,是资产阶

级进行政治统治的工具。资本主义国家的职能包括对内和对外两个基本方面,即对内实行政治统治和社会管理,对外进行国际交往和维护国家安全及利益。

从历史唯物主义的观点看,资本主义国家作为资产阶级利益的体现,在经济上要求自由竞争、等价交换,政治上要求形式上的自由民主、正义平等,这些特征与奴隶制和封建制国家相比,显然是人类社会政治生活上的一大进步。但是,这种进步并没有改变资本主义国家作为剥削阶级对人民群众进行阶级统治和阶级压迫的工具的性质,并没有消除人们在政治生活方面实际上的不自由、不平等、不民主、不公正的现象。

(二) 资本主义政治制度及其本质

资本主义国家的政治统治是通过具体的政治制度实现的。资本主义政治制度包括资本主义的民主与法制、政权组织形式、选举制度、政党制度等。

资本主义民主制度是与资本主义生产方式相适应而发展起来的。随着资本主义生产方式的发展,资产阶级在反对封建专制主义的斗争中提出了符合自身利益和要求的"主权在民""天赋人权""分权制衡""社会契约论""自由、平等、博爱"等政治思想,并在这些思想的指导下建立起了资本主义民主制的国家。资本主义法制是资本主义民主制度的重要内容,宪法是资本主义国家法律制度的核心,是建设法制、实行法治的法律基础。宪法规定了国家的社会、经济和政治制度,规定了国家权力结构及国家权力运作的原则,规定了公民的权利与义务。

资本主义国家政权采取的是分权制衡的组织形式,即国家的立法权、行政权、司法权分别由三个权力主体独立行使,形成各主体之间的"制衡"。由于资本主义国家内部存在着不同的利益集团,而这些利益集团直接或间接左右着国家政权的运行。实际上,国家政权的意向和行使常常是各种不同利益集团政治合力的结果。

资本主义国家的选举是资产阶级制定某种原则和程序,通过竞选产生议会和国家元首的一种政治机制。从形式上看,竞选制度是公民参与国家事务的重要形式。从实际政治作用上看,选举制是协调统治阶级内部利益关系和矛盾的重要措施。在当代资本主义国家中,统治阶级内部的利益冲突和矛盾在很大程度上是通过选举制度来平衡和调节的。

政党是特定阶级利益的集中代表,是代表一定阶级、阶层或集团的根本利益,为达到政治目的,特别是为了取得政权和保持政权而建立的一种政治组织。资本主义国家的政党是阶级和阶级斗争发展到一定历史阶段的产物,在国家政治生活中发挥着很重要的作用。

资本主义的政治制度是在资产阶级反对封建专制主义、维护自身利益和巩固自己的政治统治的过程中逐渐形成、发展和完善起来的,是资产阶级革命最重要的政治成果,在人类社会历史的发展进程中曾经起过重要的进步作用,推动了社会生产力的大幅度发展,促进了社会进步;使人民群众享有了比在封建专制主义条件下更多的社会政治自由;积累了相当丰富的政治统治和社会管理的经验。但是,由于资本主义政治制度本质上是资产阶级进行政治统治和社会管理的手段和方式,是为资产阶级专政服务的,因此它不可避免地有其历史的和阶级的局限性。其一,资本主义的民主是金钱操纵下的民主,实际是资产阶级精英统治下的民主。其二,法律名义上的平等掩盖着事实上的不平等。其三,资本主义国家的政党制是一种维护资产阶级统治的政治制度。其四,政党恶斗相互掣肘,决策效率低下,激化社会矛盾。

对于资本主义的政治制度应该坚持辩证批判的态度和方法。我们可以借鉴其政治制度中一些符合政治统治和社会管理一般规律的内容,但是,由于资本主义的政治制度的本质是为资产阶级利益服务的,因此它在关于政治制度建设和实施的理论、观点、立场、方法等方面，都带有深刻的资产阶级的阶级印记和阶级偏见，对此我们应该进行分析、批判，要深刻认识其作为资产阶级政治统治工具的阶级本质。

二、资本主义的意识形态及其本质

资本主义意识形态是在资本主义国家中占统治地位的、反映了作为统治阶级的资产阶级的利益和要求的各种思想理论和观念的总和。

（一）资本主义意识形态的形成

作为资本主义国家意识形态的各种资产阶级的思想理论和观念，是资产阶级在长期的反对封建专制主义和宗教神学的斗争中逐步形成和发展起来的。而这些思想理论和观念后来成为资本主义的意识形态，则是在资本主义国家产生之后由统治阶级在以往形成的资产阶级思想理论和观念的基础上自觉地建立起来的。资本主义国家的意识形态构成了资本主义国家上层建筑的重要内容，为巩固资本主义的经济基础服务。

（二）资本主义意识形态的本质

资本主义国家意识形态的本质，可以概括为以下两方面：

第一，资本主义意识形态是资本主义社会条件下的观念上层建筑，是为资本主义社会形态的经济基础服务的。资本主义意识形态通过论证资本主义社会制度的合理性、资本主义民主的普遍性等观点来实现其为经济基础服务的目的。

第二，资本主义意识形态是资产阶级的阶级意识的集中体现。在资本主义条件下，资产阶级在进行阶级统治的实践中逐步形成了自己作为社会统治阶级的阶级意识。资本主义意识形态则是这种阶级意识的集中体现。一方面是由于意识形态来自统治阶级的实践，与这种阶级的历史命运紧密相连，并已经内化为阶级成员的基本信念；另一方面则是因为意识形态可以成为统治阶级进一步进行阶级实践的指导思想，成为这个社会制度的理论辩护者。

对于资本主义的意识形态，应该用辩证的观点来分析。资本主义社会在长期发展中创造出大量的物质财富的同时，也创造出丰富的精神成果，这些思想文化成果同样是人类文明进步的成就和体现。对于资本主义意识形态中那些正确反映了人类社会生活的一般规律的思想理论和观念，我们应该加以学习、参考和借鉴的。但是，由于资本主义意识形态主要是为巩固资产阶级的政治统治、维护资本主义的政治制度，为资产阶级的阶级剥削和阶级压迫服务的，因而具有极大的阶级的和历史的局限性。对此，我们必须加以分析鉴别和持鲜明的批判态度。

思考与练习

一、单项选择题

1. 商品的本质属性是（　　）。
   A. 交换价值　　　B. 使用价值　　　C. 价值　　　D. 价格
2. 形成商品价值的劳动是（　　）。
   A. 私人劳动　　　B. 社会劳动　　　C. 具体劳动　　　D. 抽象劳动

3. 劳动力使用价值的特点在于（　　）。
   A. 能创造一切商品的使用价值　　B. 能创造一切商品的价值
   C. 能创造比自身价值更大的价值　　D. 能创造自身的使用价值
4. 社会资本再生产和流通的核心问题是（　　）。
   A. 价值如何增殖的问题　　B. 价值和剩余价值的形成问题
   C. 剩余价值的实现问题　　D. 社会总产品的实现问题
5. 剩余价值转化为利润是由于在观念把剩余价值当作（　　）。
   A. 可变资本的产物　　B. 不变资本的产物
   C. 固定资本的产物　　D. 全部预付资本的产物

二、问答题

1. 如何理解商品二因素和劳动二重性的关系？
2. 试述价值规律的基本内容、表现形式和作用。
3. 不变资本和可变资本的划分及其意义。
4. 如何理解资本主义经济危机是相对过剩的危机？
5. 我们应该如何认识资本主义的政治制度和意识形态的本质？

 参考答案

一、单项选择题
1. C　2. D　3. C　4. D　5. D

二、问答题

1. 答案要点：①商品的二因素是指商品的使用价值和价值。使用价值是指商品能满足人们某种需要的属性，即商品的有用性。价值是凝结在商品中的无差别的一般人类劳动，即人类脑力和体力的耗费。价值是商品所特有的社会属性。②劳动二重性是指生产商品的具体劳动和抽象劳动。具体劳动是指生产一定使用价值的具体形式的劳动，它是劳动的自然属性。抽象劳动是指撇开一切具体形式的、无差别的一般人类劳动，即人的体力和脑力消耗，它是劳动的社会属性。③生产商品的具体劳动创造商品的使用价值，抽象劳动形成商品的价值。劳动的二重性决定了商品的二因素。

2. 答案要点：价值规律是商品经济的基本规律。

①价值规律的基本内容：商品的价值量由生产商品的社会必要劳动时间决定，商品交换以价值量为基础，按照等价交换的原则进行，形成价值规律。②价值规律的表现形式：在商品经济中，价值规律的表现形式是，商品的价格围绕商品的价值，受供求关系影响自发波动。③价值规律的作用：第一，自发地调节生产资料和劳动力在社会各生产部门之间的分配比例。第二，自发地刺激社会生产力的发展。第三，自发地调节社会收入的分配。

价值规律在对经济活动进行自发调节时，必然会产生一些消极的后果。其一，可能导致垄断的发生，阻碍技术的进步。其二，可能引起商品生产者的两极分化，一部分具有有利条件的生产者可能积累大量的财富，而一部分处于不利地位的生产者可能亏损甚至破产。其三，价值规律调节社会资源在社会生产各个部门的配置是自发的，可能出现比例失调的状况，造成社会资源的浪费。

3. 答案要点：资本在资本主义生产过程中采取生产资料和劳动力两种形态，根据这两部分资本在剩余价值生产中所起的不同作用,可以将资本区分为不变资本与可变资本。①不变资本是以生产资料形态存在的资本。生产资料的价值通过工人的具体劳动被转移到新产品中,其转移的价值量不会大于它原有的价值量。以生产资料形式存在的资本在生产过程中只转变自己的物质形态而不改变自己的价值量,不发生增殖,所以马克思把这部分资本叫作不变资本。②可变资本是用来购买劳动力的那部分资本。可变资本的价值在生产过程中由工人的劳动再生产出来的。在生产过程中,工人所创造的新价值,不仅包括相当于劳动力价值的价值,而且还包括一定的剩余价值。由于这一部分资本价值是一个可变的量,所以马克思把这一部分资本叫作可变资本。③把资本区分为不变资本和可变资本,进一步揭示了剩余价值产生的源泉。它表明,剩余价值是由可变资本产生的。雇佣劳动者的剩余劳动是剩余价值产生的唯一源泉,不变资本只是剩余价值生产的条件。划分不变资本与可变资本的意义还在于,可以在劳动价值论的基础上,从资本增殖的角度说明劳动在社会财富创造中的巨大作用,为正确分析社会化大生产条件下劳动力与生产的物质技术条件之间的关系提供了依据。这种划分也为确定资本家对雇佣劳动者的剥削程度提供了科学依据。

4. 答案要点:生产资料资本主义私人占有和生产社会化之间的矛盾,是资本主义的基本矛盾。在资本主义条件下,随着科学技术的进步和社会生产力的不断发展,形成了资本主义所特有的生产社会化和资本主义私人占有形式之间的矛盾。这是生产力和生产关系之间的矛盾在资本主义社会的具体体现。资本主义发展到一定阶段,就会发生以生产过剩为基本特征的经济危机。当经济危机发生时,大量商品积压,大批生产企业减产或停工,许多金融机构倒闭,整个社会经济生活一片混乱。生产过剩是资本主义经济危机的本质特征,但是这种过剩是相对过剩,即相对于劳动人民有支付能力的需求来说社会生产的商品显得过剩,而不是与劳动人民的实际需要相比的绝对过剩。

5. 答案要点:①资本主义的政治制度是在资本主义社会的经济基础之上产生的,它反映了资本主义社会的经济关系,反映了政治上占统治阶级地位的资产阶级的要求,为巩固和发展资本主义社会的经济基础提供政治保障。资本主义政治制度包括资本主义的民主与法制、政权组织形式、选举制度、政党制度等。资本主义的诸项政治制度是在资产阶级反对封建专制主义、维护自身利益和巩固自己的政治统治的过程中逐渐形成、发展和完善起来的,在人类社会历史的发展进程中曾经起过重要的进步作用。但是,由于资本主义政治制度本质上是资产阶级进行政治统治和社会管理的手段和方式,是为资产阶级专政服务的,因此它不可避免地有其历史的和阶级的局限性。②资本主义的意识形态是资产阶级在长期的反对封建专制主义和宗教神学的斗争中逐步形成和发展起来的,构成了资本主义国家上层建筑的重要内容,为巩固资本主义的经济基础服务。对于资本主义意识形态中那些正确反映了人类社会生活的一般规律的思想理论和观念,我们应该加以学习、参考和借鉴的。但是,由于资本主义意识形态主要是为巩固资产阶级的政治统治、维护资本主义的政治制度、为资产阶级的阶级剥削和阶级压迫服务的,因而具有极大的阶级的和历史的局限性。对此,我们必须加以分析鉴别和持鲜明的批判态度。

参考文献

[1] 中共中央马克思恩格斯列宁斯大林著作编译局. 马克思恩格斯选集:第2卷[M]. 北京:人民出版社,2012.

[2] 恩格斯. 家庭、私有制和国家的起源［M］∥中共中央马克思恩格斯列宁斯大林著作编译局. 马克思恩格斯选集：第4卷. 北京：人民出版社，2012.

[3] 恩格斯. 在马克思墓前的讲话［M］∥中共中央马克思恩格斯列宁斯大林著作编译局. 马克思恩格斯选集：第3卷. 北京：人民出版社，2012.

第五章 资本主义的发展及其趋势

 教学目标和要求

学习和掌握资本主义从自由竞争发展到垄断的进程和垄断资本主义的发展趋势；科学认识国家垄断资本主义和经济全球化的本质，正确理解当代资本主义新变化的特点及其实质；理解资本主义必然为社会主义所代替的历史必然性，坚定资本主义必然灭亡，社会主义必然胜利的信念。

 **教学要点**

私人垄断资本主义的形成及特点；国家垄断资本主义的特点和实质；经济全球化的表现及其后果；当代资本主义的新变化及其实质；资本主义的历史地位及其为社会主义所代替的历史必然性。

一些苏共党员甚至领导层成员成了否定苏共历史、否定社会主义的急先锋，成了传播西方意识形态的大喇叭，苏共党内从思想混乱演变到组织混乱。最后，这样一个有着九十多年历史、连续执政七十多年的大党老党就哗啦啦轰然倒塌了。

（习近平：《严明政治纪律，自觉维护党的团结统一》，中共中央文献研究室编：《习近平总书记重要讲话文章选编》，党建读物出版社、中央文献出版社2016年版，第23页）

"中国威胁论"、"中国强硬论"、"中国傲慢论"、"中国掠夺论"、"中国不负责任论"、"中国搭便车论"、"中国失败论"、"中国崩溃论"、"中国全输论"等奇谈怪论不绝于耳……在西方和国内一些人鼓噪下，不少群众受到蒙蔽，一些党员、干部的认识也发生了偏差。……对此，我们要有清醒认识，更要高度重视，切实加强思想舆论工作和斗争。

（习近平：《当前工作需要注意的几个问题》，同上书，第226页）

同以往任何社会一样，资本主义社会经历了产生、发展的过程，也必将有一个逐步衰亡、为新的社会所代替的过程。这是由不以人的意志为转移的社会发展规律所决定的。第二次世界大战后资本主义发生了一些新变化，如何认识资本主义的新变化，把握资本主义发展的历史趋势，是马克思主义必须做出科学回答的新问题。

第一节 垄断资本主义的形成和发展

一、资本主义从自由竞争到垄断

资本主义的发展经历了两个阶段：自由竞争资本主义和垄断资本主义。19世纪70年代以前，资本主义处于自由竞争阶段；从19世纪70年代开始，自由竞争资本主义逐步向垄断资本主义过渡，19世纪末20世纪初，垄断代替自由竞争并占据统治地位，垄断资本主义得以形成。这一时期垄断资本主义主要以私人垄断资本为基础，所以又叫私人垄断资本主义。私人垄断资本主义是在生产集中和资本集中的基础上形成的。

（一）生产集中与垄断的形成

自由竞争引起生产集中和资本集中，生产集中和资本集中发展到一定阶段必然引起垄断，这是资本主义发展的客观规律。在资本主义生产发展和生产规模不断扩大的过程中，伴随着生产和资本的不断集中。生产集中和资本集中是资本家追求剩余价值的结果。在这个过程中，银行信用的发展，加速了生产和资本的集中。所谓垄断，是指少数资本主义大企业，为了获得高额利润，通过相互协议或联合，对一个或几个部门商品的生产、销售和价格进行操纵和控制。

垄断的产生有以下原因：第一，当生产集中发展到相当高的程度，极少数企业就会联合起来，操纵和控制本部门的生产和销售，实行垄断，以获得高额利润。第二，企业规模巨大，形成对竞争的限制，也会产生垄断。第三，激烈的竞争给竞争各方带来的损失越来越严重，为了避免两败俱伤，企业之间会达成妥协，联合起来，实行垄断。垄断是通过一定的垄断组织形式实现的。垄断组织是指在一个经济部门或几个经济部门中，占据垄断地位的大企业联合。垄断组织的形式多种多样，而且在各个国家、各个时期也不相同。常见的垄断组织有卡特尔、辛迪加、托拉斯和康采恩等。尽管垄断组织的形式多种多样，且不断发展变化，但是它们在本质上是一样的，即通过联合达到独占和瓜分商品生产和销售市场，操纵垄断价格，以攫取高额垄断利润。

（二）垄断条件下竞争的特点

垄断是从自由竞争中形成的，但是，垄断并不能消除竞争，反而使竞争变得更加复杂和剧烈。这是因为：

第一，垄断没有消除产生竞争的经济条件。垄断产生以后，不但没有改变生产资料的资本主义私有制，而且又促进商品经济继续发展，所以不可能消除竞争。第二，垄断必须通过竞争来维持。在取得了一定的垄断地位后，由于存在攫取高额垄断利润的内在动力和面临更加强大的竞争对手的外在压力，垄断组织必须不断增强自己的竞争实力，巩固自己的垄断地位。第三，社会生产是复杂多样的，任何垄断组织都不可能把包罗万象的社会生产都包下来。在垄断条件下，在垄断组织内部、垄断组织之间以及垄断资本家集团之间，垄断组织同非垄断组织之间以及中小企业之间存在着广泛而激烈的竞争。

垄断条件下的竞争同自由竞争相比，具有一些新特点。在竞争目的上，自由竞争主要是获得更多的利润或超额利润，不断扩大资本的积累，而垄断竞争则是获取高额垄断利润，并不断巩固和扩大自己的垄断地位和统治权力；在竞争的手段上，自由竞争主要运用经济手段，如通过改进技术、提高劳动生产率、降低产品成本等，以战胜对手，而垄断组织的竞争，除了采取各种形式的经济手段外，还采取非经济的手段，使竞争变得更加复杂、更加激烈；在竞争范围上，自由竞争时期，竞争主要是在经济领域，而且主要是在国内市场上进行，而在垄断时期，国际市场上的竞争越来越激烈，不仅经济领域的竞争多种多样，而且还扩大到经济领域以外进行竞争。总之，垄断条件下的竞争，不仅规模大、时间长、手段残酷、程度更加激烈，而且具有更大的破坏性。

（三）金融资本与金融寡头

金融资本是由工业垄断资本和银行垄断资本融合在一起而形成的一种垄断资本。随着生产集中和垄断的发展，银行资本由集中走向垄断，工业垄断资本对银行的依赖增强，大银行同大企业的金融联系更加密切，形成了固定的关系。银行垄断资本和工业垄断资本，通过金融联系、资本参与和人事参与，密切地融合在一起，产生了一种新型的垄断资本，即金融资本。

在金融资本形成的基础上，产生了金融寡头。金融寡头是指操纵国民经济命脉，并在实际上控制国家政权的少数垄断资本家或垄断资本家集团。他们支配了大量的社会财富，控制了整个国家的经济命脉和上层建筑，是垄断资本主义国家事实上的统治者。

金融寡头在经济领域中的统治主要是通过"参与制"实现的。所谓参与制，即金融寡头通过掌握一定数量的股票来层层控制企业的制度。金融寡头在掌握了经济上的控制权后，又在政治上进一步控制上层建筑，利用政权的力量来加强其统治地位。金融寡头对国家机器的控制，主要是通过同政府的"个人联合"来实现的。这种联合有多种途径，如金融寡头直接出马或者把自己的代理人送进政府和议会，通过掌握政权，利用政治力量为其垄断统治服务；或者是收买政府高官和国会议员，让他们在其政治活动中为金融寡头的利益服务；或者聘请曾在政府任职的高官到公司担任高级职务等。金融寡头还通过建立政策咨询机构等方式来对政府的政策施加影响，并通过掌握新闻出版、广播电视、科学教育、文化体育等上层建筑的各个领域，以左右国家的内政外交及社会生活。

（四）垄断利润和垄断价格

垄断资本的实质在于获取垄断利润，垄断利润是垄断资本家凭借其在社会生产和流通中的垄断地位而获得的超过平均利润的高额利润。

垄断资本所获得的高额利润，归根到底来自无产阶级和其他劳动人民所创造的剩余价值。垄断利润主要是通过垄断组织制定的垄断价格来实现的。垄断价格是垄断组织在销售或购买商品时，凭借其垄断地位规定的、旨在保证获取最大限度利润的市场价格。

垄断价格包括垄断高价和垄断低价两种形式。垄断高价是指垄断组织出售商品时规定的高于生产价格的价格，垄断低价是指垄断组织在购买非垄断企业所生产的原材料等生产资料时规定的低于生产价格的价格。垄断组织操纵价格带来的结果是抑制了市场上价格的自由波动，垄断价格长期背离生产价格和价值。但是，从全社会看，整个社会商品的价值，仍然是由生产它们的社会必要劳动时间创造的，垄断价格既不能增加也不能减少整个社会所生产的价值总量，它只是对商品价值和剩余价值做了有利于垄断资本的再分配。从全社会看，商品的价格总额仍然等于商品的价值总额。所以，垄断价格的产生没有否定价值规律，它是价值规律在垄断资本主义阶段作用的具体体现。

二、垄断资本主义的发展

资本主义由自由竞争进入垄断阶段后,随着科学技术的进步和生产社会化程度的进一步提高,私人垄断资本与社会化大生产之间的矛盾日益尖锐化,以致严重阻碍生产力的进一步发展。这在客观上必然要求生产资料在全社会范围内集中。在这样的背景下,国家垄断资本主义应运而生。

(一) 国家垄断资本主义及其实质

国家垄断资本主义是国家政权和私人垄断资本融合在一起的垄断资本主义。国家垄断资本主义的产生,是垄断资本主义生产关系在自身范围内的部分质变,标志着资本主义发展进入新的阶段。

1. 国家垄断资本主义的形成

第一次世界大战期间,资本主义交战国的政府借助国家的力量扩军备战,推行国民经济军事化,普遍加强了国家对社会经济和人民生活的统制和管理,对全部生产实行最严格的统计和监督,由此使国家垄断资本主义得以产生。1929—1933 年的资本主义经济危机,是有史以来资本主义世界最严重的经济危机;这场危机深刻动摇了资本主义经济体制的根基,危及资本主义的生存。1933 年美国总统罗斯福实施"新政",加强政府对经济生活的干预。英国经济学家凯恩斯于 1936 年发表《就业、利息和货币通论》,主张国家通过财政和货币政策创造需求,以实现总供给和总需求的平衡,保证资本主义经济的稳定运行,为国家垄断资本主义奠定了理论基础。1939—1945 年第二次世界大战期间,帝国主义各国都建立了战时经济管理体制,国家对整个国民经济和社会生活实行全面统制,国家垄断资本主义得到进一步发展。第二次世界大战后,在所有发达资本主义国家,国家垄断资本主义在广度上和深度上都有了更迅速、更普遍的发展,国家干预深入到资本主义的生产、流通、分配和消费的各个环节,国家垄断资本主义作为一种新的垄断资本主义生产关系体系最终得以形成。

国家垄断资本主义的形成和发展不是偶然的,它是科技进步和生产社会化程度进一步提高的产物,是资本主义基本矛盾进一步尖锐化的必然结果。首先,社会生产力的发展,要求资本主义生产资料在更大范围内被支配,从而促进了国家垄断资本主义的产生。其次,经济波动和经济危机的深化,要求国家垄断资本主义的产生。最后,缓和社会矛盾,协调利益关系,要求国家垄断资本主义的产生。

2. 国家垄断资本主义的基本形式

(1) 国家资本。国家资本主要采取国有企业和国私混合所有制企业两种形式。国有企业是通过实行国有化和国家直接投资建立起来的,是国家所有并直接经营的企业,主要是为了维护社会资本正常运行的需要。国私混合所有制企业是国家与私人共有、合营企业,这种形式强调的是国有资本与个人资本在一个企业范围内的结合,通常采取股份公司的形式,分为国家控股企业和国家参股企业,主要是通过国家的投资对私人资本进行支持和帮助。

(2) 国有资本和私人资本在社会范围内结合的形式。表现为国家通过多种形式参与私人垄断资本的再生产过程,包括:国家向私人企业采购;国家通过国家银行向私人企业提供资金,并利用信用系统对市场资金的供求进行调节;国家通过提供各种形式的补贴来资助私人企业;国家通过社会福利开支,提高社会购买力,扩大消费需求,为私人垄断企业创造市场条件;国家通过科学技术研究和试验的巨额拨款,向某些私人企业提供各种研究成果等。

3. 国家垄断资本主义调节经济的手段

（1）宏观调节。宏观调节，也叫国家调节，是指由国家对社会资本的运行从总量上进行调节、控制和引导。宏观调节主要是国家运用财政政策、货币政策等经济手段，对社会总供给和总需求进行调节，以实现经济快速增长、充分就业、物价稳定和国际收支平衡的基本目标。

（2）微观规制。微观规制则主要是国家运用法律手段规范市场秩序，限制垄断，保护竞争，维护社会公众的合法权益。微观规制主要有三种类型：其一，反托拉斯法。即政府通过立法的方式确立一整套规范性的法令，以禁止竞争性行业的垄断，反对不正当竞争行为，保护和促进市场竞争。其二，公共事业规制。这类规制主要针对具有自然垄断性质的产业，包括电力、电信、交通、天然气、自来水等一些公用事业。为了防止自然垄断行业的经济组织凭借垄断地位获取垄断利润，损害公众利益，资本主义国家运用立法手段对该行业进行规制，主要的规制内容有服务收费、收益率、价格等。其三，社会经济规制。这类规制涉及社会经济生活的各个方面，如竞争秩序和行为、消费者权益、知识产权、劳工权益、生态环境、食品安全、安全生产等。这些规制旨在克服垄断资本主义自身发展所固有的矛盾和消极后果，促进经济和社会稳定、健康和持续发展。

此外，国家还通过一定的经济计划化弥补市场机制的局限，通过社会福利政策的实施对社会财富进行再分配以缓解社会矛盾等。

4. 国家垄断资本主义的实质

第一，国家垄断资本主义未改变资本主义的本质属性。资本主义私有制的经济基础没有改变，私人垄断资本的本质属性没有改变，国有经济成分也是资产阶级国家所有制。

第二，国家垄断资本主义是资本主义的新发展。国家垄断资本主义的出现在一定程度上有利于社会生产力的发展，部分地克服了社会化大生产与私人垄断资本之间的矛盾；资产阶级国家凌驾于私人垄断资本之上，在一定范围内突破了私人垄断资本的狭隘界限，国家对经济的干预在一定程度上适应了社会化大生产的要求，有利于缓解资本主义生产的无政府状态，促进社会经济较为协调地发展；通过国家的收入再分配手段，使劳动人民生活水平有所改善和提高；在国家垄断资本主义的参与和干预下，加快了各主要资本主义国家国民经济的现代化进程。

因此，国家垄断资本主义有双重作用，对资本主义经济发展既有促进作用，又具有历史局限性。对国家垄断资本主义的实质，我们要有正确的认识和评价。"二战"后发达国家的国家垄断资本主义持续发展，有力地促进了经济增长，但国家垄断资本主义没有根本改变垄断资本主义的性质。国家垄断资本主义在本质上是资产阶级国家力量同垄断组织力量结合在一起的垄断资本主义。它在一定程度上促进生产力发展的同时，也强化了对劳动人民的剥削和掠夺，更好地维护了资本主义制度。国家垄断资本主义的出现是资本主义经济制度内的经济关系调整，并没有从根本上消除资本主义的基本矛盾，其不同的具体形式，本质上都是私人垄断资本利用国家机器来为其发展服务的手段，是资产阶级国家在直接参与社会资本的再生产过程中，代表资产阶级总利益并凌驾于个别垄断资本之上，对社会经济进行调节的一种形式。

（二）金融垄断资本的发展

第二次世界大战后，在美国的主导下建立了国际货币体系，即布雷顿森林体系。20世纪70年代，由于资本主义发展不平衡的加深和国际货币体系内在矛盾的激化，布雷顿森林体系崩溃,西方国家走上金融自由化和金融创新的道路。

金融自由化和金融创新是金融垄断资本得以形成和壮大的重要制度条件。金融自由化的主要内容是:各国政府放松对银行利率的管制,实行浮动汇率制度,取消外汇管制,金融市场相互开放。金融创新的主要内容是:信用风险防范工具和融资技术不断推陈出新,金融机构突破专业分工界限,金融工具不断创新,债券业务迅速增长,融资方式的证券化趋势迅猛发展。

金融自由化和金融创新推动资本主义经济的金融化程度不断提高,金融垄断资本的财富以惊人的速度膨胀。金融资本在资本主义国家国民生产总值和利润总额中所占的比例越来越大,实体经济的资本利润率下降,制造业就业人数严重减少,虚拟经济越来越脱离实体经济。

金融垄断资本的发展,一方面促进了资本主义经济的发展,另一方面也造成了经济过度虚拟化,导致金融危机频繁发生,给全球经济带来灾难。

(三)垄断资本的全球扩展:资本输出

垄断资本在国内建立了垄断统治后,必然要把其统治势力扩展到国外,建立国际垄断统治。垄断资本在世界范围的扩展,反映了资本主义发展的必然逻辑,也反映了资本主义发展的本质。

1. 资本输出的主要经济动因

首先,将国内过剩的资本输出,以便在国外谋求高额利润;其次,将部分非要害的技术转移到国外,以取得在别国的垄断优势,攫取高额垄断利润;再次,争夺商品销售市场;最后,确保原材料和能源的可靠来源。

2. 资本输出的基本形式

从资本输出的形态看有三种形式:一是商品资本的输出,即把本国生产的商品运到其他国家销售。二是借贷资本输出,即由资本主义国家的政府、银行、企业把资本贷给其他国家的政府、银行或企业。三是生产资本输出,即在国外直接投资,独立创办企业,与外国资本合营,或者收购外国已有的企业等。在资本输出的三种形式中,商品资本的输出在自由竞争资本主义阶段占主导地位,借贷资本和生产资本的输出则在垄断资本主义阶段占主导地位。

从输出资本的来源看有两类:一是私人资本输出,主要包括私人对外直接投资、各种对外证券投资、私人银行和非银行金融机构的对外贷款、私人在国外的房地产投资和存款、私人对外开展商品和服务贸易等。二是国家资本输出,主要包括政府及其所属的金融机构的对外贷款;政府的对外援助,包括经济援助和军事援助;对国际机构如世界银行、欧洲开发基金、国际开发协会、亚洲开发银行等投资;政府在国外的资产等。私人资本输出是为了获得高额垄断利润或利息,同时也是加强剥削和控制发展中国家的经济的手段。国家资本输出则一方面为私人垄断资本服务,另一方面为维护资本主义世界体系服务。

3. 资本输出的社会经济后果

对于资本输出国来讲,资本输出为其带来了巨额利润,加速了资本积累,增强了垄断资本的实力;资本输出带动和扩大了商品输出,巩固和扩大了垄断资本的销售市场和投资场所;大大改善了国际收支状况;对发展中国家的经济命脉形成控制,进一步巩固和扩大了垄断优势地位。

对于发展中国家来讲,资本的输入对其经济和社会发展产生了一定的积极作用:吸收了经济发展所需要的资金,为经济发展提供了条件;引进了比较先进的机器设备和工艺技术,同时培训了一批适应现代化生产需要的技术人员、熟练工人和企业管理干部;利用外资和技术,建立一批现代工业,优化了产业结构;利用外资扩大生产,促进了对外贸易的发展;推动了经济的发展,增加了就业机会,提高了收入水平。但资本输入也给发展中国家带来了一定的不利影响,主要是:付出了较大的经济代价以及环境污染、能源和资源消耗的代价;产业调整和布局有可能受制于外资的投资战略;外来资本和跨国公司投资增加,冲击本国的民族工业,并影响国民经济的控制权;债务负担加重,影响经济的持续稳定发展;对国际资本的依赖性增强,容易受到国际经济波动的影响等。

(四)资本国际运行的调节机制和手段

随着资本输出的不断增加和垄断资本势力范围的迅速扩大,各国之间的经济联系日益密切,国际经济联系也更为复杂,同时,彼此间的竞争更为激烈,矛盾和冲突也更为突出。在这个背景下,各资本主义国家的垄断组织,通过订立协议建立起国际垄断资本的联盟,即国际垄断同盟,以便在世界范围形成垄断,并在经济上瓜分世界。国际垄断同盟在经济上瓜分世界是通过垄断组织间的协议实现的,而协议的订立、瓜分的结果又以经济实力为后盾和基础。由于各国经济发展总是不平衡的,这种从经济上瓜分世界的趋势还将不断持续下去。早期的国际垄断同盟主要是国际卡特尔,即若干垄断资本主义国家的生产或经营某种产品的垄断组织,通过订立国际卡特尔协议,垄断和瓜分这种产品的世界市场,规定垄断价格,谋求垄断利润。当代国际垄断同盟的形式以跨国公司和国家垄断资本主义的国际联盟为主。

跨国公司是国际垄断同盟的重要形式之一。跨国公司是一种国际性的企业,它以本国总公司为基地,通过对外直接投资在其他国家和地区设立子公司,从事跨越国界的生产经营活动,是当代国际范围内生产和资本运动的主要组织形式。跨国公司是生产国际化和资本国际流动发展到一定阶段的产物,是资本根据利润最大化原则在全球进行资源优化配置的结果。

国家垄断资本主义的国际联盟,是国际垄断同盟的高级形式。它主要是由一些资本主义国家的政府出面缔结协定所组成的国际经济集团。国家垄断资本主义的国际联盟使各国经济的一体化程度大大增强,在一定程度上促进了生产和资本的集中,刺激了生产的发展,使各国间有可能保持和平与稳定的关系。

除了通过跨国公司和国家垄断资本主义的国际联盟增强垄断资本的国际竞争力,谋求高额垄断利润以外,为了加强对各国垄断资本的协调和制约,防止彼此之间的激烈竞争可能引起的剧烈经济动荡,特别是防止发生全球性经济危机,在协商和合作的基础上,国际垄断资本还建立起国际经济调节机制,以加强国际协调。国际经济协调的具体形式包括各种国际经济组织、国际经济协议以及地区性的经济组织和集团等。第二次世界大战以来,从事国际经济协调,维护国际经济秩序的国际性协调组织主要有三个,即国际货币基金组织、世界银行和世界贸易组织。

垄断资本国际化条件下各种形式的国际垄断组织、国际垄断同盟和国际经济协调机构的发展,加快了资本、技术等生产要素在国际间的流动,推动了商品和服务贸易额的迅速增大,加强了各国之间的经济联系,促进了经济全球化的发展,在一定程度上缓和了国际经济领域的矛盾和危机。但是,由于调节带来的利害分担不均、调节的依据不同、调节缺乏权威性等,资本国际运行调节的局限性也是显而易见的,无法解决资本国际运行的深层矛盾。国际垄断组织和国际垄断同盟以及国际协调机构进行的国际经济调节,从根本上说是为维护资产阶级的利益,为他们攫取高额垄断利润服务的。国际垄断组织和国际垄断同盟以及国际协调机构不仅维护本国垄断资产阶级的利益,而且对资本主义世界的经济关系进行协调和调整,从而维护了整个资本主义制度和各国垄断资产阶级的共同利益。

(五) 垄断资本主义的实质

资本主义发展到垄断资本主义,垄断资本凭借垄断地位,获取高额垄断利润。为了获取高额垄断利润,垄断资本对内通过"参与制"和"个人联合"谋求从经济到政治对整个国家的统治;对外运用经济的、政治的甚至战争的手段进行扩张,谋求对整个世界经济和政治的控制。两次世界大战都是因为帝国主义国家争夺世界霸权和重新瓜分世界而引起的。第二次世界大战以来,老殖民主义体系已经瓦解,垄断资本主义对世界的统治也由旧殖民主义转为新殖民主义。当代垄断资本主义国家更多地采取比较缓和和隐蔽的手法,打着所谓援助的旗号实现其对发展中国家的剥削、控制。出于维护垄断资本既得利益和扩张势力范围的需要,垄断资本主义国家在对外关系中依然推行霸权主义和强权政治,维护国际政治经济旧秩序,不尊重他国主权和独立,甚至寻找种种借口对他国进行赤裸裸的军事侵略和武装占领,暴露出垄断资本主义的扩张主义本性。

三、经济全球化及其后果

所谓经济全球化是指在生产不断发展、科技加速进步、社会分工和国际分工不断深化、生产的社会化和国际化程度不断提高的情况下,世界各国经济在全球范围内的融合。在自由资本主义阶段,经济全球化的趋势已经萌芽。到 20 世纪 80 年代后,经济全球化的进程则大大加快了。

(一) 经济全球化的表现

一是生产的全球化。在经济全球化过程中,国际水平分工逐渐取代国际垂直分工成为居主导地位的分工形式,这种分工使世界各国的生产活动不再孤立地进行,而是成为全球生产体系的有机组成部分。

二是贸易的全球化。在经济全球化过程中,国际贸易迅速扩大,服务贸易发展迅速,参与贸易的国家急剧增加,国际多边贸易体系形成。

三是金融的全球化。首先,国际债券市场融资规模迅速扩大。其次,与国际股票市场的发展相联系,基金市场迅速成长。最后,金融市场高度一体化。随着各国金融市场的不断开放,全球各类金融市场正在向连成一片的方向发展。目前美国、欧洲与亚洲三大区域的外汇市场已连为一体,其运作方式、交易品种与手段基本保持一致,投资者可以在一天 24 小时内的任何时间进行交易。

四是企业经营的全球化。企业经营全球化的重要标志是跨国公司成为世界经济的主体。对外直接投资增加,跨国公司成为国际经济舞台的主角。跨国公司的迅速发展,使生产、资本和商品的国际化进一步深化,极大地推动了经济全球化进程。

(二) 经济全球化的动因

首先,科学技术的进步和生产力的发展。科学技术的进步特别是 20 世纪 70 年代以来的信息技术革命和生产力的发展,为经济全球化提供了坚实的基础,推动了经济全球化的迅速发展。

其次,跨国公司的发展。跨国公司为经济全球化提供了适宜的企业组织形式。

最后，各国经济体制的变革，为国际资本的流动、国际贸易的扩大、国际生产的大规模进行提供了适宜的体制环境和政策条件，促进了经济全球化的发展。

（三）经济全球化的后果

经济全球化是不可逆转的历史趋势，是生产力发展的必然结果，是全球生产力增长的过程、全球经济市场化的过程和全球利益再分配的过程。经济全球化是一个充满矛盾的进程，它在产生积极效应的同时，也会产生消极的后果。

一方面，经济全球化使生产要素得以在全球范围内优化配置，推动世界生产力的发展。发展中国家可以在经济全球化中引进技术和管理经验，促进产业结构高级化，增强经济竞争力；可以通过吸引外资，扩大就业，充分发挥劳动力资源的优势；也可以利用不断扩大的国际市场带动国内经济发展；还可以借助投资自由化和比较优势组建大型跨国公司，以从经济全球化中获取更大的利益。

另一方面，经济全球化也带来了一系列消极后果。由于发达资本主义国家在经济全球化过程中的优势地位，控制着经济全球化的竞争规则和主导世界经济的国际组织，因而发达资本主义国家在经济全球化中获得了最大利益，发达国家和发展中国家之间的差距不断扩大，一些发展中国家甚至有被经济全球化边缘化的危险，发展资金匮乏、债务负担沉重、贸易条件恶化、金融风险增加以及技术水平的落后，使发展中国家总体上处于更为不利的地位；各国特别是相对落后国家原有的体制、政府领导能力、社会设施、政策体系、价值观念和文化都面临着全球化的冲击，国家内部和国际社会都出现不同程度的治理危机；经济全球化既为一国经济竞争力的提高提供了条件，同时也存在着对别国形成依赖的危险；各国经济发展的不平衡不断加剧，贫者愈贫、富者愈富的现象在继续发展。经济全球化所带来的消极后果，会制约甚至破坏全球生产力的发展，对全球经济持续稳定健康地发展带来严重影响。2008年由美国的次贷危机引发的国际金融危机就是明证。

因此，如何使经济全球化成为世界各国共赢的经济全球化、世界各国平等的经济全球化、世界各国公平的经济全球化和世界各国共存的经济全球化，是国际社会共同面临的重大课题。

第二节 当代资本主义的新变化及其实质

一、当代资本主义的新变化

与第二次世界大战前的资本主义相比，当代资本主义在许多方面已经并正在发生变化。揭示这些新变化的表现和特点，对于在新的历史条件下深刻认识资本主义的本质和规律具有十分重要的意义。

（一）生产资料所有制的变化

从历史发展的角度看，资本主义生产资料所有制是不断演进和变化的。当代资本主义社会在坚持私有制不变的前提下，对财产占有形式进行了调整，出现了资本占有形式社会化的趋势，经历了从单个资本到股份资本再到国家资本的过程，出现了单个资本、股份资本和国家资本同时并存的格局。

在资本主义发展的初期，生产资料的经济上的所有权与法律上的所有权一致的个体资本所有制是占主导地位的所有制形式。

19世纪末20世纪初，随着股份公司成为主要的企业组织形式，私人股份资本所有制取代个体资本所有制成为占主导地位的所有制形式。生产资料的经济上的所有权与法律上的所有权发生分离，所有权与控制权不再统一。

第二次世界大战后，国家资本所有制形成并发挥重要作用，法人资本所有制崛起并成为居主导地位的资本所有制形式。国家资本所有制指生产资料由国家占有并服务于垄断资本的所有制形式。国有制主要存在于基础设施和公共事业部门，所以对整个社会经济的发展有着重要的影响。国家资本所有制就其性质而言，仍然是资本主义形式。法人资本所有制是法人股东化的产物，基本特点是：各类法人（企业法人和机构法人）取代个人或家族股东成为企业的主要出资人，企业的股票高度集中于少数法人股东之手，法人股东凭借手中集中化的控股权干预甚至直接参与公司治理，监督和制约管理阶层的经营行为，使公司资本的所有权与控制权重新趋于合一。法人资本所有制主要存在于当代资本主义经济生活中居支配地位的巨型公司中。法人资本所有制在性质上是一种基于资本雇佣劳动的垄断资本集体所有制，它体现了资本剥削雇佣劳动的关系。

（二）劳资关系和分配关系的变化

在资本主义条件下，劳动从进入生产过程开始，就已经隶属于资本，在表面平等的交换关系的背后，是资本对劳动的实际支配和控制。随着社会生产力的发展和工人阶级反抗力量的不断壮大，资本家及其代理人开始采取一些缓和劳资关系的激励制度，促使工人自觉地服从资本家的意志。

在劳资关系上，当代资本主义国家在坚持不损害资产阶级根本利益的前提下，采取多种形式，改善劳资关系，缓和阶级矛盾。这些制度主要有：其一，职工参与决策。这一制度旨在协调劳资关系，缓和阶级矛盾。其二，终身雇佣。实行这个制度的目的是增强工人对企业的归属意识。其三，职工持股。该制度旨在通过使职工持有一部分本公司的股份来调动工人的生产积极性，使工人产生归属感。

在分配关系上，当代资本主义国家在坚持以剥削为实质的按资分配的前提下，对收入与分配政策进行了调整，出现了收入分配日益社会化的趋势。第二次世界大战后，随着经济的恢复和发展，特别是一批社会主义国家的出现，资本主义国家内部工人阶级同资产阶级的斗争的发展，发达资本主义国家为了缓和矛盾，避免社会剧烈冲突和动乱，保持社会的稳定，建立并实施了普及化、全民化的社会福利制度，在一定程度上满足劳动者的安全和保障需求，保证劳动者维持最低生活水平，改善劳动者的社会状况，资本主义国家工人阶级的生活状况由此得到了一定的改善。

（三）社会阶层和阶级结构的变化

在当代资本主义生产关系中，阶层、阶级结构发生了新的变化：

一是资本家的地位和作用已经发生很大变化。随着科技的发展和生产社会化程度的不断提高，大公司内部资本所有权与控制权发生分离，拥有所有权的资本家一般不再直接经营和管理企业。

二是高级职业经理成为大公司经营活动的实际控制者。他们在企业中控制企业决策，组织和指挥生产，控制人事调动，处理劳资纠纷，因而具有控制企业的实际权力。

三是知识型和服务型劳动者的数量不断增加，劳动方式发生了新变化。越来越多的工人在生产过程中从事监督者、调节者和操作者的工作，实现了从传统劳动方式向现代劳动方式的转变。

（四）经济调节机制和经济危机形态的变化

第二次世界大战结束以来，随着国家垄断资本主义的形成和发展，虽然市场机制依然在资源配置过程中发挥着基础性调节作用，但它已不是唯一的经济调节机制了，资产阶级国家对经济的干预不断加强。国家已经承担起了提供财产保护、增强国家竞争力、实现经济增长和充分就业、保持经济稳定、提高社会福利水平以及维护竞争秩序等重要职能。它与市场机制相辅相成，共同推动着资本主义经济的运行和发展。但是，从20世纪70年代起，随着资本主义经济陷入"滞涨"和新自由主义思潮的泛滥，西方国家普遍走上强化市场调节，弱化政府干预的道路。随着政府干预经济能力的弱化，资本主义生产方式固有的局限性越来越突出，资本主义经济危机呈现新的特点：去工业化和产业空心化日趋严重，产业竞争力下降；经济高度金融化，虚拟经济与实体经济严重脱节；财政严重债务化，财务危机频繁爆发；两极分化和社会对立加剧；经济增长乏力，发展活力不足，周期性危机与结构性危机交织在一起；金融危机频发，全球经济屡受打击。2008年美国次贷危机引发全球金融危机，进而扩散到实体经济领域，波及范围之广、影响程度之深、冲击强度之大，为20世纪30年代以来所罕见，对世界经济产生了巨大的破坏性作用。

（五）政治制度的变化

政治制度出现多元化的趋势，公民权利有所扩大。公民在法制范围内较广泛地通过个人的政治、法律行为，或以团体、组织、政党为单位，通过集体的政治、法律行为影响国家政策的制定和执行，以谋求自身利益，重视并加强法制建设。第二次世界大战后资本主义国家普遍加强了法制建设，以便维护社会各阶级、阶层之间利益的协调，缓和矛盾和冲突，更好地发挥对经济生活的干预作用。在法制建设中，资本主义国家通过宪法和法律，使国家权力的行使、政权结构的布局以及国家权力结构中的各种权力主体的活动均纳入法制范围。改良主义政党在政治舞台上的影响日益扩大，成为第二次世界大战后西方资本主义国家政治生活中非常引人注目的现象。

二、当代资本主义新变化的原因和实质

当代资本主义的新变化是很深刻的，正确认识新变化的原因、态势和实质，对于科学把握当代资本主义的发展规律，批判和扬弃其消极和落后的因素方面具有重要的意义。

（一）当代资本主义新变化的原因

当代资本主义发生新变化的原因是多方面的，最主要的有：

首先，科学技术革命和生产力的发展，是当代资本主义新变化的根本推动力量。第二次世界大战之后，世界发生了第三次科技革命，极大地促进了生产力的发展。西方主要资本主义国家劳动生产率提高，产业结构改善，经济快速发展。由于科学技术的发展，西方发达国家的第一、第二产业在国内生产总值中的比重大大下降，第三产业迅速上升。科学技术的发展推动了经济的发展。

其次，工人阶级争取自身权力和利益斗争的作用，是推动资本主义变化的重要力量。第二次世界大战后，发达资本主义国家工人为了维护自己的利益，继续同资产阶级展开斗争。20世纪50—60年代，西方国家的工人阶级为提高工资、改善劳动条件和生活条件，反对垄断资本主义的侵略政策和战争政策，曾开展过强大的政治攻势和斗争，迫使资产阶级做出重大让步、进行某些社会改革。

再次，社会主义制度初步显示的优越性对资本主义产生了一定影响，对资本主义制度构成了挑战，促使资产阶级在吸取和总结社会主义国家的经验的基础上对资本主义制度进行改良。

最后，主张改良主义的政党对资本主义制度的改革，也对资本主义的变化发挥了重要作用。第二次世界大战后，一些改良主义政党在英、法、德等发达资本主义国家相继获得执政地位。在这些政党执政时期，他们凭借国家政权，在不触动资本主义基本经济制度的前提下，对资本主义生产关系的个别环节进行了自觉的改良。这些改良措施的实施，在一定程度上对资本主义生产关系进行了调整，修补了传统资本主义经济运行机制的缺陷，使资本主义进入到新的发展阶段。

（二）当代资本主义新变化的实质

当代资本主义的新变化是客观事实，其意义也是具有深远影响的；这些新变化也在一定程度上克服了资本主义私有制与生产社会化的矛盾，促进了当代资本主义社会的经济增长和社会稳定，也提高了当代资本主义国家的人民生活水平。但这些变化并不意味着资本主义生产关系的根本性质发生了变化。

必须明确，当代资本主义发生的变化从根本上说是人类社会发展一般规律和资本主义经济规律作用的结果。资本主义生产方式为适应生产力发展要求而作的自我调节，是资本主义生产关系的自我扬弃和自我否定的过程。当代资本主义发生的变化是在资本主义制度基本框架内的变化，并不意味着资本主义生产关系的根本性质发生了变化。资本主义制度是建立在生产资料私有制和雇佣劳动基础上的剥削制度，最大限度地追求剩余价值是资本主义制度的基本规律。从当代资本主义发展的实际情况来看，生产资料私有制依然是资本主义的基本经济制度，资本追逐剩余价值的本性并没有改变，改变的只是获取剩余价值的方式和方法。资本占有的社会性提高没有改变资本在社会经济关系中的支配地位，传统的工人阶级队伍的变化没有消除资本与新型的劳工阶层之间的支配与反支配、剥削与反剥削的斗争，社会福利制度也没有从根本上瓦解资本主义制度下财富占有两极分化的制度基础。

把资本主义的部分变化夸大为资本主义的质的根本变化的认识是片面的，而完全否定当代资本主义新变化的意义也是错误的。正确认识当代资本主义的新变化，可以帮助我们实事求是地分析和借鉴资本主义发展过程中出现的符合社会化大生产要求的积极因素，进一步发展和完善社会主义制度。

第三节 资本主义的历史地位和发展趋势

一、资本主义的历史地位

资本主义社会，同历史上有过的一切其他社会经济制度一样，其产生、发展以及最终为另一种更高级的社会经济制度所代替，都是由人类社会发展的一般规律决定的，是客观的不以人的意志为转移的自然历史过程。但同此前的其他社会经济制度相比,资本主义制度空前地提高了社会生产力,则是以往任何社会所不可比拟的。

与封建社会相比,资本主义显示了巨大的历史进步性。

首先,资本主义促进了生产力的发展。资本主义私有制为社会化大生产迅速发展提供了制度基础,将科学技术转变为强大的生产力。资本追逐剩余价值的本性和竞争的外在压力为生产无限扩大提供了强大动因,推动了社会生产力的迅速发展。其次,资本主义推动了社会关系的进步。资本主义的意识形态和政治制度虽然本质上是为资产阶级服务的,但在经济上保护自由竞争、等价交换,政治上推崇自由、民主、平等,与奴隶制和封建制国家相比,无疑是人类社会生活的一大进步。最后,资本主义创造了向社会主义过渡的各种要素。资本主义为市场经济充分发展拓宽了广阔空间,为社会主义提供了成熟的经济运行方式,为建立社会主义制度准备了物质条件。

然而,资本主义的历史进步性并不能掩盖其自身的局限性,其表现是:

第一,资本主义的发展史是用血与火的文字载入人类编年史的。少数发达国家的繁荣史是广大亚非拉殖民地半殖民地国家人民的苦难史。第二,资本主义商品经济的发展过程是两极分化日益严重的过程。资本主义基本矛盾阻碍社会生产力的发展,引发周期性的经济危机。第三,资本家阶级支配和控制资本主义经济和政治的发展和运行,不断激化社会矛盾和冲突。第四,资本主义商品经济条件下的社会文明,呈现出发展与倒退、进步与堕落并存的局面。

上述局限性决定了资本主义的经济、政治、文化和社会等各个领域以及全球范围内的冲突、动荡和危机。这些局限性在资本主义生产方式范围内是不可能根本消除的,它决定了资本主义生产方式的历史过渡性。

二、资本主义为社会主义所代替的历史必然性

从历史的长河看,资本主义终究要被社会主义所取代,这是历史发展的基本趋势。

(一)资本主义的内在矛盾决定了资本主义必然被社会主义所代替

首先,资本主义基本矛盾"包含着现代的一切冲突的萌芽",表现在阶级关系上是无产阶级和资产阶级的对立,表现在生产上是个别企业中生产的有组织性和整个社会生产的无政府状态之间的对立,资本主义经济危机的爆发正是这个基本矛盾发展的结果。只有用社会主义生产方式取代之,才能根本解决资本主义生产方式的基本矛盾。

其次,资本积累推动资本主义基本矛盾不断激化,为否定资本主义制度自身准备了物质条件。当资本主义基本矛盾及其派生的各种矛盾在资本积累中不断发展、激化到资本主义制度自身无法使之释放时,公有制取代私有制、社会主义取代资本主义就将成为不可避免的结果。这是资本主义积累过程所具有的客观历史趋势。

再次,国家垄断资本主义是资本社会化的更高形式,将成为社会主义的前奏。资本的社会化是在资本主义社会的生产力和生产关系的矛盾运动中发展的。到了国家垄断资本主义阶段,生产社会化、资本社会化和管理社会化都到了资本主义生产方式的更高程度,从而为全社会共同占有生产资料和共同组织社会化生产准备了充分的物质条件和经济条件。

最后,资本主义社会存在着资产阶级和无产阶级两大阶级之间的矛盾和斗争。资本主义在造就了社会化大生产的同时,也产生了推动和运用这一先进生产力的无产阶级。无产阶级

是现代大工业的产物,是真正革命的阶级,资产阶级的灭亡和无产阶级的胜利是同样不可避免的。

(二) 社会主义代替资本主义是一个长期的历史过程

资本主义向社会主义的转变会触及资产阶级的根本利益,必然会遭到阻挠和反抗,因而资本主义向社会主义的过渡必然是一个复杂的、长期的历史过程。

首先,任何社会形态的存在都有相对稳定性,从产生到衰亡都要经过相当长的时间跨度。社会主义代替资本主义是对剥削制度的废除,不能期望在短时期内完成,而需要一个长期的过程。其次,资本主义发展不平衡性决定了过渡的长期性。从世界范围来看,资本主义向社会主义过渡必将是一个从个别国家逐步向更多国家扩展的相当长的历史过程。再次,当代资本主义的发展,还显示出生产关系对生产力容纳的空间,表明资本主义还将有一定的发展余地。最后,社会主义作为新生事物,其本身也有一个成长壮大的过程。从目前来看,社会主义国家的经济发展水平还比较低,还需要走比较长的路发展自身,说明资本主义为社会主义所代替尚需长期的过程。

但必须明确,尽管资本主义在全世界范围内被社会主义所取代是一个相当长的历史过程,尽管这个过程可能出现这样那样的曲折,但资本主义为社会主义所取代的总趋势,则是必然的历史走向。

❓ 思考与练习

一、单项选择题

1. 国家垄断资本主义条件下,政府对经济生活进行干预和调节的实质是(　　)。
   A. 维护垄断资产阶级的整体利益和长远利益　　B. 维持资本主义经济稳定增长
   C. 消除或防止经济危机的爆发　　D. 提高资本主义社会的整体福利水平
2. 垄断资本主义取代自由竞争资本主义,表明资本主义生产关系(　　)。
   A. 实现了自我否定　　B. 发生了根本变化
   C. 仍无任何变化　　D. 有局部调整,但没有改变本质
3. 国家垄断资本主义对经济的干预:(　　)。
   A. 根本解决了垄断资本主义国家的阶级矛盾
   B. 改变了资本主义私有制的性质
   C. 使资产阶级和工人阶级形成了利益一致
   D. 没有改变劳动者受剥削的地位
4. 经济全球化从本质上看是:(　　)。
   A. 贸易的全球化　　B. 资源配置国际化
   C. 生产全球化　　D. 资本主义生产关系的局部调整
5. 当代资本主义的新变化:(　　)。
   A. 意味着资本主义生产关系发生了根本变化
   B. 从根本上改变了资本主义社会
   C. 从根本上适应了生产的社会化
   D. 是人类社会发展一般规律作用的结果

二、问答题

1. 国家垄断资本主义的形式有哪些？
2. 如何理解经济全球化是一个充满矛盾的进程？
3. 如何认识当代资本主义新变化的实质？
4. 试述社会主义代替资本主义是长期和曲折的历史过程。

参考答案

一、单项选择题
1. A 2. D 3. D 4. B 5. D

二、问答题

1. 答案要点：①国家垄断资本主义是国家政权和私人垄断资本融合在一起的垄断资本主义。国家垄断资本主义的产生，是垄断资本主义生产关系在自身范围内的部分质变，标志着资本主义发展进入新的阶段。②国家垄断资本主义的基本形式有两种：一是采取国家资本的形式。国家资本主要采取国有企业和国私混合所有制企业两种形式。国有企业是国家所有并直接经营的企业，国私混合所有制企业是国家与私人共有、合营企业。二是国有资本和私人资本在社会范围内结合的形式。表现为国家通过多种形式参与私人垄断资本的再生产过程，包括：国家向私人企业采购；国家通过国家银行向私人企业提供资金，并利用信用系统对市场资金的供求进行调节；国家通过提供各种形式的补贴来资助私人企业；国家通过社会福利开支，提高社会购买力，扩大消费需求，为私人垄断企业创造市场条件。国家通过科学技术研究和试验的巨额拨款，向某些私人企业提供各种研究成果等。

2. 答案要点：①所谓经济全球化是指在生产不断发展、科技加速进步、社会分工和国际分工不断深化、生产的社会化和国际化程度不断提高的情况下，世界各国经济在全球范围内的融合。经济全球化表现在生产的全球化、贸易的全球化、金融的全球化和企业经营的全球化。经济全球化是不可逆转的历史趋势，是生产力发展的必然结果，是全球生产力增长的过程、全球经济市场化的过程和全球利益再分配的过程。②经济全球化是一个充满矛盾的进程，它在产生积极效应的同时，也会产生消极的后果。一方面，经济全球化使生产要素得以在全球范围内优化配置，推动世界生产力的发展。发展中国家可以在经济全球化中引进技术和管理经验，促进产业结构高级化，增强经济竞争力；可以通过吸引外资，扩大就业，充分发挥劳动力资源的优势；也可以利用不断扩大的国际市场带动国内经济发展；还可以借助投资自由化和比较优势组建大型跨国公司，以从经济全球化中获取更大的利益。另一方面，经济全球化也带来了一系列消极后果。由于发达资本主义国家在经济全球化的优势地位，控制着经济全球化的竞争规则和主导世界经济的国际组织，因而发达资本主义国家在经济全球化中获得了最大利益，发达国家和发展中国家之间的差距不断扩大，一些发展中国家甚至有被经济全球化边缘化的危险，发展资金匮乏、债务负担沉重、贸易条件恶化、金融风险增加以及技术水平的落后，使发展中国家总体上处于更为不利的地位；各国特别是相对落后国家原有的体制、政府领导能力、社会设施、政策体系、价值观念和文化都面临着全球化的冲击，国家内部和国际社会都出现不同程度的治理危机；经济全球化既为一国经济竞争力的提高提供了条件，同时也存在着对别国形成依赖的危险；各国经济发展的不平衡不断加剧，贫者愈贫、富者愈富的现象在继续发展。

经济全球化所带来这些消极后果，会制约甚至破坏全球生产力的发展，对全球经济持续稳定健康地发展带来严重影响。

3. 答案要点：①与第二次世界大战前的资本主义相比，当代资本主义在生产资料所有制、劳资关系和分配关系、社会阶层、阶级结构、经济调节机制和经济危机形态和政治制度等许多方面已经并正在发生变化。②当代资本主义的新变化在一定程度上克服了资本主义私有制与生产社会化的矛盾，促进了当代资本主义社会的经济增长和社会稳定，也提高了当代资本主义国家的人民生活水平。③这些变化并不意味着资本主义生产关系的根本性质发生了变化。必须明确，资本主义生产方式为适应生产力发展要求的自我调节，是资本主义生产关系的自我扬弃和自我否定的过程，当代资本主义发生的变化是在资本主义制度基本框架内的变化，并不意味着资本主义生产关系的根本性质发生了变化。

4. 答案要点：①从历史的长河看，资本主义终究要被社会主义所取代，这是历史发展的基本趋势。这是由资本主义的内在矛盾决定的。②资本主义向社会主义的转变会触及资产阶级的根本利益，必然会遭到阻挠和反抗，因而资本主义向社会主义的过渡必然是一个复杂的、长期的历史过程。首先，任何社会形态的存在都有相对稳定性，从产生到衰亡都要经过相当长的时间跨度。社会主义代替资本主义是对剥削制度的废除，不能期望在短时期内完成，而需要一个长期的过程。其次，资本主义发展不平衡性决定了过渡的长期性。从世界范围来看，资本主义向社会主义过渡必将是一个从个别国家逐步向更多国家扩展的相当长的历史过程。再次，当代资本主义的发展，还显示出生产关系对生产力容纳的空间，表明资本主义还将有一定的发展余地。最后，社会主义作为新生事物，其本身也有一个成长壮大的过程。从目前来看，社会主义国家的经济发展水平还比较低，还需要走比较长的路发展自身，说明资本主义为社会主义所代替尚需长期的过程。

参考文献

[1] 中共中央马克思恩格斯列宁斯大林著作编译局. 马克思恩格斯选集：第1卷［M］. 北京：人民出版社，2012.

[2] 中共中央马克思恩格斯列宁斯大林著作编译局. 马克思恩格斯选集：第2卷［M］. 北京：人民出版社，2012.

[3] 中共中央马克思恩格斯列宁斯大林著作编译局. 列宁选集：第2卷［M］. 北京：人民出版社，2012.

[4] 中共中央马克思恩格斯列宁斯大林著作编译局. 列宁选集：第3卷［M］. 北京：人民出版社，2012.

[5] 江泽民. 江泽民主席在千年首脑会议分组讨论会上发言［N］. 人民日报海外版，2000 - 09 - 08（1）.

[6] 胡锦涛. 在省部级主要领导干部提高构建社会主义和谐社会能力专题研讨班上的讲话［M］//中共中央文献研究室. 十六大以来重要文献选编：中. 北京：中央文献出版社，2006.

[7] 习近平. 在2010'经济全球化与工会国际论坛开幕式上的致辞［N］. 人民日报，2010 - 02 - 26（2）.

[8] 习近平. 立足我国国情和我国发展实践　发展当代中国马克思主义政治经济学［N］. 人民日报，2015 - 11 - 25（1）.

第六章 社会主义社会及其发展

 学习目的与要求

了解社会主义从空想到科学、从理论到实践的发展，社会主义在一国首先胜利的理论，社会主义在20世纪的实践；认识社会主义的本质和特征；了解在经济文化相对落后国家建设社会主义的艰巨性和长期性以及社会主义道路的多样性；了解马克思主义政党在社会主义事业中的地位和作用。

 教学要点

社会主义的本质和特征；社会主义发展道路的多样性；社会主义的自我发展和完善。

党的十八大强调要高举中国特色社会主义伟大旗帜，强调中国特色社会主义是党和人民90多年奋斗、创造、积累的根本成就，必须加倍珍惜、始终坚持、不断发展，号召全党不懈探索和把握中国特色社会主义规律，永葆党的生机活力，永葆国家发展动力，奋力开拓中国特色社会主义更为广阔的发展前景。

（习近平：《在十八届中共中央政治局第一次集体学习时的讲话》，中共中央文献研究室编：《习近平总书记重要讲话文章选编》，党建读物出版社、中央文献出版社2016年，第6页）

"领会了贯穿其中的马克思主义立场、观点、方法，才能心明眼亮，才能深刻认识和准确把握共产党执政规律、社会主义建设规律、人类社会发展规律，才能始终坚定理想信念，才能在纷繁复杂的形势下坚持科学指导思想和正确前进方向，才能带领人民走对路，才能把中国特色社会主义不断推向前进。"

（习近平：《依靠学习走向未来》，同上书，第34页）

第一节 社会主义制度的建立

一、社会主义从空想到科学

1. 社会主义从空想到科学的发展

从资本主义制度建立伊始，就有许多仁人志士对其弊端提出批评，并描绘出理想社会的蓝图来代替资本主义。最早的空想社会主义思想在16—17世纪资本主义原始积累和初期发展阶段即已出现。资本主义社会经济制度来到世间就带着许多其自身不可克服的矛盾和弊端，特别是早期的资本原始积累时期，阶级矛盾、贫富分化极其严重，工人阶级的生活和工

作状况极其恶劣,资产阶级的剥削极其残酷,这激起了工人阶级的激烈反抗,自发的工人运动此起彼伏。

早期空想社会主义的代表作是英国人莫尔的《乌托邦》和意大利人康帕内拉的《太阳城》。他们在自己的著作中无情地批判了资本主义的种种罪恶,但提出和描绘的理想社会却充满着空想性质。空想社会主义思想家提出的社会改造方案,往往是包罗万象的,涉及哲学、经济、政治、历史、宗教、道德、家庭、社会生活各个方面乃至一些具体细节的庞大社会改造计划。在资本主义发展的早期阶段,这些设想显然只能是空想。

18世纪以后,空想社会主义思想在欧洲主要资本主义国家继续发展,在对未来社会的设想上也是五花八门,有的主张共产主义,有的带有平均主义乃至禁欲主义色彩。19世纪初期欧洲的三大空想社会主义者,有法国的圣西门、傅立叶和英国的欧文,他们在前人思想的基础上提出了自己的社会主义思想和方案,并进行了一些社会改造的尝试。他们的空想社会主义思想,成为马克思主义科学社会主义的直接理论来源。他们对新社会的描述尽管带有很大的空想,但也有其合理成分,闪烁着天才的火花,例如新社会要消灭私有制建立公有制的思想,以及新社会要实行按劳分配或按需分配的思想萌芽等。空想社会主义者看到了资本主义必然灭亡的命运,但因为他们没有正确认识社会历史发展的必然规律,不能揭示出资本主义必然灭亡的经济根源和客观必然性。空想社会主义"提供了启发工人觉悟的极为宝贵的材料"①,但不是科学的思想体系,在实践中也不可能指引工人阶级真正走上社会主义道路。

马克思和恩格斯从青年时期起就投身工人运动,当时欧洲大陆的工人运动风起云涌,在19世纪40年代的资产阶级革命中,工人阶级的力量得到了极大的显示与锻炼。但是由于没有科学社会主义思想的指导,当时形形色色的社会主义思潮又各有缺陷和不足,工人运动一直没有一个正确的指导思想和方向。马克思和恩格斯在工人运动的实践中,在总结、吸收前人优秀思想成果的基础上,逐步形成了科学社会主义理论。1847年年底他们受世界上第一个无产阶级政党"共产主义者同盟"的委托起草并于1848年2月发表《共产党宣言》,这是社会主义思想史上的第一个纲领性文件,它标志着科学社会主义理论公开面世。他们在宣言中阐述了人类社会发展进步的客观规律,指出资本主义制度必然为社会主义制度取代的历史发展趋势,并对未来社会的发展方向做了科学论述和预言。

科学社会主义理论与辩证唯物主义和历史唯物主义、马克思主义政治经济学一起,构成马克思主义理论的三个组成部分,成为无产阶级、社会主义和共产主义事业的指导思想和理论武器。

2. 无产阶级革命与社会主义制度的建立

马克思主义的科学社会主义从一开始就不仅仅是一种理论,而是始终同工人运动,同社会主义、共产主义事业的实践,紧密联系在一起。社会主义理论,是通过无产阶级革命实践实现的。无产阶级革命是迄今人类历史上最广泛、最彻底、最深刻的革命,是不同于以往一切革命的最新类型的革命。这是因为:

第一,无产阶级革命是要消灭私有制、建立公有制的社会革命,这是以往不同私有制之间相互取代所发生的革命不可比拟的。

第二,无产阶级革命是最终要彻底消灭一切阶级剥削和阶级统治的革命。以往的革命,

---

① 中共中央马克思恩格斯列宁斯大林著作编译局编译:《马克思恩格斯选集》第1卷,人民出版社2012年版,第432页。

如资产阶级革命是以一个阶级的剥削与统治代替另一个阶级的剥削与统治,而无产阶级革命、社会主义运动的目的则是消灭一切阶级剥削并最终消灭阶级和阶级统治。

第三,无产阶级革命是为绝大多数人谋利益的运动。以往的革命如资产阶级革命以后,得到革命果实的统治阶级是少数人,他们是为少数资产阶级谋利益的。无产阶级只有解放全人类,才能解放自己,它的阶级利益同广大劳动者的利益是完全一致的。因此,无产阶级革命必然是为广大人民群众谋利益的最广泛的革命。

第四,无产阶级革命是不断前进的历史进程。无产阶级通过革命夺取政权并不是目的,在无产阶级专政下经过一段过渡时期进入社会主义社会,再经过社会主义建设,使社会生产力极大提高、物质财富极大丰富、人得到全面发展,进而迈向共产主义,这才是无产阶级和社会主义、共产主义事业的远景和方向。

无产阶级革命的形式,从理论上说可以有暴力革命和非暴力革命即和平形式两种,但迄今的实践中,暴力革命是主要的基本形式。因为革命的根本问题是国家政权问题,在资本主义社会里进行无产阶级革命就是要从资产阶级手中夺取国家政权,变资产阶级专政为无产阶级专政,资产阶级当然不会心甘情愿地自动让出政权,对无产阶级的反抗他们必然是以各种手段加以镇压,因此无产阶级革命也必然采取激烈对抗的暴力形式。从无产阶级革命运动的历史看,无论是巴黎公社、俄国十月革命还是中国等社会主义国家政权的取得,都是通过暴力革命的方式进行的。

对于以和平方式实现社会主义的问题,马克思、列宁都曾谈到过。俄国最终是十月革命一声炮响以武装起义、暴力革命的方式建立起新生的苏维埃政权。第二次世界大战后建立起来的各个社会主义国家,也都是通过革命战争、武装起义等暴力革命的方式夺取政权,建立起社会主义国家的。世界经济政治军事格局在不断变化,资本主义国家内部也在不断进行着局部调整,在今后的社会发展中,社会主义革命将采取何种形式,只能由各国无产阶级政党和人民根据马克思主义基本原理同自己国家的实际情况相结合,做出决定。

对于无产阶级社会主义革命的发生,马克思主义者也有一个认识不断深化发展的过程。根据19世纪资本主义处于自由竞争阶段的现实条件和实际情况,马克思和恩格斯的基本观点是,社会主义革命即使不是在全世界同时进行,也要在几个主要资本主义国家同时发生才可能成功。无产阶级革命也必须是同时爆发才有胜利的可能。虽然资本主义各国发展不平衡,但总的说欧洲各资本主义国家的经济政治发展联系紧密,相互之间影响很大,这种条件下革命不可能孤立进行,虽可能有先有后,但是基本上同处于一个历史阶段,无产阶级革命只能是同时爆发才能胜利。

19世纪末20世纪初,资本主义由自由竞争阶段发展到垄断阶段,出现了一些新变化、新特征。最重要的一点就是垄断资本主义即帝国主义国家之间经济政治发展不平衡。在列宁思想的指引下,在俄国布尔什维克党的领导下,俄国无产阶级于1917年11月7日(俄历10月25日)在彼得格勒举行了十月革命武装起义,建立起世界上第一个社会主义国家。十月革命的胜利、苏维埃俄国的诞生,是列宁这一理论的成功实践。

二、苏维埃俄国对社会主义的实践

依据科学社会主义,无产阶级革命就是要变资本主义私有制为社会主义公有制,从而建立起社会主义的社会经济制度。十月革命的胜利,开辟了人类历史的新纪元。但是无产阶级革命胜利以后,如何经过过渡时期真正进入社会主义社会,则需要进行史无先例的开创性探索。

1. 列宁领导下的苏维埃俄国对社会主义的探索

从1917年年末的十月革命到1924年年初列宁逝世仅有短短的六年多时间,这段时期在列宁领导下苏维埃俄国对社会主义道路的探索大体可分为三个阶段,即进一步巩固苏维埃政权时期、战时共产主义时期、新经济政策时期。

(1) 进一步巩固苏维埃政权时期。从1917年11月到1918年春夏之交,在夺取政权后的最初半年里,首先进行了对大资本的剥夺和改造,实现了银行和大工业的国有化,使无产阶级掌握了国家的经济命脉。

(2) 战时共产主义时期。外国资产阶级不甘心资本主义统治在俄国的失败,企图把新生的无产阶级政权扼杀在摇篮里。从1918年春夏之交起,他们纠集了14个国家组成武装干涉军围攻俄国。同时,国内的地主资产阶级也不甘心失去政权和生产资料,爆发了红军与白军之间的国内战争。在这样严酷的内外环境中,从1918年夏到1921年春,在列宁领导下苏维埃政权实行了两年多战时共产主义政策。战时共产主义在经济上的主要特征是:取消商品货币关系,生产和流通由国家政权统一集中管理,生产资料和粮食等主要生活资料由国家统一调配。为了赢得战争、巩固政权,苏维埃政权在经济上采取了一系列强制性的非常措施,对各种资源和产品进行实物分配、计划配给,以保证前线的供应,保证城乡居民的基本生活。显然这是一种在非常时期采取的非常措施,是一种为应付战争而实行的临时政策。

(3) 新经济政策时期。1921年春,苏维埃俄国击退了外国武装干涉平息了国内叛乱,开始了和平建设时期。这时列宁果断地结束战时共产主义,转而实行新经济政策。首先是改变战时共产主义下废除商品货币关系、变成实物经济的做法,恢复和发展商品经济。利用商品货币关系发展国民经济,巩固新生政权的经济基础。在革命后很快国有化的工业企业,在战时共产主义条件下经营管理不善、效率不高。实物经济条件下的城乡交流、各行各业的交换不畅,整个社会的流通受到极大的影响。革命后的一段时期,在农村赶走了地主富农,土地分给贫苦农民耕种,国家采取余粮收集制,这种制度不利于提高农民的生产积极性,甚至是对农民利益的一种侵害。战时共产主义时期调动人的生产积极性主要靠革命热情,显然这种经济动力机制不可能持久。

实行新经济政策就是要对这些战时共产主义政策的弊端进行改革。在城市中要积极发展商品经济,列宁提出共产党人要学会经商,可以让原来的工厂管理者回来经营管理,已经国有化的公有制企业要提高效率。在农村则果断地变余粮征集制为农产品收购制,这一新制度的实施,使国家和农民的利益都得到保证,并改善了苏维埃政权与农民的关系,为引导农民走上社会主义道路打下了基础。新经济政策在实施的头几年取得了显著的成果,扭转了战时共产主义后期的不利局面,提高了经济效率,活跃了城乡交流,工人农民的生产积极性得到合理的激励,生产和生活水平都得到了提高,初步显示出新生社会制度的优越性。1924年年初列宁逝世。他在十月革命胜利后六年多的时间,对社会主义建设问题进行了多方面的探索,发展了马克思主义关于社会主义的理论。他的主要贡献是:首先,把社会主义建设作为一个长期探索、不断实践的过程;其次,把大力发展生产力、提高劳动生产率放在首位;再次,在社会主义建设中,特别是过渡时期不能人为取消商品经济,而要利用商品货币关系发展经济;最后,列宁还提出利用资本主义建设社会主义。他提出国家资本主义概念,即新生的无产阶级专政的国家政权可以利用并能控制其发展方向的资本主义经济。

列宁对社会主义建设提出一些新构想,主要包括:用合作化方式引导农民走向社会主义;发展工业,实现国家的工业化、电气化;学习资本主义一切可以利用的有价值的东西,为发展社会主义服务;进行文化革命,发展社会主义的文化教育事业;建立新型的社会主义政治制度，提高干部的素质和能力；加强社会主义民主法制建设，反对官僚主义；加强党的建设，维护党的团结。这些思想对后来的社会主义国家各方面的建设都有很重要的指导意义。

2. 斯大林领导下的苏联对社会主义的探索

列宁逝世后，苏联在斯大林的领导下，逐步建成了以生产资料公有制为基础的社会主义计划经济制度，形成了后来所称的社会主义的苏联模式。

从列宁逝世的 1924 年到在宪法中宣布建成社会主义的 1936 年，苏联仍然处于从资本主义向社会主义的过渡时期。在斯大林的领导下，经过十多年的革命与建设实践，把一个在资本主义国家中处于落后地位的俄国，逐步变成为一个社会主义工业国，一个实行计划经济配置资源的新型国家。

首先是生产资料所有制的变革。主要是通过建立集体农庄的形式实现的。到 1936 年时，苏联在所有制上的特点是，社会主义公有制占了绝对优势，基本上是在城市和工业中是全民所有制（采取国家所有制形式）为主，在农村和农业中是集体所有制为主，这样一种两种公有制并存的格局，构成了苏联社会主义计划经济制度的所有制基础。

其次是计划经济体制的建立和发展。在社会主义经济中，各种资源的配置是在公有制下按既是生产资料主人又是劳动者的人民的意愿有计划进行的。当无产阶级在俄国夺取了政权，并逐步建立起社会主义公有制基础的时候，如何在这种新的社会经济制度下配置资源就成为一个现实的课题。苏联在斯大林领导下走了一条建立集中的计划经济体制的道路。这种资源配置方式，经济活动的决策权主要在中央计划机构，通过计划任务的层层分解和执行，将各种人力物力资源用于社会主义建设的各个方面。在苏联模式中，商品经济依然存在，价值规律仍然在起作用，但计划是主导，市场的作用受到相当大程度的限制，各种资源主要是通过计划而不是市场配置的。战时共产主义时期主要靠革命热情推动经济建设的做法，在新经济政策时期就已改变，到计划经济时期则是把精神鼓励与物质鼓励结合起来，一方面鼓励人们为社会主义事业无私奉献；另一方面也通过实行按劳分配原则，以及对各行各业的先进人物和突出业绩的物质奖励促进经济效益的提高和社会主义建设的发展。

最后是政治思想文化等各项事业的建设与发展。斯大林曾把社会主义建设比喻为在一片"空地"上开拓。巩固了共产党对各项事业的领导，建立了与计划经济体制相适应的行政管理制度，各种反映社会主义意识形态的思想文化教育事业也取得了很大进步。1936 年 12 月，在苏维埃第八次非常代表大会上通过的苏维埃宪法宣布：苏联已建成社会主义社会。在斯大林的领导下，社会主义制度的优越性得到了多方面的体现，包括苏联生产力的大幅度提高、国家工业化的实现、国力的迅速增强、人民生活水平的提高、苏联国际地位的提高等，都是不容抹杀的历史事实。他开创的社会主义计划经济模式，有其历史功绩，也存在许多弊端，正因如此，从 20 世纪 50 年代起各社会主义国家纷纷走上了改革之路。

三、社会主义从一国到多国的发展

从十月革命到卫国战争胜利，苏联在社会主义革命后短短的几十年时间里，把一个经济文化较为落后的资本主义旧俄国演变成为世界上位居前列的经济政治军事强国，社会主义集中力量办大事的优越性得到充分体现，第二次世界大战以后社会主义事业从一国向多国发展壮大。

1. 东欧社会主义国家的建立和发展

在第二次世界大战前，东欧诸国的社会生产力和资本主义经济关系已有一定程度的发展，其中有些国家如捷克的工业还跻身当时的世界十强。它们的生产力发展水平不一、资本主义生产关系的发展程度也不相同，但都在特定的历史条件下走上了社会主义道路，并都是以苏联为榜样，采取了大体相同的经济政治体制。在这种体制下，集中力量办大事的优越性在第二次世界大战后初期的恢复中起到了决定性的作用，他们一般都在较短时间内治愈了战争创伤，并在第二次世界大战后初期创造了较高的经济发展速度。但集中计划经济体制的弊端也逐渐显露，特别是匈牙利、捷克等原资本主义市场经济已有相当发展的国家，计划经济的弊端很快就显现出来了，也因此导致后来的一系列改革。

2. 中国等亚洲社会主义国家的建立和发展

中国则是走了一条以农村包围城市，最后夺取城市，获得全国政权的独特的社会主义成功之路。中国共产党将马克思主义基本原理同中国革命的具体实践相结合，在毛泽东思想指引下，于1949年推翻了压在中国人民头上的帝国主义、封建主义和官僚资本主义三座大山，建立了新民主主义的中华人民共和国。新中国成立之后不久在恢复千疮百孔的国民经济的同时，从1950年到1953年又进行抗美援朝战争。1953年在党的过渡时期总路线的指引下，开始有系统地进行社会主义改造，特别是通过采取赎买方式成功地实现了对民族资产阶级的改造，在广大农村通过渐进方式实现合作化，最终于1956年建立起全民所有制和集体所有制并存的社会主义公有制经济，确立了社会主义基本制度。应该指出的是，中国是在特定的历史条件下进入社会主义社会的，旧中国的生产力很不发达，资本主义生产关系也没有得到充分发展，商品经济发展程度也很低。处于半殖民地半封建社会的旧中国，在帝国主义列强的重压下，很难独立走上通向发达资本主义国家的道路。

事实证明，只有社会主义才能救中国。当然也要清醒地认识到，正是由于中国的生产力发展水平较低，社会主义建设的任务会更重更困难。从第二次世界大战后到1989年东欧剧变、1991年苏联解体这40余年，世界上一度出现了以苏联为首的包括亚欧及拉美共十几个国家组成的社会主义阵营。这是国际工人运动和社会主义运动的一次大试验，应该很好地总结这几十年的经验，客观地认识和评价苏联和其他社会主义国家的社会主义实践。

3. 社会主义从一国到多国发展的历史贡献与经验教训

20世纪各社会主义国家的实践，使社会主义从理论在多国变为现实，是人类历史上的巨大飞跃。社会主义制度对人类社会历史的发展做出了巨大的历史贡献。

第一，社会主义作为一种现实存在的社会制度出现在世界上，推动了人类历史的发展和社会制度的演进。社会主义的民主政治建设、思想道德文化建设也获得了巨大进展，向世界展示了社会主义制度蓬勃发展、积极向上的强大生命力。

第二，社会主义国家的存在改变了世界格局，在一定程度上遏制了帝国主义和霸权主义在世界上的扩张。社会主义各国的发展也不平衡，并且在更长期的发展中还暴露出许多计划经济体制的弊病。尤其是东欧剧变和苏联解体，更使得社会主义运动陷入低潮，这是需要认真总结的教训。

第三，社会主义力量坚定地支持被压迫民族和被压迫人民，推动着和平与发展的世界时代潮流。第二次世界大战以来世界各国都在追求和平与发展，资本主义发达国家再也不能像殖民时代那样对发展中国家颐指气使、发号施令，这同社会主义国家的存在及其对广大发展中国家的支持是分不开的。社会主义国家坚定地高举反对帝国主义霸权的旗帜，代表世界被压迫民族与被压迫人民的利益，在国际事务中力求打破旧的国际经济政治秩序，建立更合理的国际经济政治新秩序。

第四，社会主义引导着世界人民的前进方向。社会主义从一国到多国的胜利，社会主义的理论和理想、实践和成就给各国人民以启示。虽然历史的发展有曲折，社会主义的实践中有这样那样的弊病，但它代表了时代发展的方向。

20世纪社会主义的实践，有辉煌的成绩，也有过曲折，特别是东欧剧变、苏联解体的严重挫折。东欧剧变、苏联解体最深刻的教训是：放弃了科学社会主义道路，放弃了共产党的有效领导，放弃了马克思列宁主义，结果使得已经相当严重的经济、政治、社会、民族矛盾进一步激化，最终酿成制度巨变、国家解体的历史悲剧。邓小平指出："不坚持社会主义，不改革开放，不发展经济，不改善人民生活，只能是死路一条。"① 总结这些历史经验和教训使我们认识到：

第一，要正视经济社会发展较为落后的国家在特定历史条件下进入社会主义的特殊性，要把科学社会主义理论与各国的实践相结合，探索符合本国国情的社会主义发展道路。不能拘泥于经典作家的个别论断，而要在理论和实践上都勇于创新。

第二，社会主义的社会经济体制并非只有一种模式，尤其在资源配置方式和经济体制上，要解放思想、勇于探索。市场经济体制是迄今为止较为有效的资源配置方式，它不但可为资本主义所用，也能成为社会主义的一种经济体制。

第三，要坚持共产党的领导，不断发展社会主义民主政治，既要抵制各种资本主义思潮的侵袭和腐蚀，又不能搞一言堂甚至压制群众的要求和呼声，要形成一种生动活泼的政治局面。

第四，要善于吸收资本主义发达国家一切能为我所用的东西，学习人类发展中各方面的优秀成果，这样才会使社会主义立于不败之地。

四、无产阶级专政和社会主义民主

无产阶级专政和社会主义民主是科学社会主义的核心内容。无产阶级专政是建立社会主义社会、发展社会主义事业的政治保证，建设社会主义民主则是共产党的奋斗目标和政治任务。

1. 无产阶级专政是新型国家政权

马克思、恩格斯在《共产党宣言》《法兰西内战》等著作中阐明了他们关于无产阶级专政的思想。列宁认为马克思主义在国家问题上一个最卓越的思想就是无产阶级专政。无产阶级专政的实质就是无产阶级作为统治阶级掌握国家政权。

第一，无产阶级要通过社会主义革命夺取政权，使自己上升为统治阶级，建立起无产阶级的政治统治，即由无产阶级对整个社会实行国家领导。

第二，无产阶级专政，也即无产阶级的政治统治和社会主义民主是紧密结合在一起的。无产阶级专政的国家不但是镇压各种敌对势力的强有力的国家机器，更是无产阶级和广大劳动人民自己的真正民主的国家政权。

第三，无产阶级专政的任务是改造社会、发展生产、消灭剥削、消灭阶级，最终实现共产主义。

无产阶级专政是新型民主和新型专政的国家。在社会主义以前的各阶级社会里，国家政权掌握在少数剥削者手中，处于统治地位的剥削阶级对广大人民群众实行的是少数人对多数人的专政。在无产阶级专政下，人民群众享有广泛而深入的民主，社会主义国家是保护人

---

① 邓小平：《邓小平文选》第3卷，人民出版社1993年版，第370页。

民、为人民谋利益的新型国家政权。关于从资本主义向社会主义过渡时期无产阶级专政的任务，马克思、恩格斯和列宁有许多论述，这个时期无产阶级的首要任务是在夺取政权后使自己上升为统治阶级，建立起无产阶级自己的国家政权，镇压资产阶级的反抗和复辟，巩固新生的无产阶级政权，对内实行社会主义民主，让无产阶级和广大人民真正当家做主，并逐步完成社会主义改造，建立起社会主义的经济基础和政治制度。

社会主义国家政权的领导核心是工人阶级的先锋队共产党。社会主义革命后，工人阶级和其他劳动人民成为国家的主人，要完成巩固和建立社会主义制度、发展生产力、推动社会向更高发展阶段迈进的目标，就要在共产党的领导下，改造旧社会、建设新社会。没有这样一个以共产主义为自己的奋斗目标的、以马克思主义为指导的坚强的领导核心，社会主义事业就无从发展，社会主义成果就难以巩固。无论是社会主义的初级阶段和较高的发展阶段，都要坚持共产党的领导。没有共产党的坚强领导，就没有坚强的无产阶级专政。

社会主义国家政权的阶级基础是工农联盟。建立工农联盟对夺取政权和巩固政权都极为重要。资本主义社会中的农民是工人阶级最可靠的同盟军。夺取政权以后，工农联盟依然是新社会的阶级基础。在向社会主义社会过渡的阶段，只有在广大农民的支持和拥护下才能完成对私有制的社会主义改造。在建设社会主义社会的进程中，只有始终依靠工人阶级和已成为社会主义农业劳动者的广大农民，才能建设和发展社会主义的物质技术基础，将社会主义事业推向前进。没有巩固的工农联盟，就不会有巩固的无产阶级专政。

无产阶级专政的最终目标是消灭剥削、消灭阶级，进入无阶级社会。这是一个相当长的历史进程。在这段历史进程中国家政权肩负着繁重的历史任务，包括镇压一切反社会主义敌对势力的反抗与破坏，保护广大人民群众的合法权益，巩固和发展作为社会主义经济制度基础的公有制，维护社会主义法制社会，领导与组织社会主义建设，防止外敌侵略和颠覆，支持和维护世界和平。没有坚强的无产阶级专政，就无法完成这一历史任务。

社会主义国家政权的具体形式不是只有一种模式，而是具有多样性，并会随着社会的发展而演变。实践表明，应根据不同国家的生产力发展水平、社会经济发展阶段、历史条件、阶级力量对比、民族传统习惯等因素，探索本国社会主义政权的具体形式。可以借鉴已有社会主义国家的经验，也可将资本主义国家在政权具体形式上的一些可以为社会主义所用的东西借鉴过来，加以改造和利用。但必须从本国的实际出发，必须有利于无产阶级专政的社会主义国家的巩固和发展。

2. 社会主义民主是新型民主

民主是有阶级性的，不同的阶级、不同的社会制度下有不同的民主类型与具体形式。究其实质，自有阶级社会以来历史上存在的所有这些民主，都是少数人、少数统治阶级内部的民主，广大劳动人民始终处于被统治、被剥削的地位。无疑，相对专制而言，民主是进步的。世界历史上，特别是资本主义发展过程中的民主运动与民主制度建设，有推进历史前进的一面，也正因为如此，社会主义民主可以继承和发扬资产阶级民主中的合理积极的成分。社会主义民主是人类社会最高类型的民主，与以往剥削阶级占统治地位的社会中少数人的民主在性质上根本不同。社会主义民主是绝大多数人的民主，它的本质是人民当家做主。

社会主义民主首先是社会主义的国家制度。从国体上说，社会主义国家是工人阶级和广大劳动人民当家做主的国家，他们享有充分广泛的社会主义民主权利。从政体上说，社会主义国家采取民主共和国的形式，即按照民主集中制的原则组成政府，管理国家，劳动人民在这种社会政治体制中享有管理国家的最高权力。社会主义民主是目的和手段的统一。社会主义民主是为社会主义经济基础服务的手段，因为民主是上层建筑，是建立在经济基础之上并为其服务的,实行社会主义民主归根结底是为了发展生产力和实现社会主义、共产主义的最终目的。从另一方面看,社会主义民主又是人们在社会主义事业中不断奋斗和追求的目的,社会主义的民主制度建设需要不断发展完善,把建立和完善社会主义民主作为目的,作为战略目标和战略任务,才能有力地促进社会主义民主建设。

建设高度的社会主义民主是我们的重要目标和任务,这是一个长期的历史过程。在社会主义民主建设的进程中,要肃清封建专制主义的余毒,抵制资本主义的影响需要一个历史过程;巩固和发展民主的基础,社会经济文化的发展和人民整体素质的提高需要一个过程;建设与社会主义民主相辅相成的社会主义法制也需要一个历史过程。因此,社会主义民主的建设需要在共产党的领导下,在实践中不断探索,在尊重客观规律和人民意愿的基础上,稳步推进。

第二节 社会主义在实践中发展和完善

一、在实践中深化对社会主义基本特征的认识

与空想社会主义者不同,马克思、恩格斯所创立的科学社会主义理论并没有对未来社会做出具体描述,而只是从社会历史发展客观规律和总体趋势上论证了社会主义取代资本主义的必然性,对未来社会的基本特征做了原则的阐述和科学的预见。在后来的社会主义实践中,人们对社会主义基本特征的认识不断发展和深化。

1. 马克思主义经典作家对社会主义基本特征的论述

在马克思和恩格斯的著作中,根据当时的历史条件,设想社会主义革命将在发达资本主义国家同时取得胜利。无产阶级取得政权以后,经过一段过渡时期,建立起与社会化大生产相适应的新社会制度,他们将其称为共产主义的第一阶段,而后发展为共产主义的高级阶段。第一阶段的主要特征是:生产资料归全社会所有的公有制;根据社会的需要对社会生产的计划管理和调节;劳动者生产的社会总产品经过一定扣除后,对个人消费品实行按劳分配;商品经济消亡;阶级对立和阶级差别消失;国家开始消亡但尚未完全消亡。

列宁在十月革命前后根据资本主义发展到垄断阶段的新特征,以及领导苏维埃俄国的实践,对社会主义社会的特征做了进一步的论述和概括。

马克思主义经典作家的这些论述,对我们今天认识什么是社会主义、其基本特征是什么,具有重要的指导意义。但是,由于历史条件的限制,他们并未形成对社会主义特征的完整论述,某些论断如社会主义将消灭商品经济,同后来的社会主义实践也不相吻合,我们不应囿于经典作家的个别论断,而应从指导思想上领会其立场、观点、方法,并在实践中不断有所发展。

2. 对社会主义本质和基本特征的认识在实践中深化和发展

社会主义的本质是什么?它具有哪些基本特征?这是人们在实践中不断提出和不断加深认识的重要问题。例如,把计划经济和商品经济看作区别社会主义和资本主义的标志。

20世纪社会主义在各国的实践,特别是中国社会主义建设和改革开放的经验,为人们正确认识社会主义本质和基本特征提供了丰富的现实材料。中国改革开放30多年的成功经验,使人们对社会主义本质和基本特征有了更深入的思考,形成了一些新的认识。邓小平把社会主义的本质概括为"解放生产力,发展生产力,消灭剥削,消除两极分化,最终达到

共同富裕"①。这是对社会主义根本性质的科学概括，是对科学社会主义的重大发展。中国共产党人在进一步的探索中认识到，促进人的全面发展和社会和谐，是社会主义的本质属性和要求。

在社会主义实践中，特别是中国的改革开放实践中，人们关于社会主义基本特征的认识可归纳为以下几个方面：

第一，解放和发展生产力，创造高度发达的生产力和比资本主义更高的劳动生产率。这是社会主义制度优越性最根本的一条。社会主义的根本的和首要的任务就是解放和发展生产力，极大地提高生产力水平。

第二，建立和完善社会主义的生产资料公有制，逐步消灭剥削，消除两极分化，最终达到共同富裕。社会主义同资本主义的根本区别，在于所有制不同，社会主义必然建立在公有制的经济基础之上。但要坚持社会主义方向，就必须坚持公有制为主体、全民所有制为主导。

第三，社会主义的分配原则是按劳分配。在社会再生产的各环节中，生产起决定作用，生产关系决定分配关系。在社会主义公有制下，劳动者既是生产资料的所有者、社会的主人，又是劳动者和消费者，要为社会做出各自的劳动贡献，并经过一定的社会扣除，才能按劳动贡献获得相应的产品分配，这是由社会主义所有制关系决定的。我国社会主义初级阶段，则实行以按劳分配为主体多种分配方式并存的分配制度，这是对社会主义分配理论的丰富和发展。

第四，社会主义事业要有以马克思主义为指导的共产党的领导，建立起社会主义国家政权，发展社会主义民主，完善社会主义法制，建设社会主义政治文明。在社会主义国家，人民当家做主，国家一切权力属于人民。社会主义的政治制度是为广大人民服务的政治制度，是体现人民当家做主的国家制度，是坚持社会主义政治方向的制度保证。

第五，以马克思主义为指导的社会主义文化和精神文明建设。社会主义文化建设的根本，是在全社会形成社会主义的共同理想和精神支柱；社会主义文化建设的基础工程是教育和科学事业的发展；社会主义文化建设的重要内容是发展繁荣各项文化艺术等事业；提高社会文明程度、推进社会主义现代化建设的重要条件之一，是营造良好的文化环境；建设社会主义文化的一项重要原则是博采世界各种文明之长，抵制各种腐朽没落思想文化的侵蚀。

上述社会主义基本特征是有机联系的整体，是社会主义制度区别于其他社会制度的具体体现。

二、经济文化相对落后的国家建设社会主义的艰巨性和长期性

在 20 世纪的社会主义实践中，建立起社会主义制度的国家，无论是苏联东欧各国都不是资本主义高度发展的国家，中国等亚洲社会主义国家更是处于殖民地或半殖民地社会、资本主义经济发展极不充分的国家。这些国家在特定的历史条件下进入社会主义社会，有其必然性。但也因其如此，它们的社会主义建设和发展会更艰巨更困难。

1. 社会主义首先在经济文化相对落后的国家取得胜利的原因

俄国、中国等经济文化相对落后的国家先于发达资本主义国家进入社会主义，不是偶然的，有其历史必然性。

---

① 邓小平：《邓小平文选》第 3 卷，人民出版社 1993 年版，第 373 页。

第一，这些国家已具备了一定程度的社会化生产力，这是发生社会主义革命、建立社会主义社会的物质基础。以社会主义取代资本主义最根本的物质根源，在于生产的社会化要求改变束缚其发展的生产资料私有制。在特定历史条件下，这些国家发生无产阶级革命，走上社会主义道路，是生产关系适合生产力状况的要求。

第二，这些国家发生社会主义革命时的客观形势和条件，使得它们在特定的历史条件下能够获得革命的成功。无论是俄国革命还是中国革命都有其社会历史背景：社会矛盾极其尖锐，靠在旧社会内部进行渐进式的改良根本不可能解决当时的社会基本矛盾，靠这些国家发展不充分的资本主义也很难达到强国富民的目标，尤其是在资本主义发展到垄断阶段，未进入发达国家行列的落后国家要想走上同发达国家同样的道路，用资本主义方式赶上乃至超过发达国家，是根本不可能的。在革命前，这些国家劳动人民遭受到多重的苦难和剥削、压迫，他们迫切要求进行彻底的社会变革，推翻压在头上的内外剥削阶级的反动统治。同时，这些国家的革命都是在马克思主义科学社会主义理论指引和共产党的领导下实现的。共产党作为工人阶级的先锋队，带领工人农民起来进行革命，通过武装斗争，推翻剥削阶级的统治，建立起红色革命政权，从而走上社会主义道路。经济文化相对落后的国家率先进入社会主义，是特定历史条件下的客观现实，有其深刻的内外原因，并没有违反历史发展的规律，不是什么"反常现象"和不该出生的"早产儿"。

2. 必须充分认识经济文化相对落后的国家社会主义建设的艰巨性和长期性

在经济文化相对落后的国家建立和发展社会主义，必然面临着国际和国内的种种挑战，在这些国家建设社会主义是长期而艰巨的历史任务。

第一，在这些国家里大力发展生产力，赶上和超过发达国家是一个长期而艰巨的历史任务。社会主义的优越性要表现在生产关系对生产力发展的适应和促进上，因此，解放生产力、发展生产力是社会主义的根本任务。

第二，在这些国家里建设社会主义精神文明、发展社会主义民主与完善社会主义法制，充分显示社会主义制度的优越性，也将是一个长期而艰巨的历史任务。社会主义民主法治与精神文明，是一个全新的课题，需要经过长期的探索才能建立和完善起来。

第三，这些国家的建设和发展是在与资本主义国家并存的环境下，在资本主义发达国家主导的世界政治经济秩序中曲折前进的，面临着国际环境的严峻挑战。社会主义国家独立自主的发展道路肯定会是艰难而曲折的。

第四，这些国家的执政党和广大人民对社会主义发展道路的探索，对社会主义建设客观规律的认识和利用，需要一个长期的艰苦的过程。社会主义是前无古人的崭新的事业，只有在实践中才能对社会主义的客观规律逐步加以认识和利用，这是经济文化落后国家探索、发展社会主义事业长期性、艰巨性的一个重要原因。

三、社会主义发展道路的多样性

20世纪社会主义各国的实践证明，社会主义具有多种模式，其发展道路也是多种多样的。

1. 社会主义发展道路多样性的原因

第一，各国在社会主义革命时，其生产力状况和社会发展阶段是不同的，由此决定，不同社会主义国家的发展道路具有不同的特点。例如，1917年的俄国属于资本主义列强中经济文化发展处于后列的国家，而在第二次世界大战后建立起社会主义制度的波兰、捷克斯洛伐克，则是资本主义已有相当的发展，工业化已达到一定程度的国家，这些国家在社会主义建设开始阶段采用苏联模式，其弊端很快就暴露出来，并在实践中开始探索走自己的发展道路。

第二，各国的历史传统、文化习俗及具体国情各不相同，这是各国的发展道路不同的另一原因。例如，东欧国家和中国等亚洲国家在历史文化、宗教信仰等方面有很大差异，这必然对这些国家在社会主义革命后的具体发展道路有不同影响。

第三，在社会主义的实践中，各国都在探索适合本国国情的发展道路，时代在前进，实践在发展，社会主义的发展道路因此而更具多样。

总之，各国的社会主义建设事业，都是在不断探索中前进和发展的，人们在寻找适合本国的社会主义之路，试图把马克思主义科学社会主义的基本原理与本国具体实践更好地结合起来。这种探索必须坚持科学社会主义基本原理，如果偏离了这一原理，就会导致失败；如果不坚持社会主义发展道路的多样性，脱离本国的实际，同样也会付出沉重代价。

2. 努力探索适合本国国情的社会主义发展道路

探索适合本国国情的社会主义发展之路，是各社会主义国家执政党领导全体人民为之奋斗的神圣使命和光荣而艰巨的历史任务。

第一，探索社会主义发展道路要以马克思主义理论为指导。

第二，探索社会主义发展道路要从本国国情出发，把马克思主义基本原理同本国的社会主义建设实践结合起来。

第三，探索社会主义发展道路要吸收人类一切文明成果。当今世界，发达国家中的一切文明成果，包括自然科学、工程技术，也包括社会科学理论的合理部分和具体的社会政治经济管理经验和方法，都应该吸收和借鉴，为我所用。当然这种吸收应是批判地继承、学习和借鉴，是取其精华、弃其糟粕。

四、社会主义在实践探索中曲折前进

世间一切事物都是波浪式发展、螺旋式上升，不可能毫无挫折、一帆风顺。社会主义运动的历史，社会主义革命胜利以后的实践，都是在探索中曲折前进的。

1. 社会主义在曲折中前进的客观性

在世界历史进程中，每个新的社会制度的出现和最终战胜旧制度，都要经过反复曲折的过程。社会主义革命是自有阶级社会以来，第一次以公有制代替私有制的巨大而深刻的社会变革。社会主义在曲折中前进，主要是由以下因素决定的：

第一，同一切新生事物一样，社会主义作为一种崭新的社会经济制度，其成长过程必然不会一帆风顺。由于社会主义国家都是先进行社会革命、夺取政权，然后再逐步改造旧的经济基础，是在"空地上"开始新社会的建设，没有现成经验可循，出现失误、挫折是难以避免的。国内外敌对势力的干扰破坏则是社会主义国家遭受到的另一方面的考验和挑战，也使得其发展道路更加曲折。

第二，作为发展中国家的社会主义的基本矛盾运动，推动了社会主义的经济社会发展。但认识社会主义基本矛盾和主要矛盾，认识社会主义建设规律，认识共产党执政的规律，不可能一蹴而就。因此，这一矛盾的运动发展、社会主义事业的最终胜利都是一个长期曲折的过程。

第三，世界经济政治形势错综复杂的发展变化、国际经济政治秩序和格局的变动演化，也是决定社会主义曲折发展的一个影响因素。从社会主义国家发展的外部因素来看，在与发达资本主义国家并存，其经济发展水平高于社会主义国家的情况下，社会主义国家的发展必然面临极其严峻的挑战。显示出社会主义优越于资本主义并最终战胜资本主义，对社会主义国家来说是一个艰巨的历史任务，其发展进程也必然充满艰难曲折，甚至会出现某些国家在内外因素的共同作用下，导致社会主义制度的演变与倒退。

在冷战结束、经济全球化不断发展的当今世界，社会主义事业的发展有所挫折和反复，并不能证明马克思主义的科学社会主义已经过时，它只是历史发展进程中的一些涟漪。这一方面证明社会主义发展的曲折性、长期性，另一方面也为社会主义事业提供了经验教训和另一种机遇，促使社会主义国家在坚持四项基本原则的前提下，致力于改革开放和经济社会建设，借鉴一切有益的经验，促进本国社会主义事业又好又快发展。

2. 社会主义在自我发展和完善中走向辉煌

社会主义的发展道路是曲折的，但前途是光明的，社会主义在曲折中前进，在开拓中发展，在与资本主义的竞争中改革和完善自身，最终将战胜资本主义、取代资本主义，这是世界历史发展的必然趋势与归宿。社会主义基本矛盾是非对抗性的，能够通过自身的改革与发展克服前进中的困难，会在自我发展和自我完善中走向辉煌。

中国改革开放 30 多年来，通过斐然的业绩向世人展示了社会主义自我发展和自我完善的光明前景。实践证明，实现社会主义的自我发展与完善，要把握如下几点：

第一，要以与时俱进的马克思主义理论为指导，把握正确的改革方向。社会主义的改革事业，不能偏离正确的方向，必须坚持马克思主义的指导，把马克思主义的基本原理同本国的具体实践相结合，探索符合本国国情的社会主义发展道路。

第二，要选择正确的改革方式与步骤，因地制宜，循序渐进。社会主义的改革事业不但要有正确的指导思想，还要在具体实施方法和步骤上，既探索创新，又切实可行。需要借鉴包括资本主义国家的经验在内的人类一切文明成果，但不能照搬任何国家的模式。要警惕"和平演变"的图谋。

第三，要妥善处理改革、发展与稳定的关系。改革是动力，发展是目的，稳定是保证。改革要有稳定的社会政治环境，又要有一定的发展速度。改革会触动既得利益格局的变化，引起一些社会不稳定因素，这就需要用发展的方法在前进中解决问题。要坚持以人为本，全面协调可持续发展，统筹兼顾，实现经济建设、政治建设、文化建设、社会建设相协调。

第三节　马克思主义政党在社会主义事业中的地位和作用

资本主义制度确立以后，工人运动风起云涌，并出现了各种社会主义思潮。但在马克思主义产生以前，自发的工人运动都以失败而告终，空想社会主义改革社会的尝试也屡遭挫折。实践证明，工人运动、社会主义事业必须有科学的指导思想，有坚强的马克思主义政党领导，才能走上正确的道路，赢得胜利。

一、马克思主义政党是新型的革命政党

1. 马克思主义政党是科学社会主义与工人运动相结合的产物

现代社会中存在着众多的政党。政党是代表一定阶级、阶层或社会集团的利益和意志，

有自己的纲领、路线、方针、策略，为参与或掌握政权而斗争的政治组织。政党的出现、政党政治的发展是资本主义社会的产物。资产阶级政党代表资产阶级或资产阶级中的某些阶层和利益集团的利益，是资产阶级维护自身统治、进行阶级斗争的工具。

马克思主义政党是新型的革命政党，是无产阶级反对资产阶级的斗争发展到一定阶段的产物，与资产阶级政党有本质区别。它是无产阶级的先锋队，它代表无产阶级的利益，为无产阶级的事业——社会主义、共产主义事业而奋斗。

马克思主义政党产生的条件，一是工人运动的发展，二是科学社会主义理论的传播。工人运动的发展是马克思主义政党产生的阶级基础，只有工人运动产生并发展到一定程度，工人阶级具有一定的组织程度和觉悟程度，形成一支独立的政治力量的时候，才需要组成一个无产阶级自己的政党，以便带领群众有组织地进行斗争，以争取无产阶级和劳动人民的解放。马克思和恩格斯即是这样的知识分子，他们在实现自身世界观转变的基础上，总结工人运动的经验，创立了科学社会主义学说。科学社会主义理论与工人运动结合起来就产生了马克思主义政党。1847年共产主义者同盟成立，这是马克思、恩格斯把科学社会主义理论同工人运动相结合，建立的第一个国际性的党组织。1869年成立的德国社会民主工党，是最早在一个国家里建立的马克思主义政党。1898年，列宁把马克思主义同俄国工人运动相结合，创立了俄国社会民主工党（布尔什维克）。1921年中国共产党成立，它是马克思主义理论与中国实践相结合的产物。

2. 马克思主义政党是工人阶级先锋队

马克思主义政党在不同国家和不同的历史时期，有共产党、工人党或是其他的名称，但其性质都是工人阶级的先锋队，这是马克思主义政党性质最简要最明确的表述。它表明了马克思主义政党的阶级性和先进性。在资本主义制度下，社会化大生产的发展，一方面形成了巨大的社会生产力，另一方面也使得工人阶级发展壮大起来。工人阶级代表最先进的社会生产力，是最先进最革命的阶级。工人阶级是社会主义革命的领导力量，肩负着推翻资产阶级统治、建立社会主义制度并最终实现共产主义的历史使命。

工人阶级的历史使命是由其历史地位决定的：

第一，工人阶级是社会化大生产的产物，与先进的生产方式相联系，是先进生产力的代表，是最有前途的阶级。作为阶级整体，它最有政治远见，最有组织纪律性，最大公无私，是一支生气勃勃的社会力量。

第二，工人阶级是资本主义社会中的被剥削、被压迫的阶级，他们与资产阶级直接对立，具有革命彻底性，只有他们能肩负起推翻资产阶级统治、建立社会主义新社会的任务。

第三，工人阶级会在斗争中不断成熟，从自在的阶级走向自为的阶级。工人阶级反对资产阶级的斗争开始时是自发的、无组织的、没有明确指导思想的群众运动，在斗争中他们逐渐联合起来，形成一个阶级的整体的行动，并在实践中寻找指导运动正确方向的思想武器。一旦掌握了马克思主义这一思想武器，工人运动就有了正确的政治方向。

工人阶级的先进性决定了马克思主义政党的先进性。马克思主义政党以工人阶级为阶级基础，但它不等同于工人阶级本身，与工人阶级的群众性组织也有明显的区别。不能忽视党和阶级之间的联系，马克思主义政党如果脱离了工人阶级和广大人民群众，就会变质，其先进性也无法体现。马克思主义政党由工人阶级的有共产主义觉悟的先进分子所组成，但这并不意味来自其他阶级和阶层的认同党的纲领、愿为党的事业奋斗的先进分子不能加入党组织。相反，吸收来自其他阶级、阶层的符合入党条件的人加入党组织，不仅不会影响党的性质与战斗力，而且还能扩大党的队伍和增强党的影响力、战斗力，为党增添新的血液，是党兴旺发达的体现。

3. 马克思主义政党是为实现共产主义而奋斗的党

马克思主义政党的最高纲领和最终奋斗目标，是实现共产主义。在革命和建设的进程中，马克思主义政党可以提出适应当时形势的奋斗目标，作为党的最低纲领和近期目标，以团结广大人民群众，完成党在既定时期的阶段性任务，将党的事业推向前进。但是党的最高纲领即建立共产主义社会和为此而奋斗，则是马克思主义政党区别于其他政党的重要标志。

马克思主义政党代表工人阶级的整体利益和长远利益。对工人阶级来说，只有最终实现共产主义，全人类都得到解放，才能使自己得到彻底解放。因此，共产主义是工人阶级及其先锋队马克思主义政党始终追求的奋斗目标。这是马克思主义政党鲜明的政治纲领和最高纲领。而在不同的历史时期，马克思主义政党为之奋斗的具体目标和纲领是不同的，有最低纲领和最高纲领的区别。马克思主义政党是最高纲领和最低纲领的统一论者。

马克思主义的科学社会主义认为，人类社会最终将进入共产主义社会。共产主义不是乌托邦，不是一种不切实际的美好愿望。因为随着社会生产力的发展、生产社会化程度的提高、物质生产力的极大增强，人本身也会全面发展，人类社会总是从低级向高级发展的，共产主义的理想社会必将实现。当然，经过社会主义运动的实践，包括一些社会主义国家出现的反复和现有社会主义国家的探索，人们认识到，共产主义的实现将是一个长期的过程。在社会主义革命和社会主义建设事业中，能够既牢记最高纲领，又把马克思主义基本原理与本国具体实践结合起来，制定出适宜的最低纲领，并推动本国社会主义实践向前发展，是马克思主义政党成熟的标志。

4. 马克思主义政党是为人民群众谋利益的党

马克思主义政党是为人民服务的新型政党，它的根本宗旨是为人民群众谋利益。马克思、恩格斯说："过去的一切运动都是少数人的，或者为少数人谋利益的运动。无产阶级的运动是绝大多数人的，为绝大多数人谋利益的独立的运动。"① 为人民谋利益的根本宗旨与为实现共产主义而奋斗的根本目标是完全一致的。因此，与为本阶级、阶层或利益集团谋私利的资产阶级政党不同，作为无产阶级先锋队的马克思主义政党没有自己的一己之利、一党之私，而必然也必须以为人民服务为宗旨。

正因如此，马克思主义政党是光明磊落的党，是不怕承认自己缺点和错误，并能在实践中改正缺点和错误不断前进的党。为了实践为人民谋利益的根本宗旨，马克思主义政党欢迎来自各方面的批评和监督，并应随时进行自我批评。建立起完善的自我监督机制，铲除腐败变质的根源，使党的机体保持健康清洁，是马克思主义政党保持先进性的重要内容，也是坚持为人民服务根本宗旨的必然要求。

5. 马克思主义政党是按照民主集中制原则组织起来的团结统一的党

民主集中制是马克思主义政党的组织原则。民主集中制是民主基础上的集中和集中指导下的民主相结合，是民主与集中的统一。马克思主义政党是团结统一的党。团结是马克思主义政党的一个原则，在马克思主义基础上团结一致，是党保持强大力量、战胜一切敌人的法宝。党的团结统一的坚实基础，是共同的指导思想、共同的阶级基础、共同的奋斗目标。

马克思主义政党还是有坚强纪律和战斗精神的党。党是工人阶级的有严密组织的先锋队，必须有严格的组织纪律，这是党的团结统一和步调一致的重要条件。一个没有严格纪

---

① 中共中央马克思恩格斯列宁斯大林著作编译局编译：《马克思恩格斯选集》第1卷，人民出版社2012年版，第411页。

律、组织涣散的党不可能有强大的战斗力。马克思主义政党有明确的目标和铁的纪律、雷厉风行的作风和一往无前的战斗精神，因而具有强大的战斗力。

二、马克思主义政党是社会主义革命和建设的领导核心

在社会主义革命、社会主义建设和改革事业中，都必须有马克思主义政党的坚强领导。

1. 马克思主义政党是社会主义革命的领导核心

在社会主义革命中，马克思主义政党的坚强领导主要体现在以下几个方面。

第一，思想领导方面。社会主义革命要有正确思想的指导，要在正确思想路线的指引下进行广泛的思想动员，要用科学社会主义的理论武装群众，这些任务都要由马克思主义政党来承担。没有马克思主义政党在人民群众中进行有效的思想宣传和动员教育工作，社会主义革命就难以广泛发动和最终取得胜利。

第二，政治领导方面。当革命的形势到来时，必须审时度势，提出符合实际要求的斗争目的，制定正确的战略、策略和行动步骤。在革命形势发展迅速、变化错综复杂的情况下要能够正确地判断形势，为工人阶级和劳动群众指出明确的方向。这些任务只有工人阶级的先锋队马克思主义政党才能承担和胜任。

第三，组织领导方面。马克思主义政党本身就是一个组织严密、有纪律、能战斗的新型政党。在革命中通过党组织把广大工人阶级和革命群众动员和组织起来，形成一支宏大的革命队伍，才能同资产阶级的统治进行有效的抗争。特别是在武装斗争方面，有党的坚强统一的领导和具体严密的组织，才能成功地进行革命斗争，推翻资产阶级的统治夺取政权，建立起由劳动人民掌权的新型国家。

2. 马克思主义政党是社会主义建设的领导核心

社会主义革命胜利并建立起社会主义国家之后，仍然需要马克思主义政党的坚强领导。建设社会主义的新任务离不开马克思主义政党的领导。马克思主义政党在社会主义建设中的领导核心作用，主要体现在以下几个方面。

第一，思想领导方面。马克思主义是社会主义国家的指导思想，在社会主义建设中，需要不断探索，把马克思主义基本原理同本国建设的具体实践相结合。

第二，政治领导方面。作为社会主义国家执政党的马克思主义政党，在社会主义民主政治建设和政治体制改革中，在对社会各项事业进行政治领导的实践中，党要起到政治领导核心的作用，保证社会主义建设沿着正确的方向前进。

第三，组织领导方面。社会主义建设是全体人民的共同事业，要在执政党的领导下，有组织、有系统、有管理、有序地进行。党领导人民，通过各种组织形式把党的路线、方针、政策贯彻到社会实践的各个方面，以实现党对社会主义建设的组织领导。

3. 坚持和改善马克思主义政党的领导

马克思主义政党的领导是实现工人阶级历史使命的根本保证。在社会主义建设的各个时期都离不开马克思主义政党的坚强领导。因此，要在坚持党的领导核心地位的同时不断改进完善党的领导。

坚持党的领导是社会主义民主政治的首要内容。社会主义民主高于资本主义民主，它不但是形式上的民主，也是实质上的民主；不但是政治民主，更是经济和社会全面权利上的民主。社会主义民主离不开马克思主义政党的领导，因为马克思主义政党代表人民群众的根本利益，作为执政党在社会主义国家中领导人民实现管理国家和社会事务的权利。放弃党的领

导，人民群众的民主权利和根本利益就无法保障，社会主义民主也就无从谈起。因此，坚持社会主义就必须坚持马克思主义政党的领导核心地位。

坚持党的领导必须不断改善党的领导。社会主义事业是一项前无古人的崭新事业，人们在社会主义实践中不断探索，对层出不穷的新情况、新问题，要善于学习和总结经验，在发扬成绩、纠正错误中不断前进。对党的领导同样如此，要在实践中探索党在新形势下实现其思想、政治、组织领导的新形式、新方法。

加强和改善党的领导，必须加强马克思主义政党的先进性建设。先进性是马克思主义政党的本质属性，是马克思主义政党的生命所系、力量所在。保持和发展党的先进性是马克思主义政党自身建设的根本任务和永恒课题。加强党的先进性，必须准确把握时代脉搏，保持党始终与时代发展同步伐；必须把广大人民群众的根本利益作为党全部工作的出发点和落脚点，保持党始终与人民群众共命运；必须使党的理论和路线方针政策不断与时俱进，保证党的全部工作始终符合实际和社会发展规律；必须围绕党的中心任务来加强自身建设，保证党始终引领时代进步的作用；必须坚持党要管党、从严治党，保证党始终具有蓬勃生机和旺盛活力。

❓ 思考与练习

一、单项选择题

1. 空想社会主义"提供了启发工人觉悟的极为宝贵的材料"，但不具备（   ）。
   A. 科学的品格　　　　　　　　　　B. 实践的力量
   C. 现实的意义　　　　　　　　　　D. 科学的和实践的品格

2. 科学社会主义之所以能够超越空想社会主义，是因为把争取社会主义的斗争建立在（   ）。
   A. 科学的思想体系上　　　　　　　B. 社会发展客观规律的基础上
   C. 批判空想社会主义上　　　　　　D. 共产主义者同盟上

3. 科学社会主义问世的标志是（   ）。
   A.《共产党宣言》的发表　　　　　　B.《资本论》的出版
   C. 唯物史观的形成　　　　　　　　D. 私有制的消失

4. 无产阶级革命主要的基本形式是（   ）。
   A. 人民民主专政　　　　　　　　　B. 暴力革命
   C. 和平过渡　　　　　　　　　　　D. 局部战争

5. 资本主义的发展在各个国家是极不平衡的，而且在商品生产下也只能是这样。由此得出一个必然的结论是（   ）。
   A. 社会主义很难实现
   B. 社会主义必须在所有国家内同时获得胜利
   C. 社会主义不能在所有国家内同时获得胜利
   D. 经济和政治发展的不平衡是资本主义的绝对规律

6. 俄国十月革命的胜利，促进了（   ）。
   A. 苏联社会主义国家的建设　　　　B. 资本主义加速其帝国主义进程
   C. 世界社会主义运动的发展　　　　D. 世界共产主义进程

7. 社会主义力量坚定地支持被压迫民族和被压迫人民，推动着（　　）。
   A. 世界反法西斯斗争的进行　　　　B. 世界和平与发展的时代潮流
   C. 社会主义不断地同资本主义做斗争　D. 社会主义向着更健康的方向发展
8. 科学社会主义的核心内容是（　　）。
   A. 建立社会主义国家　　　　　　　B. 人民民主专政
   C. 无产阶级专政和社会主义民主　　D. 使社会主义从空想变成现实
9. 无产阶级专政的最终目标是（　　）。
   A. 建立社会主义国家　　　　　　　B. 建立工农联盟
   C. 法律面前人人平等　　　　　　　D. 消灭剥削、消灭阶级，进入到无阶级社会
10. 社会主义民主的本质是（　　）。
    A. 人民当家做主　　　　　　　　　B. 绝大多数人的民主
    C. 法律面前人人平等　　　　　　　D. 比资本主义民主具有不可比拟的优越性

二、辨析题

1. 苏联模式可以看作社会主义的唯一模式。
2. 社会主义首先在相对落后的国家取得胜利是一种"反常现象"。
3. "设想世界历史会一帆风顺、按部就班地向前发展，不会有时出现大幅度的跃退，那是不辩证的，不科学的，在理论上是不正确的。"
4. 吸收来自其他阶级和阶层的具备了党员条件的人入党，会影响党的先进性。

三、简答题

1. 怎样认识经济文化落后的国家建设社会主义的艰巨性和长期性？
2. 简述社会主义道路多样性的原因。
3. 东欧剧变、苏联解体是十月革命以来世界社会主义运动最严重的挫折。从人类发展的历史来看，没有哪一次巨大的历史灾难不是以历史的进步为补偿的。邓小平指出："一些国家出现严重曲折，社会主义好像被削弱了，但人民经受锻炼，从中吸取教训，将促使社会主义向着更加健康的方向发展。""不坚持社会主义，不改革开放，不发展经济，不改善人民生活，只能是死路一条。"如何理解邓小平上述论断的深刻含义？

四、材料分析题

【材料1】无论哪一个社会形态，在它所能容纳的全部生产力发挥出来以前，是决不会灭亡的；而新的更高的生产关系，在它的物质存在条件在旧社会的胎胞里成熟以前，是决不会出现的。所以人类始终只提出自己能够解决的任务，因此只要仔细考察就可以发现，任务本身，只有在解决它的物质条件已经存在或者至少是在生成过程中的时候，才会产生。

（中共中央马克思恩格斯列宁斯大林著作编译局编译：《马克思恩格斯选集》第2卷，人民出版社2012年版，第32页）

【材料2】正像达尔文发现有机界的发展规律一样，马克思发现了人类历史的发展规律，即历来为繁芜丛杂的意识形态所掩盖着的一个简单事实：人们首先必须吃、喝、住、穿，然后才能从事政治、科学、艺术、宗教等等；所以，直接的物质的生活资料的生产，从而一个民族或一个时代的一定的经济发展阶段，便构成基础，人们的国家设施、法的观点、艺术以至宗教观念，就是从这个基础上发展起来的，因而，也必须由这个基础来解释，而不是像过去那样做得相反。"

（中共中央马克思恩格斯列宁斯大林著作编译局编译：《马克思恩格斯选集》第2卷，人民出版社2012年版，第1002页）

【材料3】一方面，马克思认为社会主义的产生取决于某些"客观"的条件的成熟，特别是先进工业结构的形成，这些条件由资本主义通过其盲目的、不以人的意志为转移的必然规律的作用产生出来。这样，资本主义就是注定要产生出另一种更高级社会（社会主义社会）的社会发展中的一个阶段。

另一方面，马克思又认为他的理论不只是一种社会科学。它还是另一种暴力革命的学说。马克思主义不是只要了解社会；它不是革命的无产阶级将起来推翻资本主义，而是积极地动员人们去这样做。它插手去改变世界。问题是，如果资本主义的确是由注定它要被一种新的社会主义社会替代的规律所支配，那么为什么还要强调"问题是要改变它"呢？如果资本主义的灭亡是由科学保证了的，为什么还要费那么大的力气去为它安排葬礼呢？既然看来人们无论如何受必然规律的约束，为什么又必须动员和劝告人们遵照这些规律行事呢？

（［美］阿尔温·古尔德纳：《两种社会主义》，载陶德麟、石云霞主编《马克思主义基本原理概论》，武汉大学出版社、湖北人民出版社2006年版，第252页）

请回答：

（1）为什么说社会主义是人类社会发展的必然？

（2）试分析阿尔温·古尔德纳的观点。

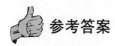 **参考答案**

一、单项选择题

1. A 2. B 3. A 4. B 5. C 6. C 7. B 8. C 9. D 10. A

二、辨析题

1. 答案要点："苏联模式可以看作社会主义的唯一模式"这一观点是错误的。列宁逝世后，联共（布）党内及理论界在苏联社会主义发展道路问题上出现了严重分歧，争论的结果最终是斯大林的理论和政策主张占据了主导的地位。苏联从1928年开始实施第一个五年计划，到1936年苏维埃第八次非常代表大会宣布已经建成了社会主义止，完成了苏联模式的确立。

苏联模式在发展战略方面，主要是以高速度发展国民经济为首要任务，以重工业为重点，实现从农业国到工业国的转变。在所有制结构上形成了单一的生产资料公有制形式，在经济运行中完全采用行政手段，形成了过度集中的指令性计划经济模式。从政治方面来看，主要表现为过度集权的党和国家领导体制、自上而下的干部任命制、软弱而低效的监督机制等。

苏联模式是在特定的历史条件下产生的，曾经促进了社会主义制度的巩固和发展，推动过社会生产力的高速度发展，确保了重工业，特别是国防工业的发展，为处在帝国主义包围中的苏联社会主义建设奠定了物质基础，人民的物质和文化生活水平也有了提高。这种模式在第二次世界大战中为苏联反法西斯战争的胜利提供了强有力的物质和人员保障。但是，随着经济社会的发展，这种模式的弊端逐步显现，主要是集中过多，管得过死，否定市场的作用，严重束缚企业和劳动者的积极性。社会主义发展的历史证明，苏联模式是特定历史条件下的产物，它并不是社会主义的唯一模式。

2. 答案要点：这一观点是错误的。马克思和恩格斯创立科学社会主义学说的时候，是以高度社会化的资本主义大生产作为社会主义革命的物质前提的。但是，革命的实践超越了马克思和恩格斯当年的预期,社会主义革命并不是在生产社会化程度最高的资本主义国家首先实现,而是在经济文化相对落后的俄国、中国以及其他国家相继取得了胜利。这是因为:

第一,革命的客观形势和条件决定了经济文化相对落后的国家可以先于发达资本主义国家进入社会主义。无论是当时的俄国还是中国,劳动群众所受的多重压迫和剥削格外深重,使社会矛盾特别尖锐,出现了很好的革命形势。反动统治阶级已经不可能照旧不变地维持自己的统治,工人阶级和劳动群众也不能照旧地生活下去了。革命的主观条件也成熟了,集中表现为马克思主义政党已经能够在马列主义的指导下,正确地分析革命的客观条件和革命队伍本身的状况,把马列主义的普遍真理同本国革命的具体实践相结合,制定出正确的路线、方针和斗争策略,广泛发动和组织群众,运用各种斗争形式,直到发动武装起义,进行武装斗争,夺取革命的胜利。

第二,经济文化相对落后的国家可以先于发达资本主义国家进入社会主义,并不违背生产关系一定要适合生产力状况的规律。从整个人类社会发展的历史进程来看,一定的社会形态总是建立在一定的生产力发展水平之上的,不可能出现先进的生产关系长期建立在落后的生产力的基础上,也不可能出现落后的生产关系能够长期容纳先进的生产力的现象。但是如果从社会历史发展的某个阶段来看,则又会出现参差不齐、相互交错的现象。生产力的发展决定生产关系的变革。但是在一定条件下,在不变更生产关系生产力就不能发展的情况下,生产关系的变更就成为主要的决定方面了。从历史上看,封建制取代奴隶制、资本主义社会取代封建社会,也有不是从最发达的地方开始而是从薄弱的或不发达的地方开始的先例。

总之,经济文化相对落后的国家率先进入社会主义,也是历史发展规律作用的结果。那种把首先在相对落后的国家取得社会主义胜利看作"反常现象",把实践中的社会主义看作"畸形的早产儿"的观点是错误的。

3. 答案要点:"设想世界历史会一帆风顺、按部就班地向前发展,不会有时出现大幅度的跃退,那是不辩证的,不科学的,在理论上是不正确的。"[①] 这是马克思主义的观点。

几千年的人类社会发展史表明,每一次社会制度的根本变革,无不经过曲折反复的斗争。社会主义也只能在斗争中曲折前进发展。这是因为:

第一,社会主义作为新生事物,其成长不会一帆风顺。社会主义作为人类社会历史发展中的崭新形态,其产生和发展符合历史的发展趋势,代表了社会进步的方向,体现着人类的未来,具有强大的生命力。但是,社会主义的产生和成长,意味着对资本主义旧社会的否定,这就必然要遭到资本主义势力的拼死反抗。社会主义新社会在开始的时候总是比较弱小的,而且在一个相当长的时期里,社会主义和资本主义的矛盾和斗争是不会停止的,时起时伏,有时甚至相当激烈,资本主义还可能会复辟,工人阶级及其政党还需要领导广大人民群众继续进行更加艰苦的工作和斗争。这就注定社会主义战胜资本主义的过程是一个曲折的发展过程。

第二,社会主义社会的基本矛盾推动社会发展,是作为一个过程而展开的,人们对它的认识也有一个逐渐发展的过程。社会主义的基本矛盾推动社会发展,体现了生产关系一定要适合生产力状况、上层建筑一定要适合经济基础状况的规律。工人阶级及其政党在领导广大人民群众建设社会主义的过程中,由于受主观和客观条件的限制,对社会主义社会基本矛盾运动的规律和社会主义建设规律的认识有一个过程。只有尊重社会主义发展的客观规律,在实践中自觉地运用规律,及时研究新情况、有效地解决前进中出现的矛盾和问题,社会主

---

① 中共中央马克思恩格斯列宁斯大林著作编译局编译:《列宁选集》第2卷,人民出版社2012年版,第694页。

事业才能够顺利地向前发展。

第三，经济全球化对于社会主义的发展既有机遇又有挑战。全球化已成为当代世界发展的不可逆转的历史趋势和充满矛盾的客观进程。当前甚至今后在一个较长时期内，经济全球化趋势将仍然处在西方发达国家主导之下。这种全球化必然是一把"双刃剑"，具有两重性的特点。它对社会主义国家的发展既有积极的效应，又不可避免地会带来负面的影响；社会主义的发展既有难得的机遇，又面临严峻的挑战。由这种情况所决定，社会主义国家参与国际交往，只能是一个把握机遇、趋利避害、因势利导、曲折前进的过程。

4. 答案要点："吸收来自其他阶级和阶层的具备了党员条件的人入党，会影响党的先进性"是错误观点。

马克思主义政党是工人阶级的先锋队，这是对马克思主义政党的性质所做的最简要最明确的表述。它明确地指出了马克思主义政党的阶级性和先进性。马克思主义政党的这种性质首先是由工人阶级本身的先进性决定的。马克思主义政党是由工人阶级先进分子组成的。工人阶级是先进生产力的代表者。工人阶级是随着大工业的兴起而出现的一个阶级，是最先进最革命的阶级，是社会主义革命的领导阶级。它肩负着推翻资产阶级统治，建立社会主义制度并最终实现共产主义的历史使命。

马克思主义政党由工人阶级先进分子组成，但并不排斥那些虽然来自其他阶级和阶层但符合党员条件的人入党。吸收来自其他阶级和阶层的具备了党员条件的人入党，并不影响党的先进性，反而能扩大党的队伍，为党增加新鲜血液，是党兴旺发达的重要标志。

三、简答题

1. 答案要点：①在这些国家里大力发展生产力，赶上和超过发达国家是一个长期而艰巨的历史任务。②在这些国家里建设社会主义精神文明、发展社会主义民主与完善社会主义法制，充分显示社会主义制度的优越性，也将是一个长期而艰巨的历史任务。③这些国家的建设和发展是在与资本主义国家并存的环境下，在资本主义发达国家主导的世界政治经济秩序中曲折前进的，面临着国际环境的严峻挑战。④这些国家的执政党和广大人民对社会主义发展道路的探索，随社会主义建设客观规律的认识和利用，需要一个长时间的艰苦的过程。

2. 答案要点：①各国在社会主义革命时，其生产力状况和社会发展阶段是不同的，由此决定，不同社会主义国家的发展道路具有不同的特点。②各国的历史传统、文化习俗及具体国情各不相同，这是各国的发展道路不同的另一原因。③在社会主义的实践中，各国都在探索适合本国国情的发展道路，时代在前进，实践在发展，社会主义的发展道路因此而更具多样性。④各国的社会主义建设事业，都是在不断探索中前进和发展的，人们在寻找适合本国的社会主义之路，试图把马克思主义科学社会主义的基本原理与本国具体实践更好地结合起来。这种探索必须坚持科学社会主义基本原理，如果偏离了这一原理，就会导致失败；如果不坚持社会主义发展道路的多样性，脱离本国的实际，同样也会付出沉重代价。

3. 答案要点：①东欧剧变、苏联解体是社会主义事业在发展进程中遭受的巨大挫折。②它发生的原因一是西方资本主义国家实施和平演变的战略，二是这些国家的改革背离了马克思主义，放弃了"四个坚持"。加上长期经济体制僵化，民主集中制受到损害，法制不健全，监督不力，思想僵化保守，党的执政能力下降，党群关系恶化，对外推行霸权主义等造成的结果。③从人类历史的发展来看，没有哪一次巨大的历史灾难不是以历史的进步为补偿的。东欧剧变、苏联解体的悲剧深刻地教育了各国人民，使他们充分认识到：社会主义本质是全体人民共同富裕，不坚持四项基本原则，不创造比资本主义高得多的生产力，不改善人民物质文化生活水平，就会被人民所抛弃，社会主义也巩固不了。④中国等社会主义国家和人民从中吸取了深刻的教训，必将矢志不渝地坚持四项基本原则，坚持改革开放，大力发展生产力，不断改善人民物质文化生活水平，不断加强和改善党的领导，解放思想，实事求是，与时俱进，社会主义一定能走出低谷，经过曲折而迎来新的伟大复兴，向着更加健康的方向发展。

四、材料分析题

答案要点：

（1）材料1、材料2说明人类社会发展的规律和社会主义、共产主义实现的必然性问题。从历史考察来看，人类社会是一个由低级到高级的发展过程。社会主义作为一个更高的社会形态，它的产生是社会基本矛盾运动所决定的。生产力的不断发展，必然要引起生产关系的变化；生产关系的变化，必然要导致整个社会的变革。人类社会各个形态的依次交替，都体现了这样的规律。除此之外，在人类社会发展过程中，前一个社会形态发展，也都为后一个社会形态的产生奠定着基础，创造着条件。从现实分析来说，资本主义的基本矛盾决定了资本主义的必然走向。马克思和恩格斯看到，生产的社会化与生产资料私人占有之间的矛盾、生产的无政府状态导致了经济危机的频繁发生。生产力的发展也迫使资本主义生产关系做出适当的调整与改变，资本通过股份制的方式也开始逐步由个人手里向集体、向社会、向国家转移，以适应生产社会化的要求。这使得资本主义在一定历史时期还有发展的空间，社会主义取代资本主义将是一个长期的历史过程。从价值判断上来说，社会主义的实现，是人类社会不断进步的内在要求。消灭阶级剥削和阶级压迫，实现社会的公正平等、民主自由、文明和谐，促进人的全面发展，这是人类社会始终不渝的普遍追求。通过我们的不断努力，共产主义一定会实现。

（2）材料3阿尔温·古尔德纳试图用规律的必然性否定人在社会发展中的能动作用，否定人们可以按照客观规律去改变世界。这是没有真正掌握马克思主义的立场、观点和方法。马克思主义认为，社会主义代替资本主义是历史发展的必然规律，我们可以发现和掌握规律，并按照客观规律进行实践活动。在改造世界的过程中，人并不是被动地受制于规律，而是一个能动的过程。

参考文献

[1] 中共中央马克思恩格斯列宁斯大林著作编译局. 马克思恩格斯选集［M］. 北京：人民出版社，2012.

[2] 中共中央马克思恩格斯列宁斯大林著作编译局. 马克思恩格斯全集［M］. 北京：人民出版社，2001.

[3] 中共中央马克思恩格斯列宁斯大林著作编译局. 列宁选集［M］. 北京：人民出版社，1995.

[4] 中共中央马克思恩格斯列宁斯大林著作编译局. 斯大林选集［M］. 北京：人民出版社，1979.

[5] 毛泽东. 毛泽东选集［M］. 北京：人民出版社，1991.

[6] 中共中央文献研究室. 毛泽东文集［M］. 北京：人民出版社，1999.

[7] 邓小平. 邓小平文选：第2卷［M］. 北京：人民出版社，1994.

[8] 江泽民. 在庆祝中国共产党成立八十周年大会上的讲话［M］. 北京：人民出版社，2001.

［9］胡锦涛. 在"三个代表"重要思想理论研讨会上的讲话［M］. 北京：人民出版社，2003.

［10］《马克思主义基本原理概论》编写组. 马克思主义基本原理概论［M］. 北京：高等教育出版社，2015.

［11］卫兴华，赵家祥. 马克思主义基本原理概论［M］. 北京：北京大学出版社，2015.

［12］陶德麟，石云霞. 马克思主义基本原理概论［M］. 武汉：武汉大学出版社，2006.

［13］中共中央文献研究室. 习近平总书记重要讲话文章选编［M］. 北京：党建读物出版社、中央文献出版社，2016.

第七章　实现共产主义是人类最崇高的社会理想

 学习目的与要求

通过马克思主义对共产主义社会的展望，了解马克思主义所科学预见的共产主义社会的基本特征；认识人类社会历史发展为共产主义社会的必然性；大学生必须树立共产主义远大理想，并将共产主义远大理想与中国特色社会主义共同理想相互结合，积极投身于中国特色社会主义事业的创新与发展，在建设中国特色社会主义事业中为实现共产主义而奋斗。

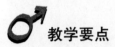 **教学要点**

共产主义社会的基本特征；社会主义是走向共产主义的必经阶段；共产主义远大理想与中国特色社会主义共同理想。

我们党以马克思主义为立党之本，以实现共产主义为最高理想，以全心全意为人民服务为根本宗旨。这就是共产党人的本。

（习近平：《作风建设要立破并举，扶正祛邪》，中共中央文献研究室编：《习近平总书记重要讲话文章选编》，党建读物出版社、中央文献出版社2016年版，第132页）

坚守共产党人精神追求，始终是共产党人安身立命的根本。对马克思主义的信仰，对社会主义和共产主义的信念，是共产党人的政治灵魂，是共产党人经受住任何考验的精神支柱。

（习近平：《紧紧围绕坚持和发展中国特色社会主义学习　宣传党的十八大精神》，同上书，第15页）

第一节　马克思主义对共产主义社会的展望

实现共产主义是人类最崇高的社会理想。以马克思主义为指导的无产阶级和广大劳动群众，进行革命斗争的历史使命和奋斗目标，就是建立共产主义社会，实现全人类的彻底解放。

马克思主义依据人类社会历史的发展规律，通过对资本主义生产方式内在矛盾的深刻分析，总结了国际共产主义运动的实践经验，对共产主义社会做出了前瞻性的展望，科学地预见了共产主义社会的基本特征，向全世界劳动人民展示了未来共产主义社会的美好前景。

一、社会生产力高度发展和物质财富极大丰富

任何一种社会制度，都必须建立在一定的物质基础之上，即必须具备一定的物质条件和技术条件，这就是该社会的生产力。共产主义社会是人类社会发展的最高社会形态，它的物质基础，是远远高于以往一切社会的高度发达的社会生产力。社会生产力是社会发展和社会进步的最终决定力量，是全部社会历史的物质基础。生产力决定生产关系，经济基础决定上层建筑。只有在社会生产力高度发展的基础上，才有可能建立起共产主义的经济基础和上层建筑，从而人类社会才能进入共产主义社会。所以，社会生产力的高度发展，是实现共产主义社会的根本条件和基础。

共产主义社会的社会生产力的高度发展，是伴随着科学技术的高度发展和人们的科技水平极大提高而实现的，从而创造出前所未有的高水平的劳动生产率，这是共产主义社会制度具有巨大优越性的根本保证。一种新的社会制度具有巨大优越性的集中表现，就在于新社会制度能够创造出比以往社会更高的劳动生产率。共产主义社会的劳动生产率的极大提高，表明人们在单位劳动时间内所创造的物质财富大大增长，整个社会可以用较少的劳动时间创造出满足社会各种需要的巨大物质财富，实现了"集体财富的一切源泉都充分涌流"①。

共产主义社会在社会生产力高度发展的基础上，实现了社会财富的极大丰富，这就为最大限度地满足社会成员的物质和文化生活需求提供了可靠的物质保证，无论是人们的物质生活，或是人们的精神生活，都能得到充分的满足。不仅充分满足人们的生存需要，更加突出的是充分满足人们的享受需要和发展需要，使全体社会成员都能充分享受到高度发展的社会生产力和极大丰富的社会物质财富所提供的促进人们体力和智力全面发展的各种需要。

二、实行社会公有制和按需分配

共产主义社会高度社会化的生产，要求由社会占有全部生产资料，实行生产资料社会公有制。在共产主义社会，随着"社会生产资料变为公共财产"，全部"生产资料由社会占有"，这就使全体社会成员成为生产资料的共同所有者，真正体现出人们在生产资料面前的完全平等关系，从而彻底铲除以往私有制为基础的社会中阶级不平等的经济根源，同时也不再存在社会主义公有制条件下的多种公有制形式，公有制经济单位之间的利益差别也随之消除。共产主义社会中由全体社会成员组成的联合体，共同占有并共同使用生产资料，生产的成果也归全体社会成员共同所有，为满足他们的物质文化需要和全面发展服务。

随着共产主义社会的社会生产力的高度发展和物质财富的极大丰富，以及共产主义社会公有制的建立，个人消费品相应地实行"按需分配"原则，即根据各个社会成员的实际需要分配个人消费品，以充分满足人们的生存需要、享受需要和发展需要。"各尽所能，按需分配"不只是一个个人消费品分配方式，而且是一个集中体现着共产主义社会主要特征和本质要求的原则标志。

---

① 中共中央马克思恩格斯列宁斯大林著作编译局编译：《马克思恩格斯选集》第 3 卷，人民出版社 2012 年版，第 364 页。

三、经济的计划调节

在共产主义社会,由于实现生产资料的单一社会公有制,既不存在公有制的多种形式,更不存在非公有制经济形式,而且社会各经济单位不具有由生产资料占有关系上的差别所引起的经济利益关系的差别。这种生产资料占有关系的统一性和社会经济利益关系的统一性,使人们之间的劳动交换无须遵循对等的原则,人们的劳动具有直接的社会性,个人劳动不必通过价值交换的方式转化为社会劳动,从而使商品经济存在的条件归于消失。

随着共产主义生产资料社会公有制的建立和商品经济的消失,在共产主义的社会生产中,将直接依据社会化大生产的客观要求和按比例分配社会劳动的必要性,合理分配社会资源,优化产业结构,将社会物质资源和人力资源有计划按比例地分配到社会生产各个部门和各个环节,对整个社会经济实行计划调节和管理。

四、阶级的消灭和国家自行消亡

马克思主义经典著作中所说的消灭阶级,首先是指消灭剥削和被剥削阶级的差别与对立,同时也包括工人和农民作为阶级的差别。实践证明,彻底消灭阶级,只能在共产主义社会实现。

在人类历史上,随着生产资料私有制的产生,私有者利用私有制为自己谋利,把沉重的生产劳动负担加到劳动群众肩上,自己不劳而获,成为统治和剥削广大劳动群众的剥削者,从而形成了剥削阶级同被剥削阶级的对立。而共产主义社会在生产力高度发展的基础上,随着世界范围内彻底消灭了私有制,从而铲除了阶级对立存在的深刻经济根源,依靠生产资料私有制所形成的剥削阶级将消失,一切阶级差别和阶级矛盾也将不复存在。

国家是阶级矛盾不可调和的产物,是一个阶级压迫另一个阶级的统治工具。在共产主义社会里,随着一切剥削制度和剥削阶级的彻底消灭,全体社会成员都将融合成为全面发展的共产主义劳动者,因而作为阶级统治工具的社会强制力量的国家机关也随之退出历史舞台而自行消亡。当然,共产主义社会仍需要一定的社会组织机构对社会进行管理。在共产主义社会,阶级的消灭和国家的消亡,意味着实现了世界的和谐。

五、精神境界极大提高

在共产主义社会,全体社会成员都具有高度的思想觉悟和道德品质,人们的精神境界极大提高,完全超越了"资产阶级权利的狭隘眼界"①,成为具有高尚情操和优秀品德的新人。共产主义社会中人们精神境界的极大提高,表现在多方面:人们树立了高度自觉的劳动态度,遵守社会纪律,团结互助,诚实友爱,完全从社会公共利益出发进行劳作和参加社会活动,人人都习惯于遵守社会公共生活的基本准则。人们既摆脱了封建的、保守的思想观念的束缚,又摒弃了以利己主义为核心的资产阶级思想意识,树立了以集体主义为核心的共产主义人生观、价值观和道德观。

---

① 中共中央马克思恩格斯列宁斯大林著作编译局编译:《马克思恩格斯选集》第3卷,人民出版社2012年版,第364页。

列宁在论述共产主义社会的思想道德品质时曾指出:"共产主义,是指这样一种制度,在这种制度下,人们习惯于履行社会义务而不需要特殊的强制机构,不拿报酬地为公共利益工作成为普遍现象。"①

共产主义社会的思想道德和精神境界,是在人们长期的集体主义生活实践中,特别是伴随着社会生产力巨大发展基础上的共产主义新型社会经济关系的建立而逐渐形成的。社会存在决定社会意识,经济基础决定上层建筑。共产主义思想意识和精神境界的形成,归根结底是由社会生产力的高度发展,尤其是由共产主义社会经济基础的形成所决定的。

六、人的自由而全面发展

马克思主义对共产主义社会的展望,总是把人的自由而全面发展作为共产主义社会的本质因素而加以描述,十分强调与共产主义社会制度相适应的社会成员,必将是自由而全面发展的共产主义新人。马克思主义所说的人的自由全面发展,一般是指每个社会成员的体力、智力获得全面发展和自由运用,个人的全部智慧、力量和潜能素质都能全面自由地尽量发挥,每个社会成员可以按照自己的兴趣、爱好、意愿以及社会的需要自由地选择职业和变换工作,把从事不同社会职业作为相互交替的活动方式。

共产主义社会之所以能实现人的自由而全面发展,是由于共产主义社会在生产力和科学技术高度发展的基础上,具备了实现人的自由而全面发展的必要条件。

第一,人们完全摆脱了生产资料私有制和阶级压迫的束缚。在资本主义私有制条件下,劳动者虽然摆脱了人身依附关系,具有了人身自由,可以自由地出卖劳动力。但是,资本主义私有制却使劳动者失去基本生产资料,不得不依靠向资本家出卖劳动力为生,他们的劳动是处于资本家监督下的强制劳动。从这个意义上说,劳动者仍是资本家的奴隶,不是自由的人。

第二,人们完全摆脱了旧式分工的束缚。旧式分工是指每个劳动者长期及至终生被固定在由分工所形成的某一个岗位上,始终从事一种职业,从而使劳动片面化的分工。这种旧式分工,在人类历史上突出表现为由工农分工、城乡分工、脑力劳动与体力劳动分工所形成的"三大差别",即工农差别、城乡差别、脑力劳动与体力劳动差别。旧式分工也存在于体力劳动内部和脑力劳动内部。这种旧式分工的存在,使得每个社会成员受其束缚,不得不"奴隶般地服从"②这种分工,得不到自由而全面的发展。而在共产主义社会中,旧式分工完全消失,人们从它的束缚下解放出来,可以根据个人的意愿和社会需要来自由选择职业和变换工作,为个人的自由而全面发展提供了广阔的空间。

第三,人们完全摆脱了仅仅是谋生手段的劳动的束缚。在共产主义社会,随着劳动生产率的极大提高和按需分配的实行,劳动不仅摆脱了强制性,而且摆脱了繁重的、单一的体力劳动,人们的劳动时间也大为缩短,参加劳动成为一种为社会公共利益服务的自觉要求,成为使自身体力、智力健康发展的自然习惯,成为人们全面发展的内在因素。这样就导致劳动性质发生根本变化,劳动不再仅仅是一种谋生的手段,而同时成为生活的第一需要,劳动变为一种快乐,从而为人们自由而全面发展创造了条件。因此,生产劳动就从一种负担变成一种快乐。

---

① 中共中央马克思恩格斯列宁斯大林著作编译局编译:《列宁选集》第 4 卷,人民出版社 1995 年版,第 91 页。
② 中共中央马克思恩格斯列宁斯大林著作编译局编译:《马克思恩格斯全集》第 19 卷,人民出版社 1963 年版,第 22 页。

第四,人们完全摆脱了接受教育和训练的限制。在共产主义社会,全民教育的高度普及,使人们摆脱了接受教育和训练方面的差别和限制,人们的潜在才能和各种爱好,都有了通过学习培训和深度教育而得到发挥和提升的机会。而且随着人们自由支配时间的延长,使人们接受教育和培训的时间大为增加。这些都为人的自由而全面发展提供了极为有利的条件。

共产主义社会所实现的人的自由而全面发展,使人自身个性的发展达到了一个极高的境界,人不仅完全摆脱了自然界的奴役,创造出高度发达的社会生产力,成为自然界的主人,而且成为社会的主人和自身的主人,实现了真正的自由发展。正如恩格斯所指出的:"人终于成为自己的社会结合的主人,从而也就成为自然界的主人,成为自身的主人——自由的人。"① 共产主义社会中人的自由而全面发展和社会的全面发展是相互联系、相互促进、密不可分的。个人的自由而全面发展只有在社会集体中才能实现,要以社会的物质文明和精神文明的全面发展为支撑。

第二节 共产主义是社会历史发展的必然

一、共产主义是历史发展规律的必然要求

1. 共产主义社会的两个阶段

马克思主义科学地预见到,共产主义社会形态在其发展进程中,将经历低级和高级两个成熟程度不同的发展阶段,第一阶段或低级阶段为社会主义社会,第二阶段或高级阶段为共产主义社会。所以,广义的共产主义社会包括共产主义社会的两个阶段,狭义的共产主义社会则专指共产主义社会的高级阶段。我们现在一般所说的共产主义社会,就是狭义的共产主义社会,即共产主义社会的高级阶段。

社会主义社会和共产主义社会同属于共产主义社会形态,并不是各自独立的两个社会形态,它们具有如下一些共同的基本特征。

(1) 二者都是以生产资料公有制作为社会经济制度的基础,在公有制范围内的生产资料和劳动产品,都属劳动者共同所有,并为社会公共的利益服务和使用。

(2) 二者的生产目的都是为了满足劳动人民日益增长的物质文化生活需要,实现劳动人民的共同富裕。

(3) 二者在公有制范围内的产品分配,都按照有利于社会发展和实现劳动人民利益的原则进行。

(4) 二者都要消灭剥削制度,劳动人民成为社会的主人,他们之间的本质关系是平等和谐、互助合作的关系。

(5) 二者都以马克思主义为指导思想,以集体主义为意识形态的核心。

社会主义社会和共产主义社会作为共产主义社会形态的两个成熟程度不同的发展阶段,二者之间又存在着重大差别。

(1) 社会主义社会的生产力虽有了较大发展,但生产力水平仍比较低,远未达到共产

---

① 中共中央马克思恩格斯列宁斯大林著作编译局编译:《马克思恩格斯选集》第 3 卷,人民出版社 2012 年版,第 817 页。

主义社会那样的生产力高度发展和物质财富极大丰富的程度。

（2）社会主义社会实现了生产资料公有制，但公有制本身还存在全民所有制和集体所有制等多种形式，而且在社会主义初级阶段还存在公有制为主体地位条件下的非公有制经济形式。而共产主义社会则建立起单一的社会公有制。

（3）社会主义社会在公有制范围内的个人收入分配实行按劳分配原则，而在社会主义初级阶段还存在按劳分配为主体的与按生产要素分配相结合的多种分配方式。共产主义社会的个人消费品分配则是按需分配原则。

（4）社会主义初级阶段还存在商品经济，实行社会主义市场经济体制，价值规律仍起调节社会经济发展的作用。而在共产主义社会，商品经济归于消亡，劳动具有完全直接的社会性，社会经济的发展将由计划所调节。

（5）社会主义社会还存在旧式分工和三大差别，劳动还仅仅是一种谋生的手段。而在共产主义社会，旧式分工和三大差别已消失，劳动成为生活的第一需要，人们将获得自由而全面的发展。

（6）社会主义社会要消灭剥削制度，但阶级和阶级差别在一定范围内还长期存在，无产阶级专政的国家仍须存在。共产主义社会则消灭了一切阶级和阶级差别，国家将自行消亡。

（7）社会主义社会虽已建立了新型的社会主义意识形态和道德观念，但仍存在封建主义和资本主义思想影响，小资产阶级习惯势力也长期存在。而在共产主义社会，全体社会成员的思想境界和道德品质都将极大提高，建立起高度的精神文明，造就出一代共产主义新人。

社会主义社会与共产主义社会的共同点表明，二者具有本质的内在联系，是共产主义社会形态的前后紧密衔接的两个发展阶段，它们与资本主义社会是根本性质不同的社会制度。社会主义社会与共产主义社会的差别表明，二者作为共产主义社会形态成熟程度不同的两个阶段，因而第一，社会主义社会在发展中日益成熟和完善，将来必然逐渐成长为共产主义社会；第二，共产主义社会只能经过社会主义社会的长期发展才能最终实现。

2. 人类社会历史必然发展到共产主义

马克思主义认为，人类社会的发展是生产力与生产关系之间矛盾运动的必然结果。资本主义社会的生产社会化与生产资料资本主义私人占有的基本矛盾，决定了以资本主义私有制为基础的资本主义社会，一定要被以社会主义公有制为基础的社会主义社会所代替。由资本主义社会形态过渡到共产主义社会形态的第一阶段——社会主义社会，是人类历史发展的必然趋势。

依据人类社会的发展规律，社会主义社会也是在生产力和生产关系的矛盾运动中不断向前发展的。在资本主义社会过渡到社会主义社会以后，社会主义社会的生产关系同生产力基本相适合，上层建筑同经济基础基本相适合，但又存在某些不相适合的方面。随着社会生产力的发展，社会主义的生产关系和上层建筑不断调整和完善，推动着社会主义社会逐步向前发展。

社会主义制度的建立，为生产力的发展开辟了广阔道路。在社会主义社会，生产规模日益扩大，科学技术不断进步，劳动生产率逐步提高，促使社会生产力迅速发展，从而为实现共产主义创造出坚实的物质条件。因此，社会主义基本矛盾的运动，必将推动着社会主义社会过渡到共产主义社会，这是人类历史发展的必然趋势。

3. 从社会主义向共产主义过渡的特点

从社会主义社会过渡到共产主义社会，同历史上以往的不同性质的社会形态之间的过渡和更迭具有重大差别。以往不同性质的社会形态的过渡和更迭，如奴隶社会取代原始社会、封建社会取代奴隶社会、资本主义社会取代封建社会、社会主义社会取代资本主义社会，不是通过旧社会形态内部的自我完善和发展，在原有的生产关系和上层建筑逐步调整和成熟中实现的，而是由新的、性质完全不同的生产关系和上层建筑取代旧的生产关系和上层建筑而实现的。伴随着这种过渡和更迭，必然是尖锐的矛盾和激烈的斗争，乃至通过武装斗争的形式来实现。

社会主义社会和共产主义社会是同一种社会形态的两个成熟程度不同的发展阶段，它们都是以生产资料公有制为基础的社会制度，二者之间不存在对抗性矛盾。因而从社会主义社会过渡到共产主义社会，只是从不成熟的共产主义社会发展到成熟的共产主义社会，它表现为同一社会形态内部的过渡和变化。这个过渡可以在社会主义社会的生产力不断发展的基础上，依靠社会主义制度的自我革新、调整、完善和发展，逐步对生产关系不适应生产力的方面和上层建筑不适应经济基础的方面进行改革，使共产主义因素日益孕育、壮大和成熟，为实现共产主义创造出必要条件，从而在将来逐步过渡到共产主义社会。

二、实现共产主义是人类最伟大的事业

1. 共产主义事业是崇高理想与科学理想的统一

古往今来，人类对理想社会的追求经历了漫长的道路。马克思和恩格斯在他们所创立的辩证唯物主义和历史唯物主义世界观的基础上，深刻分析了资本主义社会的基本矛盾的运动趋势，总结了国际工人运动的历史经验，批判地吸取了英法两国的空想共产主义和英国古典政治经济学的合理因素，继承和发展了人类历史上一切进步思想的优秀成果，从而深刻地揭示出人类社会发展的规律性，创立了科学共产主义学说，科学地预见了共产主义社会这一理想社会制度的基本特征，向全世界劳动群众展示了人类社会终将进入共产主义的美好社会前景。同时他们明确指出，无产阶级的历史使命就是彻底解放全人类，为在全世界实现共产主义伟大事业而奋斗。这是根据人类社会发展规律和无产阶级的地位所得出的科学结论。

这一科学结论，终于使人类对美好社会理想的追求，由空想变为科学。正如列宁所说："究竟根据什么材料可以提出未来共产主义的未来发展问题呢？这里所根据的是，共产主义是从资本主义中产生出来的，它是历史地从资本主义中发展出来的，它是资本主义所产生的那种社会力量发生作用的结果。马克思丝毫不想制造乌托邦，不想凭空猜测无法知道的事情。马克思提出共产主义的问题，正像一个自然科学家已经知道某一新的生物变种是怎样产生以及朝着哪个方向演变才提出该生物变种的发展问题一样。"[①]

总之，共产主义之所以是人类最伟大的事业，就在于它是崇高理想与科学理想的统一，体现了人类对理想社会目标的追求与符合规律的科学社会实践的有机结合。

2. 共产主义伟大事业的实践

共产主义是人类最伟大的事业，我们一定要胸怀共产主义理想，树立共产主义事业必胜的信念，坚信伟大共产主义事业一定会在全世界得到实现。那种对共产主义事业失去信心，把共产主义事业视为"渺茫的幻想"的观点，当然是错误的。

马克思主义认为，共产主义既是一种理想的社会制度，又是一种社会运动。共产主义作

---

① 中共中央马克思恩格斯列宁斯大林著作编译局编译：《列宁选集》第3卷，人民出版社1995年版，第186－187页。

为社会制度,在我国乃至全人类的实现,还要经过长期的奋斗。共产主义运动的最终目的就是实现共产主义社会制度。世界各国无产阶级争取自身解放的斗争,社会主义国家人民进行的社会主义建设,我国人民所开创的中国特色社会主义事业,都是伟大共产主义事业具体实践的重要组成部分。在我国,共产主义思想的传播,人们为最终实现共产主义理想而进行的共产主义运动,早在20世纪初期,特别是中国共产党成立和它所领导的新民主主义革命的时候就开始了,现在这个运动在我国已经发展到社会主义社会的初级阶段。我们所走的中国特色社会主义道路,所从事的社会主义现代化建设和改革开放事业,正是共产主义事业在现阶段的实践。所以,共产主义伟大事业的实践,早已存在于我国的现实生活之中。

纵观人类历史演变的长河,展望社会发展的大趋势,实现共产主义是我们的远大理想和奋斗目标,是人类崇高而又伟大的事业。

三、实现共产主义是一个不断实践的长期过程

1. 实现共产主义要在实践中长期探索

自从马克思、恩格斯在19世纪40年代创立科学共产主义学说以来,无产阶级所进行的共产主义运动已经历了100多年,国际无产阶级和各国共产党人为实现共产主义理想进行了长期斗争,许多国家先后建立了社会主义制度。100多年的共产主义运动的实践,充分证明了共产主义事业有着强大凝聚力和生命力。

然而,共产主义事业毕竟是人类历史上完全崭新的事业,无产阶级在争取解放、建设社会主义和实现共产主义的过程中,没有现成的经验可循,不可能有事先设计好的完美蓝图,必须在实践中去探索和创新。而人们对共产主义社会还存在许多未被认识的"必然王国",实现共产主义所要经历的具体阶段,适合各国国情的社会主义革命和建设的道路,所应采取的经济和政治体制,以及向共产主义过渡的实施步骤,都要在反复的实践中去探索和创造。在这个探索过程中,可能出现失误,甚至遭受重大挫折。共产主义作为一个新生事物的成长道路,必然要在实践中经历长期的探索过程。

2. 社会主义的充分发展和向共产主义的过渡要经历长期的实践过程

任何一个国家实现共产主义,首先要经历社会主义社会这个历史阶段,通过社会主义社会的充分发展,在社会主义社会高度发达的基础上,才能在将来过渡到共产主义社会。社会主义国家的发展,究竟要经历哪些发展阶段,应采取何种政治的经济的体制,都取决于各国生产力发展状况和社会经济的发展水平,取决于具体的国情。各个社会主义国家只有沿着适合本国国情的发展道路,通过大力进行物质文明和精神文明建设,提高经济的社会化、现代化、国际化程度,促进生产力大幅度增长,才能走向比较发达的社会主义。然后经过发达社会主义的长期发展,逐步创造向共产主义过渡的主客观条件,在具备了这些条件的时候,才能逐步实现向共产主义社会的过渡。社会主义的巩固发展和创造向共产主义过渡的条件,不可能一蹴而就,而要经历长期的过程。所以,社会主义的充分发展和社会主义历史阶段的长期性,决定了向共产主义过渡必然是一个长期的实践过程。

3. 经济落后国家实现共产主义需经更长的实践过程

当今世界上取得社会主义革命胜利的国家,一般经济发展都相对比较落后,这些社会主义国家要经过更长的社会主义发展阶段才能在将来实现共产主义。我国原来是一个半殖民地半封建的社会,生产社会化和经济商品化的程度很低,自然经济占相当大比重,生产力发展水平远远落后于发达资本主义国家。我国建立社会主义制度以后,必须经历一个社会主义初

级阶段的长期发展过程,以便实现工业化与经济的社会化、市场化、现代化和国际化。这是不可逾越的历史阶段。这个初级阶段至少需要上百年时间。将来我国进入社会主义的较高发展阶段,为了巩固和发展社会主义,为了创造向共产主义过渡的条件,则需经过更长的实践过程。

4. 共产主义在世界范围的实现是长期、曲折、复杂的历史过程

共产主义事业本质上是国际性的,只在全世界范围内主要的和多数的国家转变为社会主义制度以后,人类在将来才有可能进入共产主义社会。因而实现共产主义,既要在已经建立了社会主义制度的国家巩固和发展其成果,又有待于现有资本主义国家转向社会主义。在资本主义制度尚存的情况下,国际敌视社会主义的势力对已经取得革命胜利的社会主义国家,总是竭力从政治、经济、军事等方面施加种种压力,甚至进行"和平演变"乃至武力侵犯;社会主义国家内部也会出现反社会主义的阴谋活动。国际和国内的反社会主义势力,还会相互勾结,彼此呼应。在这种情况下,社会主义事业有可能遭受损害,甚至发生像苏联解体和东欧剧变这样的重大挫折。国际阶级矛盾斗争的复杂性,决定社会主义在全世界的胜利绝非一帆风顺。所以,社会主义在世界范围内取代资本主义,进而在全世界实现共产主义,必然要经历一个长期、曲折、复杂的历史过程。

第三节 在建设中国特色社会主义的进程中 为实现共产主义而奋斗

一、社会主义是走向共产主义的必由之路

1. 社会主义社会是走向共产主义社会的必经阶段

共产主义社会是人类历史上最美好和最理想的社会制度,但是,实现共产主义的物质的和社会的条件,只能在社会主义阶段的长期发展建设过程中逐渐形成。依据共产主义社会发展两阶段原理,人类社会的发展只能从资本主义社会首先过渡到社会主义社会,而不能超越社会主义这个历史阶段。社会主义社会是共产主义社会的低级阶段,是走向共产主义高级阶段的必由之路。

列宁在分析共产主义社会发展的两阶段时曾指出:"通常所说的社会主义,马克思把它称作共产主义社会的'第一'阶段或低级阶段。既然生产资料已成为公有财产,那么'共产主义'这个名词在这里也是可以用的,只要不忘记这还不是完全的共产主义。"① 马克思明确指出,这些旧的社会痕迹,"在经过长久阵痛刚刚从资本主义社会产生出来的共产主义社会第一阶段,是不可避免的"。② 在社会主义社会的一定发展阶段上,旧社会痕迹是一种客观存在的现象,在没有建立起新的社会经济文化条件时,不可能消失。只有经过社会主义社会的长期发展,在社会生产力高度发展的基础上,随着物质文明和精神文明以及社会文化的长足发展,才能使旧的社会痕迹逐步消失,从而为实现共产主义铺平道路。所以,社会主

---

① 中共中央马克思恩格斯列宁斯大林著作编译局编译:《列宁选集》第3卷,人民出版社1995年版,第199-200页。
② 中共中央马克思恩格斯列宁斯大林著作编译局编译:《马克思恩格斯选集》第3卷,人民出版社2012年版,第364页。

义是走向共产主义的必经阶段和必由之路。

2. 为实现共产主义创造条件

共产主义社会不会自行到来，必须通过社会主义历史阶段大力进行物质文明和精神文明建设，创造出一系列主观和客观条件的基础上，才能最终实现社会主义的全部发展过程，也就是为实现共产主义逐步创造条件的过程。实现共产主义所需具备的基本条件，概括地说就是：

（1）社会生产力的高度发展，为实现共产主义创造物质技术基础。

（2）全体社会成员的文化教育的普及和科学技术水平的极大提高。

（3）全体社会成员的思想觉悟和道德品质的极大提高。

（4）建立起同高度社会化生产相适应的生产资料社会公有制。

（5）消灭旧的社会分工特别是三大差别，造就出体力和智力全面发展的新人。

（6）在全世界消灭一切剥削制度和剥削阶级，作为阶级统治工具的国家自行消亡。

实现共产主义所必须具备的基本条件，要在社会主义历史阶段经过长期的努力奋斗才能创造出来。热心于共产主义，首先要热心于社会生产力的发展。不经过社会主义社会的长期发展，不具备向共产主义过渡的条件，实现高级阶段的共产主义社会只是一句空话。

二、树立共产主义远大理想，积极投身中国特色社会主义事业

1. 共产主义远大理想和中国特色社会主义共同理想

理想是人生奋斗的目标。人们所追求的理想有社会理想、职业理想、生活理想、道德理想等。社会理想是人们对社会制度和社会面貌的预见和期望，它是人们的最根本的、起主要和决定作用的理想，贯穿于其他理想之中。社会理想具有鲜明的阶级性，各阶级都有自己的社会理想。共产主义远大理想是我们实现人生价值的基础和归宿，是凝聚一切进步社会力量、推动社会不断前进的精神航标。

我国当前正处于社会主义初级阶段，建设中国特色社会主义是我国人民的历史使命和共同理想。中国特色社会主义开创了我国社会主义发展的崭新道路，是科学社会主义理论与中国国情相结合的产物。只有社会主义才能救中国，只有中国特色社会主义才能发展中国、富强中国。建设中国特色社会主义，要以建设富强、民主、文明、和谐的社会主义现代化强国为目标，全面推进中国特色社会主义经济、政治、文化和社会建设。

党的十七大报告明确指出："中国特色社会主义道路，就是在中国共产党领导下，立足基本国情，以经济建设为中心，坚持四项基本原则，坚持改革开放，解放和发展社会生产力，巩固和完善社会主义制度，建设社会主义市场经济、社会主义民主政治、社会主义先进文化、社会主义和谐社会，建设富强民主文明和谐的社会主义现代化国家。中国特色社会道路之所以完全正确、之所以能够引领中国发展进步，关键在于我们既坚持了科学社会主义的基本原则，又根据我国实际和时代特征赋予其鲜明的中国特色。在当代中国，坚持中国特色社会主义道路，就是真正坚持社会主义。"中国特色社会主义的经济建设，就是在社会主义条件下发展市场经济，不断解放和发展生产力，坚持和完善社会主义公有制为主体、多种所有制经济共同发展的基本经济制度，坚持和完善按劳分配为主体的多种分配方式。

中国特色社会主义的政治建设，就是在中国共产党领导下，在人民当家做主的基础上，依法治国，发展社会主义民主政治。中国特色社会主义的文化建设，就是以马克思主义为指导，以培育有理想、有道德、有文化、有纪律的公民为目标，发展面向现代化、面向世界、

面向未来的、民族的、科学的、大众的社会主义文化。

中国特色社会主义的社会建设，就是要以解决人民最关心、最直接、最现实的利益问题为重点，使经济成果更多体现到改善民生上。中国特色社会主义道路，是我国进一步实现民族振兴、国家富强、人民幸福、社会和谐的必由之路。中国特色社会主义是当代中国发展进步的旗帜，是全国人民团结奋斗的旗帜。建设中国特色社会主义是全国人民为之奋斗的共同理想，我们一定要高举中国特色社会主义旗帜，为开创中国特色社会主义事业的新局面而继续奋斗。

共产主义远大理想和中国特色社会主义共同理想，二者相辅相成，相互促进，有机联系和统一。一方面，远大理想是现阶段共同理想的奋斗目标。走中国特色社会主义道路，进行中国特色社会主义的经济、政治、文化、社会建设，是为实现我国现阶段的共同理想而奋斗，在这个奋斗过程中，必须坚持共产主义发展方向，以实现共产主义远大理想为目标。立足当前，放眼未来，当前我们开创的建设中国特色社会主义的各项事业，就是朝着实现共产主义的远大理想迈进。另一方面，现阶段的共同理想是远大理想的坚实基础。实现共产主义远大理想，要经过社会主义历史阶段的长足发展，我国坚持和发展中国特色社会主义，开创建设中国特色社会主义的新局面，就是为实现共产主义而增砖添瓦，是为迈向共产主义社会逐步创造条件。所以，实现中国特色社会主义的共同理想，是为实现共产主义远大理想而服务。中国特色社会主义共同理想在我国的成功实践，必然为实现共产主义远大理想奠定坚实的基础。

2. 积极投身中国特色社会主义事业

共产主义远大理想同中国特色社会主义共同理想的紧密联系和有机统一表明，我们追求共产主义远大理想，要体现在实际行动中，积极投身中国特色社会主义事业，推进中国特色社会主义经济、政治、文化和社会建设。当代中国坚持走中国特色社会主义道路的关键，在于坚定不移地坚持解放思想、实事求是的思想路线，坚定不移地坚持改革开放的方针，坚定不移地促进科学发展与社会和谐，坚定不移地为实现全面建成小康社会的目标而奋斗。我们要把为伟大共产主义事业而奋斗的崇高目标，落实到建设中国特色社会主义事业的具体实践之中。

"千里之行，始于足下。"把远大理想与现阶段共同理想紧密地结合起来，就要胸怀共产主义崇高理想目标，坚持和发展中国特色社会主义。既不能只埋头苦干而忘却远大理想，失去前进的动力和方向；又不能空谈远大理想而脱离现实，失去立足的根基。我们要脚踏实地，从我做起，从现在做起，增强坚持走中国特色社会主义道路的自觉性，肩负起民族复兴、振兴中华的伟大历史重任，奋力开拓中国特色社会主义事业更为广阔的发展前景。

❓ 思考与练习

一、单项选择题

1. 下列提法正确的是（　　）。
   A. 只有空想社会主义思想家预见了未来社会
   B. 只有马克思主义经典作家预见了未来社会
   C. 只有唯心主义思想家预见了未来社会
   D. 许多思想家都预见了未来社会

2. "通过批判旧世界来发现新世界"是（　　）。
   A. 空想社会主义预见未来社会的方法　　B. 马克思主义预见未来社会的方法
   C. 唯物主义预见未来社会的方法　　　　D. 唯心主义预见未来社会的方法
3. "代替那存在着阶级和阶级对立的资产阶级旧社会的，将是这样一个联合体，在那里，每个人的自由发展是一切人的自由发展的条件。"这是（　　）。
   A.《共产党宣言》中的一段话　　B.《共产主义原理》中的一段话
   C.《哥达纲领批判》中的一段话　　D.《资本论》中的一段话
4. "两个必然"和"两个决不会"（　　）。
   A. 是矛盾的　　　　　　B. 是两回事
   C. 是有着内在联系的　　D. 是内容和形式的关系
5. "必然王国"和"自由王国"是（　　）。
   A. 时间性概念　　B. 空间性概念
   C. 历史性概念　　D. 物质性概念
6. 马克思主义认为，消灭"三大差别"的关键在于（　　）。
   A. 消灭工业与农业的差别　　　　　　B. 消灭城市和乡村的差别
   C. 消灭脑力劳动和体力劳动的差别　　D. 消灭利益差别
7. 在人的发展和社会发展的关系问题上，马克思主义认为（　　）。
   A. 前者是个人的理想，后者是社会的目标
   B. 前者体现了个人价值，后者体现了社会价值
   C. 前者和后者是彼此独立的历史发展过程
   D. 前者和后者互为前提和基础
8. 江泽民说："忘记远大理想而只顾眼前，就会失去前进方向；离开现实工作而空谈远大理想，就会脱离实际。"江泽民所说的"远大理想"是指（　　）。
   A. 共产主义远大理想　　　　　　B. 建设中国特色社会主义共同理想
   C. 个人对美好生活的向往与追求　　D. 个人对将来职业的向往与追求
9. "必然王国"和"自由王国"是社会发展的（　　）。
   A. 两种不同的状态　　B. 两种不同的选择
   C. 两条不同的道路　　D. 两种不同的理想
10. "自由王国"是指人们（　　）。
    A. 处于绝对自由的原始社会状态
    B. 不再受自然规律和社会规律支配的状态
    C. 允许自由竞争的资本主义状态
    D. 摆脱了自然和社会关系的奴役，成为自己社会关系主人的状态

二、辨析题

1. 实现共产主义是合规律性与合目的性的统一。
2. 共产主义理想的实现是历史规律的必然要求。
3. 在社会主义初级阶段只能讲树立建设中国特色社会主义共同理想，而不应提树立共产主义远大理想，否则就是脱离实际。

三、简答题

1. 马克思主义经典作家对共产主义理想社会的展望与以往的许多思想家，特别是空想社会主义者对未来理想社会的描绘的本质区别是什么？

2. 怎样理解共产主义理想实现的历史必然性？为什么说"共产主义渺茫"论是错误的？
3. 从习近平总书记"政治灵魂"说谈谈中国特色社会主义的共同理想和共产主义远大理想的关系。

四、材料分析题

【材料1】建立"和谐"的新社会，从社会主义的思想先驱们那里就一直是一种美好的理想。1803年法国空想社会主义者傅立叶发表《全世界和谐》一文，指出现存资本主义制度是不合理的，必然为"和谐制度"所代替。1824年，英国空想社会主义者欧文在美国印第安纳州进行的共产主义试验，也以"新和谐"命名。1842年，德国空想共产主义者魏特林在《和谐与自由的保证》一书中把社会主义社会称为"和谐与自由"的社会，并指出新社会的"和谐"是"全体和谐"。马克思称这本书是工人阶级"史无前例的光辉灿烂的处女作"。1848年，马克思、恩格斯深刻分析了空想社会主义者的历史局限性和理论缺陷，认为他们没有认识到资本主义社会的本质矛盾，也没有找到实行社会变革的正确途径，结果只能陷入空想。（胡锦涛：《在省部级主要领导干部提高构建社会主义和谐社会能力专题研讨班上的讲话》，有删改）

【材料2】社会公平正义是社会和谐的基本条件，制度是社会公平正义的根本保证。必须加紧建设对保障社会公平正义具有重大作用的制度，保障人民在政治、经济、文化、社会等方面的权利和利益，引导公民依法行使权利、履行义务。（《中共中央关于构建社会主义和谐社会若干重大问题的决定》）

根据以上材料分析回答：
（1）空想社会主义者的"和谐社会"思想的历史功绩和历史局限性。
（2）社会公平在构建社会主义和谐社会中的作用。

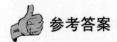

参考答案

一、单项选择题

1. D 2. B 3. A 4. C 5. C 6. D 7. D 8. A 9. A 10. D

二、辨析题

1. 答案要点：此观点正确。与自然规律一样，社会规律具有客观性，符合社会规律的事物必然要得到实现。而社会发展的基本规律已被历史唯物主义所揭示。根据历史唯物主义原理，资本主义社会由于其生产力与生产关系、经济基础与上层建筑的矛盾的不可调和性，它必将被更为高级的共产主义社会所替代。因而共产主义的实现是合规律的。同时，社会规律是在人们的社会活动中起作用的，而人们的活动是有目的有意志的，因而社会规律的实现和发挥作用又离不开人的主观能动性。具体说来，共产主义的实现离不开工人阶级及其政党的能动性，离不开社会主义国家建设事业的推进，离不开世界社会主义运动的发展。因此，实现共产主义是合规律性与合目的性的统一。

2. 答案要点：此观点正确。共产主义一定能够实现，这是由人类社会的发展规律以及资本主义社会的基本矛盾发展所决定的。根据人类社会发展的规律，人类社会从低级向高级发展是一个社会形态发展和交替的过程，奴隶社会取代原始社会，封建社会取代奴隶社会，资本主义社会取代封建社会，社会主义社会取代资本主义社会，社会主义社会经过长期发展进入共产主义社会，这是一个客观必然的历史进程。另外，社会主义运动的实践，已经并正在用事实证明着共产主义理想实现的必然性。当然,共产主义理想实现的必然性,并不意味着实现共产主义理想的过程是一帆风顺的,而是一个长期的过程。

3. 答案要点:这一观点割裂了共同理想与远大理想的联系,是错误的。

共产主义理想是建立在科学基础上的社会理想,是人类历史上最崇高的社会理想,实现共产主义理想是共产党的远大理想和最高纲领。建设中国特色社会主义是全体中国人民现阶段的共同理想。实现共产主义的远大理想与建设中国特色社会主义的共同理想是统一的。

首先,实现共产主义理想必须以建设中国特色社会主义共同理想为基础。因为,实现共产主义理想必须要经历中国特色社会主义的发展阶段;中华民族走向共产主义必须走中国特色社会主义的道路;实现共产主义理想必须做好建设中国特色社会主义的每一项工作。

其次,实现建设中国特色社会主义的共同理想必须树立共产主义远大理想。因为,实现建设中国特色社会主义的共同理想必须以共产主义理想为导引;实现建设中国特色社会主义的共同理想必须以共产主义理想为精神支柱;实现建设中国特色社会主义的共同理想必须树立共产主义理想为其精神动力。

忽视远大理想与共同理想的紧密联系和相互统一,就会导致共产主义"渺茫论"和"空想论",在建设中国特色社会主义的过程中就会迷失方向,失去前进的动力。我们应该立足当前,把握未来,在实现中国特色社会主义的共同理想的实践中,进一步树立和坚定共产主义远大理想。

三、简答题

1. 答案要点:在展望未来社会的问题上,是否坚持科学的立场、观点和方法是能否正确预见未来的基本前提,也是马克思主义与空想社会主义的根本区别。马克思主义经典作家站在科学的立场上,提出并自觉运用了预见未来社会的科学方法。这些方法是:①在揭示人类社会发展一般规律的基础上指明社会发展的方向。②在剖析资本主义社会旧世界中阐发未来新世界的特点。③立足于揭示未来社会的一般特征,而不作空想的详尽描绘。④坚持发展观点,把对未来社会的科学预见看作一个不断丰富发展的认识过程。

2. 答案要点:①共产主义理想是能够实现的社会理想。共产主义理想的实现不靠什么神秘的力量或奇迹,而是靠社会的发展,靠人的实践。②共产主义理想的实现是历史规律的必然要求。共产主义理想一定会实现,是以人类社会发展规律以及资本主义社会的基本矛盾发展为依据的。

社会主义运动的实践,特别是社会主义国家的兴起和不断发展,已经并正在用事实证明着共产主义理想实现的必然性。从一定意义上讲,社会主义革命的胜利本身就是共产主义理想实现的必然性证明。

共产主义实现的历史必然性中包含着人的努力奋斗。社会主义代替资本主义和最后实现共产主义的历史过程,离不开工人阶级及其政党的自觉能动性,离不开社会主义国家的建设事业,离不开国际共产主义运动的发展。

3. 答案要点:①实现共产主义不能超越社会主义发展阶段。正确把握社会主义和共产主义的关系,一方面必须看到二者在性质上的一致性,看到它们同属一个社会形态;另一方面也要看到这两个阶段在发展程度和成熟程度上的重大区别。建设社会主义是一个长期艰苦的过程,试图跳过社会主义阶段而直接进入共产主义社会,是不可能实现的。而试图人为地缩短社会主义时期,急于向共产主义过渡,不使社会主义有充分的自我发展,则是有害的。

②建设中国特色社会主义是中华民族走向共产主义的必由之路。当代中国应当走符合自己国情的社会主义建设道路。经过长期的探索，我们已经找到了这条道路，这就是建设中国特色社会主义的道路。我国现在尚处于并将长期处于社会主义初级阶段。中国特色的社会主义道路贯通于社会主义初级阶段全过程。③习近平总书记对于社会主义和共产主义信念的要求强调了社会主义共同理想与共产主义远大理想是一致的，他指出："对社会主义和共产主义的信念，是共产党人的政治灵魂。"

四、材料分析题

答案要点：①空想社会主义者对资本主义制度进行了猛烈的批判，对于未来社会理想提出了种种预测，他们把社会和谐作为未来社会的理想目标，有其历史的进步性。但是，空想社会主义者从抽象的人性论出发，不了解社会发展的客观规律和资本主义社会的本质矛盾，没有找到实现社会变革、社会和谐的正确途径和阶级力量，所以只能陷入空想。②社会公平是社会主义和谐社会首要的和基本的价值取向；追求社会公平是构建社会主义和谐社会的主旨；社会公平是构建社会主义和谐社会的基本条件；社会公平是构建社会主义和谐社会的重要支柱。要建立、健全公平的社会经济、政治和文化制度，促进社会和谐。

参考文献

［1］中共中央马克思恩格斯列宁斯大林著作编译局. 马克思恩格斯选集［M］. 北京：人民出版社，2012.

［2］中共中央马克思恩格斯列宁斯大林著作编译局. 马克思恩格斯全集［M］. 北京：人民出版社，2001.

［3］中共中央马克思恩格斯列宁斯大林著作编译局. 列宁选集［M］. 北京：人民出版社，1995.

［4］中共中央马克思恩格斯列宁斯大林著作编译局. 斯大林选集［M］. 北京：人民出版社，1979.

［5］毛泽东. 毛泽东选集［M］. 北京：人民出版社，1991.

［6］中共中央文献研究室. 毛泽东文集［M］. 北京：人民出版社，1999.

［7］邓小平. 邓小平文选：第2卷［M］. 北京：人民出版社，1994.

［8］江泽民. 在庆祝中国共产党成立八十周年大会上的讲话［M］. 北京：人民出版社，2001.

［9］胡锦涛. 在"三个代表"重要思想理论研讨会上的讲话［M］. 北京：人民出版社，2003.

［10］《马克思主义基本原理概论》编写组. 马克思主义基本原理概论［M］. 北京：高等教育出版社，2015.

［11］卫兴华，赵家祥. 马克思主义基本原理概论［M］. 北京：北京大学出版社，2015.

［12］陶德麟，石云霞. 马克思主义基本原理概论［M］. 武汉：武汉大学出版社，2006.

［13］中共中央文献研究室. 习近平总书记重要讲话文章选编［M］. 北京：党建出版社、中央文献出版社，2016.

《马克思主义基本原理概论》模拟测试题一

一、判断题（每小题2分，共40分）

( ) 1. 哲学是理论化和系统化的世界观。
( ) 2. 哲学基本问题是物质和运动的关系问题。
( ) 3. 运动是绝对的，静止是相对的。
( ) 4. 世界的统一性在于物质性。
( ) 5. "人不能两次踏进同一条河流"，这是相对主义的观点。
( ) 6. 矛盾的基本属性是矛盾的普遍性和特殊性。
( ) 7. 发展就是新事物的产生，旧事物的灭亡。
( ) 8. 唯物主义认为认识是主体对客体的反映。
( ) 9. 相对真理就是包含部分错误的真理。
( ) 10. 逻辑证明是检验真理的第二个标准。
( ) 11. 地理环境是社会存在和发展的决定性条件。
( ) 12. 唯物史观不承认个人在历史发展中的作用。
( ) 13. 有使用价值的东西一定有价值。
( ) 14. 形成商品价值的劳动是社会劳动。
( ) 15. 具体劳动和抽象劳动是同一次劳动过程的两个方面。
( ) 16. 决定商品价值量的是生产商品的个别劳动时间。
( ) 17. 社会资本再生产的核心问题是社会总产品的实现问题。
( ) 18. 国家垄断资本主义是国家与资本家的结合。
( ) 19. 生产资本按其价值周转方式不同区分为固定资本和流动资本。
( ) 20. 当代资本主义出现的新变化，意味着资本主义生产关系的根本性质发生了变化。

二、简答题（每小题10分，共30分）

1. 简述物质和意识的关系。
2. 简述生产力和生产关系的辩证关系。
3. 简述价值规律的基本内容、表现形式和作用。

三、论述题（每小题15分，共30分）

1. 试用质量互变规律的关系原理谈我国社会主义现代化建设的"三步走"战略。
2. 试述资本循环的三个阶段、三种职能形式和资本循环连续性的条件。

《马克思主义基本原理概论》模拟测试题二

一、判断题（每小题2分，共40分）
（   ）1. 在马克思主义哲学产生以前，不曾存在唯物史观和唯心史观的斗争。
（   ）2. 哲学基本问题是物质和运动的关系问题。
（   ）3. "动者恒动，静者恒静。"
（   ）4. 正确的认识来自于客观，错误的认识不反映客观。
（   ）5. 辩证法所说的矛盾是指人们思维中的前后不一致的自相矛盾。
（   ）6. 唯物辩证法认为发展的实质是新事物的产生和旧事物的灭亡。
（   ）7. 辩证的否定是"扬弃"。
（   ）8. 两条根本对立的认识路线是唯物主义反映论与唯心主义先验论。
（   ）9. 真理的基本属性是绝对性和相对性。
（   ）10. 社会意识的相对独立性是指社会意识可以完全脱离社会存在而发展。
（   ）11. 人民群众创造历史的决定作用表现在人民群众的活动创造了历史发展的规律。
（   ）12. 任何英雄人物的历史作用都不能超出他们所处历史条件所许可的范围。
（   ）13. 商品的本质属性是使用价值。
（   ）14. 决定商品价值的是生产商品的社会必要劳动时间。
（   ）15. 劳动力使用价值的特点是能创造出比自身价值更大的价值。
（   ）16. 根据生产资本在剩余价值生产中所起的不同作用可区分为不变资本和可变资本。
（   ）17. 工资的本质是劳动的价值的货币表现。
（   ）18. 社会资本再生产的核心问题是价值如何增殖的问题。
（   ）19. 国家垄断资本主义从根本上解决了资本主义的基本矛盾。
（   ）20. 社会主义必然代替资本主义的根源在于资本主义社会的基本矛盾。

二、简答题（每小题10分，共30分）
1. 简述矛盾普遍性和特殊性的辩证关系。
2. 简述绝对真理和相对真理的辩证关系。
3. 简述国家垄断资本主义的含义、形式和作用。

三、论述题（每小题15分，共30分）
1. 试用规律的客观性原理分析对中国社会主义现代化建设的意义。
2. 试述资本主义的历史地位和发展趋势。

《马克思主义基本原理概论》模拟测试题三

一、判断题（每小题2分，共40分）

( ) 1. 哲学是科学的世界观。
( ) 2. 哲学基本问题是思维和存在的关系问题。
( ) 3. 运动是绝对的，静止是相对的。
( ) 4. 世界的统一性在于运动。
( ) 5. "人不能两次踏进同一条河流"，这是相对主义的观点。
( ) 6. 矛盾的基本属性是矛盾的同一性和斗争性。
( ) 7. 辩证的否定是包含肯定的否定。
( ) 8. 辩证唯物主义认为认识是主体对客体的能动反映。
( ) 9. 绝对真理就是终极真理。
( ) 10. 逻辑证明是检验真理的标准。
( ) 11. 生产方式是社会存在和发展的决定性条件。
( ) 12. 唯物史观不承认个人在历史发展中的作用。
( ) 13. 有价值的东西一定有使用价值。
( ) 14. 形成商品价值的劳动是社会劳动。
( ) 15. 具体劳动和抽象劳动是同一次劳动过程的两个方面。
( ) 16. 价值规律是商品经济的基本规律。
( ) 17. 社会资本再生产的核心问题是社会总产品的实现问题。
( ) 18. 国家垄断资本主义是国家政权与私人垄断资本的结合。
( ) 19. 生产资本按其价值周转方式不同区分为不变资本和可变资本。
( ) 20. 当代资本主义出现新变化，意味着资本主义的基本矛盾得到了根本解决。

二、简答题（每小题10分，共30分）

1. 简述认识的辩证运动过程。
2. 简述经济基础和上层建筑的辩证关系。
3. 简述商品二因素和劳动二重性的关系。

三、论述题（每小题15分，共30分）

1. 试用矛盾普遍性和特殊性的关系原理谈对我国社会主义现代化建设的意义。
2. 试述全球化对发展中国家的影响。

《马克思主义基本原理概论》模拟测试题四

一、单项选择题（每小题 2 分，共 20 分）

1. 德国古典哲学是马克思主义哲学的直接理论来源。马克思和恩格斯批判地吸取了黑格尔哲学的（ ）。
   A. 唯物主义思想　　　　　　　　　B. 辩证法思想
   C. 可知论思想　　　　　　　　　　D. 决定论思想

2. 马克思主义认为，世界的真正统一性在于它的（ ）。
   A. 广延性　　　　　　　　　　　　B. 存在性
   C. 物质性　　　　　　　　　　　　D. 可知性

3. 唯物辩证法有两个总特征，一个是普遍联系的观点，另一个是（ ）。
   A. 质量互变的观点　　　　　　　　B. 永恒发展的观点
   C. 对立统一的观点　　　　　　　　D. 辩证否定的观点

4. 在人类社会发展中起决定作用的因素是（ ）。
   A. 地理环境　　　　　　　　　　　B. 人口因素
   C. 政治制度　　　　　　　　　　　D. 生产方式

5. 生产力范畴反映的是（ ）。
   A. 人与人之间的经济关系　　　　　B. 人与人之间的政治关系
   C. 人与自然之间的关系　　　　　　D. 人与人之间的思想关系

6. 阶级斗争在阶级社会发展中的作用表现为，它是阶级社会发展的（ ）。
   A. 唯一动力　　　　　　　　　　　B. 最终动力
   C. 根本动力　　　　　　　　　　　D. 直接动力

7. 根据资本不同部分在剩余价值生产中的不同作用，可以把全部资本划分为（ ）。
   A. 生产资本与商业资本　　　　　　B. 职能资本与货币资本
   C. 不变资本和可变资本　　　　　　D. 固定资本和流动资本

8. 资本积累的源泉是（ ）。
   A. 使用价值　　　　　　　　　　　B. 剩余价值
   C. 价值　　　　　　　　　　　　　D. 交换价值

9. 垄断资本主义国家事实上的主宰者是（ ）。
   A. 产业资本家　　　　　　　　　　B. 商业资本家
   C. 大土地所有者　　　　　　　　　D. 金融寡头

10. 资本输出的两种基本形式是（ ）。
    A. 借贷资本和生产资本输出　　　　B. 借贷资本和商品资本输出
    C. 生产资本和商品资本输出　　　　D. 货币资本和生产资本输出

二、多项选择题（每小题 2 分，共 20 分）

1. 下列选项中，属于马克思主义理论体系基本组成部分的有（ ）。
   A. 民主社会主义　　　　　　　　　B. 科学社会主义
   C. 马克思主义哲学　　　　　　　　D. 马克思主义政治经济学

2. 下列选项中属于唯物主义基本形态的有（   ）。
   A. 朴素唯物主义　　　　　　　　B. 庸俗唯物主义
   C. 形而上学唯物主义　　　　　　D. 辩证唯物主义和历史唯物主义
3. 下列选项中，体现量变的积累引起质变这一哲学道理的有（   ）。
   A. 长堤溃蚁穴，君子慎其微　　　B. 天下无难事，只怕有心人
   C. 绳锯木断，水滴石穿　　　　　D. 不积小流，无以成江海
4. 下列各项属于党的思想路线内容的有（   ）。
   A. 一切从实际出发　　　　　　　B. 理论联系实际
   C. 实事求是　　　　　　　　　　D. 在实践中检验和发展真理
5. 下列各项属于生产关系内容的有（   ）。
   A. 生产资料的所有制形式　　　　B. 人们在生产中的地位
   C. 产品的分配方式　　　　　　　D. 人们在生产中的相互关系
6. 劳动力商品的价值包括（   ）。
   A. 维持劳动者自身生存所必需的生活资料的价值
   B. 劳动者繁衍后代所必需的生活资料的价值
   C. 劳动者接受教育和训练所支出的费用
   D. 劳动者用于娱乐消费所支出的费用
7. 以机器设备形式存在的资本，属于（   ）。
   A. 不变资本　　　　　　　　　　B. 可变资本
   C. 固定资本　　　　　　　　　　D. 流动资本
8. 国家垄断资本主义的基本形式有（   ）。
   A. 金融寡头　　　　　　　　　　B. 国家直接掌握的垄断资本
   C. 国家和私人资本在企业内部的结合　　D. 国家和私人资本在企业外部的结合
9. 空想社会主义理论的合理性表现在（   ）。
   A. 它深刻揭露了资本主义的罪恶
   B. 它认为资本主义必须要为一种更好的制度取代
   C. 它揭示了资本主义必然灭亡的经济根源
   D. 它认为无产阶级是埋葬资本主义的革命力量
10. 下列各项属于共产主义社会基本特征的有（   ）。
    A. 生产力高度发展和物质财富极大丰富　　B. 实行社会公有制和按劳分配
    C. 人们精神境界极大提高　　　　　　　　D. 阶级消灭和国家自行消亡

三、简答题（每小题6分，共30分）

1. 简述联系的复杂多样性。
2. 简述实践对认识的决定作用。
3. 简述价值规律的内容及作用。
4. 简述社会主义发展道路多样性的原因。
5. 简述资本主义经济危机的实质和根源。

四、论述题（每小题15分，共30分）

1. 如何理解"科学技术是第一生产力"？
2. 试述资本主义意识形态的历史进步性和阶级局限性。

《马克思主义基本原理概论》
模拟测试题参考答案

模拟测试题一

一、判断题（每小题2分，共40分）
1. √ 2. × 3. √ 4. √ 5. × 6. × 7. √ 8. √ 9. × 10. × 11. × 12. × 13. × 14. × 15. √ 16. × 17. √ 18. × 19. √ 20. ×

二、简答题（每小题10分，共30分）
1. 答案要点：①物质决定意识。从意识的起源上说，意识是自然和社会发展的产物。从意识的本质上说，意识是人脑的机能，是对物质的反映。②意识对物质有反作用。正确的意识对物质有促进作用，错误的意识对物质有阻碍作用。意识对物质的反作用体现在意识的能动性上。

2. 答案要点：①生产力决定生产关系（性质、变革）。②生产关系反作用于生产力（适合则促进，不适合则阻碍和破坏）。③生产关系一定要适合生产力状况。

3. 答案要点：①价值规律的基本内容：商品价值量由生产商品的社会必要劳动时间决定；商品按照价值量相等的原则进行交换。②表现形式：价格以价值为中心上下波动。③作用：①自发地调节社会资源在不同生产部分之间的配置，调节着商品生产和商品流通。②刺激商品生产者不断改进技术，提高劳动生产率。③导致商品生产者的优胜劣汰。

三、论述题（每小题15分，共30分）
1. 答案要点：①量变是质变的准备，质变是量变的结果，质变推动新量变。②质量互变规律的原理是中国现代化发展"三步走"战略的理论根据，只有进行量的积累，才能为质变打下基础。

2. 答案要点：资本循环是指资本依次经过三个阶段，相应采取三种职能形式，在运动中得到增殖并回到原来出发点的运动。

资本循环的第一阶段是购买阶段，其职能形式是货币资本，职能是为剩余价值生产准备条件；第二阶段是生产阶段，其职能形式是生产资本，职能是生产出价值和剩余价值；第三阶段是售卖阶段，其职能形式是商品资本，职能是实现价值和剩余价值。

产业资本的循环是货币资本循环、生产资本循环、商品资本循环这三个循环的统一，要保持资本循环的连续性，就必须使产业资本的三种职能形式在空间上同时并存，在时间上先后继起。

模拟测试题二

一、判断题（每小题2分，共40分）
1. √ 2. × 3. × 4. × 5. × 6. √ 7. √ 8. √ 9. √ 10. × 11. × 12. √ 13. × 14. √ 15. × 16. × 17. × 18. × 19. × 20. √

二、简答题（每小题10分，共30分）
1. 答案要点：矛盾普遍性和特殊性的关系是共性和个性的关系，是绝对和相对的关系，是矛盾问题的精髓。

2. 答案要点：真理的绝对性和相对性相互渗透、相互包含。相对包含绝对，绝对寓于相对之中，任何相对真理之中都包含绝对真理的颗粒；相对是绝对的一个成分，绝对真理通过相对真理表现出来，无数相对真理的总和构成绝对真理。相对真理不断向绝对真理辩证转化。

3. 答案要点：①国家垄断资本主义是国家政权和私人垄断资本融合在一起的垄断资本主义。②国家垄断资本主义的主要形式：有国家资本和国有资本和私人资本在社会范围内结合的形式，国家对经济的调节，还有宏观调节和微观规制。③国家垄断资本主义有双重作用。一方面对资本主义经济发展有促进作用，另一方面具有历史局限性。是资本主义经济制度内的经济关系的调整，并没有从根本上消除资本主义的基本矛盾。

三、论述题（每小题15分，共30分）

1. 答案要点：①规律是事物及其发展过程中的固有的、稳定的、必然的联系，规律具有客观性，人不能创造和消灭规律，违背规律会受到规律的惩罚。②这一原理要求把发挥人的主观能动性与尊重客观规律性相结合。我国建设社会主义的过程中，尊重规律发挥人的能动性有成功的经验，违背客观规律有失败的教训，说明尊重客观规律有重要意义。

2. 答案要点：①资本主义的历史进步性：资本主义促进了生产力的发展，推动了社会关系的进步，创造了向社会主义过渡的各种要素。历史局限性：第一，资本主义基本矛盾阻碍社会生产力的发展。第二，资本主义制度下财富占有两极分化，引发经济危机。第三，资本家阶级支配和控制资本主义经济和政治的发展和运行，不断激化社会矛盾和冲突。②从历史的长河看，资本主义的内在矛盾决定了资本主义终究要被社会主义所取代，这是历史发展的基本趋势。从资本主义向社会主义过渡是一个长期的历史过程。

模拟测试题三

一、判断题（每小题2分，共40分）

1. × 2. √ 3. √ 4. × 5. × 6. √ 7. √ 8. √ 9. × 10. × 11. √ 12. × 13. √ 14. × 15. √ 16. √ 17. √ 18. √ 19. × 20. ×

二、简答题（每小题10分，共30分）

1. 答案要点：①由实践到认识——认识运动的第一次飞跃，感性认识和理性认识是认识的两个阶段。感性认识反映事物的表面现象，是人们认识的初级阶段。理性认识反映事物的本质和规律，是人们认识的高级阶段。感性认识和理性认识辩证统一。②从认识到实践，是把人们的思想变成改造世界的实际行动，使主观思想转化为客观现实，是认识过程中的又一次飞跃。③认识是一个不断反复和无限发展的过程。

2. 答案要点：①经济基础决定上层建筑的产生、性质和变化发展。②上层建筑对经济基础具有反作用。在服务的方向上，体现为"为我"和"排他"；在服务的方式上，通过对社会生活的控制这种方式来实现；在服务的效果上，一种是促进作用，一种是阻碍作用。

3. 答案要点：①商品的二因素是指商品的使用价值和价值。使用价值是指商品能满足人们某种需要的属性，价值是凝结在商品中的无差别的一般人类劳动。②劳动二重性是指生产商品的具体劳动和抽象劳动。具体劳动是指生产一定使用价值的具体形式的劳动，抽象劳动是指撇开一切具体形式的、无差别的一般人类劳动。③生产商品的具体劳动创造商品的使用价值，抽象劳动形成商品的价值。劳动的二重性决定了商品的二因素。

三、论述题（每小题 15 分，共 30 分）

1. 答案要点：①原理要点：矛盾普遍性和特殊性的关系是共性和个性的关系，是绝对和相对的关系，是矛盾问题的精髓。②这一原理要求把普遍真理和具体实际相结合。它是我国建设社会主义现代化的哲学基础。从这一原理出发，就要既借鉴其他国家现代化建设的一般经验，又要结合我国的具体实际。

2. 答案要点：①全球化是一种客观趋势，反映了世界各国经济在全球范围内的融合，是资本追求利润、在全球范围内谋求竞争优势从而推动经济发展的结果。②经济全球化对发展中国家的经济影响是双重的。一方面，全球化带来了积极影响，主要表现在发展中国家可以利用这一机会增强经济的竞争力，缩短与发达国家的差距；另一方面，全球化对发展中国家也有消极的影响，主要表现在发达国家和落后国家之间出现"数字鸿沟"，发展中国家在经济全球化进程中有被边缘化的危险，还会出现不同程度的治理危机等。如何趋利避害，是发展中国家面临的重要课题。

模拟测试题四

一、单项选择题（每小题 2 分，共 20 分）

1. B 2. C 3. B 4. D 5. C 6. D 7. C 8. B 9. D 10. A

二、多项选择题（每小题 2 分，共 20 分）

1. BCD 2. ACD 3. ACD 4. ABCD 5. ABCD 6. ABC 7. AC 8. BCD
9. AB 10. ACD

三、简答题（每小题 6 分，共 30 分）

1. 答案要点：①直接联系与间接联系；②内部联系与外部联系；③本质联系与非本质联系；④必然联系与偶然联系。

2. 答案要点：①实践是认识的基础；②实践是沟通主体和客体的桥梁；③实践是认识的来源；④实践是认识发展的动力，认识随实践的发展而发展；⑤实践是检验认识真理性的唯一标准；⑥实践是认识的目的和归宿。

3. 答案要点：①价值规律的内容是：商品的价值由生产商品的社会必要劳动时间决定；商品交换以价值量为基础，实行等价交换。②价值规律的作用：调节生产资料和劳动力在社会各部门的分配；自发促进社会生产力的发展；引起商品生产者的分化，实现优胜劣汰。

4. 答案要点：①各国在社会主义革命时，其生产力状况和社会发展阶段各不相同；②各国的历史传统、文化习俗及具体国情各不相同；③在社会主义实践中，各国都在探索适合本国国情的发展道路。

5. 答案要点：①实质——生产相对过剩；②根源——生产的社会化和生产资料资本主义私人占有之间的矛盾（资本主义的基本矛盾）；③当这一矛盾发展到尖锐的程度，致使商品大量积压，从而使社会再生产的实现条件遭到严重破坏时，就会导致经济危机的爆发。

四、论述题（每小题 15 分，共 30 分）

1. 答案要点：①科学技术是第一生产力是指科学技术在生产力结构是占第一位的决定因素；②现代科学技术是决定经济增长的重要因素；③现代科学技术日益成为生产过程的一部分；④现代科学技术发展速度越来越快，其信息量日益膨胀，更新速度加快，不断推动生产力的发展和更新。

2. 答案要点：①资本主义意识形态在反封建斗争和资本主义上升时期，反映了社会进步的要求。当时的资产阶级学者提出了许多富有进取精神的先进理论和观念，继承发扬了人类优秀思想文化成果，是人类思想的一次大解放，具有历史进步意义。②资本主义意识形态建立在资本主义经济基础上，为资本主义私有制和雇佣劳动制度服务，本质是维护资本主义剥削制度的思想体系。随着资本主义的发展、无产阶级与资产阶级斗争的展开，资本主义意识形态总体上失去其历史进步性，成了为剥削制度辩护、反对马克思主义的思想理论。

后　　记

　　《马克思主义基本原理概论》成人高等教育版是专门为成人大学生学习马克思主义基本原理而编写的。本书编写主要参照马克思主义理论研究和建设工程重点教材《马克思主义基本原理概论》(2015年修订版)，除了在内容上做了适合成人继续教育学习的编排、习题形式上更加多样化、答案拓展空间更加明确提示之外，还将习近平总书记在纪念建党95周年庆祝大会系列重要讲话精神融入有关章节的内容中，进一步改进教材的呈现方式。嘉应学院分管校领导、继续教育学院和马克思主义学院领导及马克思主义基本原理教研室相关老师为本书的策划、编写付出了艰辛的努力。施保国老师编写绪论、第一章、第三章及统筹全书，李榄老师编写第二章，彭宇坚老师编写第四章、第五章，程永锋老师编写第六章、第七章。